KB160859

新思潮로서의
신라 불교와 왕권

新思潮로서의
신라 불교와 왕권

金福順 著

景仁文化社

머리말

　신라는 주변국보다 늦게 불교를 공인하였지만, 새로운 사조로서의
불교는 신라사회 전반에 급속히 확산되었다. 특히 진·수·당으로 이
어지는 국제 환경의 변화과정에서 신라 유학승들의 활동상은 매우 두
드러진 것이었다. 그러나 수당의 교체정국에 따른 여러 변수들은 신
라사회에 많은 변화와 충격을 주었다. 뿐만 아니라 중국의 불교계도
구유식에서 신유식으로서의 변화, 밀교의 전파와 선종의 흥기 등이
전해져 연구자들의 관심에 따라 부분부분 연구됨으로써 많은 이견을
낳게 하였다. 또한 신라 불교의 정체성과 연동성을 가지고 설명되지
못한 부분도 있었다.
　이러한 관점에서 신라 중고기와 중대 시기의 불교를 정리할 기회가
있었는데, 삼국의 불교와 사상교류, 신문왕의 천도계획과 철처가람설
의 정립부분이 그것이다. 중고기의 전불시대 철처가람설을 신문왕의
천도와 관련하여 형성된 논리로 보았다. 그 과정에서 드러난 안함에
대한 사료의 착종은 많은 의구심을 품게 하였고, 이에 대한 해결책으
로 내놓은 것이 수당의 교체정국과 신라 불교계의 추이였다. 신라와
수와의 관계가 당으로 대상이 변경되고, 나당연합으로 발전하여 백제
와 고구려를 멸망시키고 다시 나당전쟁으로까지 사이가 벌어졌다가
관계개선으로 옮아가는 과정에서, 원광과 안함 등 수나라 유학승들의
행보에 관심을 가지고, 수·당의 교체정국의 관점에서 신라 불교계의
변화상을 정리하였다.

한편 원광, 자장, 의상에 대한 개별 연구를 진행하면서 진평왕과 원광법사, 선덕여왕과 자장법사, 문무왕대의 의상대사에 관한 내용을 기존의 성과를 수용하면서 새롭게 고찰해 보려고 하였다. 그리고 왕경불교로 대표되는 원광과 자장, 지방불교 시대의 서막을 열은 의상대사를 살펴보는 과정에서 신라왕경의 국찰이 갖고 있던 위상과 호국삼부경을 중고, 중대, 하대로 나누어 각각 배대해 보았다.

이상의 내용은 불교와 왕권의 관계를 협력과 상생의 관계로서의 중고기 불교의 모습으로, 또 협조와 대립의 관계로서의 중대 왕경불교의 형태로 설정해 보았다.

마지막으로 나말여초 금석문을 강독하면서 선사들이 당유학 당시의 움직임을 시대순으로 몇부분으로 나누어 살펴본 것이 신라하대 선사들의 유행부분이다.

이렇게 신라 중고기부터 하대까지의 불교를 왕권과의 관계 하에 서술한 것을 기반으로 하여 신라불교사 연구현황과 과제, 신라불교와 왕권으로 전반적인 구성을 할 수 있다.

새로운 사조로서의 신라불교는 다양한 방면에서 신라사회에 영향을 끼쳤지만, 특히 왕권과의 관련 속에서 그 특질이 잘 드러난 관계로 이를 제목으로 삼아 보았다.

학문의 길로 접어들면서 논문을 쓰는 즐거움만큼 가족이 늘어나는 기쁨과 수고도 함께 하였다. 이제는 오히려 책을 볼 수 있는 시간이 늘어났지만, 비례해서 능률이 전만 못하다는 것을 느낀다. 그래도 언제나 곁에서 긍정적인 사고를 할 수 있도록 도와준 그이와 가족들에게 감사하며, 두 분 어머님과 친정아버님께 이 책을 올린다.

경주 용강동 翠竹軒에서

金 福 順

목 차

서 론
신라 불교와 왕권

불교의 흥망성쇠는 국가권력에 의해 좌우되는 경우가 많았다. 인도의 아쇼카왕에 의한 전인도로의 포교가 있었는가 하면, 중국의 경우 3무武1종宗의 폐불廢佛 사건이 일어나기도 하였다.

삼국의 왕들은 고대국가로의 확장에 따른 왕권의 강화와 이를 뒷받침해 줄 보편적 진리로서 불교를 수용하였다. 신라는 新思潮로서의 불교를 유입하는 과정에서 왕과 승려의 역할이 매우 컸다. 신라의 불교는 왕권에 힘입어 국(가불)교로서 중앙과 지방에 확산되었으며, 새로운 사조가 유입될 때마다 내홍을 겪으면서도 전국적으로 퍼져 나간 특징을 보이고 있다.

그런데 신라 불교의 성격 규명에 있어 오랫동안 지속적으로 논의되고 있는 부분은 왕권과 불교가 어떠한 관련을 가지고 있었는가 하는 부분이다.

그동안 이러한 논의 가운데 논쟁점이 많았던 부분의 하나는 불교통제기관으로서의 승관제에 대한 논의이고, 또 하나는 신라 중대 화엄종과 전제왕권과의 관련 문제, 그리고 선사들과 하대 왕들과의 관련 문제였다.

먼저 불교통제기관에 관한 것은 사원성전의 성격문제와 정관과 정법전의 관계에 대한 것이다.[1] 사원성전에 관한 연구는 중대 왕실의 원당으로 봉사奉祀를 수행한 관사적官寺的 기능이 강조되었으며, 불교계를 통제하는 승정기구로서의 성격이 있다고 보았고, 신라의 중사中祀와 관련된 제장祭場으로서의 역할을 수행한 곳으로 보고 있어, 대체로 왕실 내지 국가제사를 담당했던 곳으로 의견이 모아지고 있다.

또한『삼국사기』권40 직관지에 보이는 정관政官과 원성왕대의 정법전의 이해에 있어 같은 기구로 이해하기도 하고, 서로 다른 기구 내지 계승관계로 보기도 한다. 정관과 정법전의 설치 목적으로는 국왕이 귀족세력의 지방이주 이후 불사가 잦아진 것에 대처하기 위한 것으로 이해하거나,[2] 승려들의 자율적인 면을 인정하여 설치한 것으로 보기도 한다.[3]

다음으로 선종과 왕권과의 관련 문제이다. 1970년대의 연구에 의하면 신라의 선종은 중대 교학불교에 대한 반성에서 유입되었으며 특히 육두품과 연관되어 사회변혁사상으로서 역할을 하였음이 당시의 유행처럼 고구되었다.[4] 이에 더하여 신라 하대 선사들의 비문이 교감되고 역주되면서 산문별, 선사 개인별로 선종에 대한 연구가 활성화되어졌다.[5]

---

1) 이홍직, 1959,「신라 승관제와 불교정책의 제문제」『백성욱박사송수기념 불교학논문집』; 이영호, 1983,「신라 중대 왕실사원의 관사적 기능」『한국사연구』43 ; 채상식, 1984,「신라 통일기의 성전사원의 구조와 기능」『부산사학』8 ; 이수훈, 1990,「신라 승관제의 성립과 기능」『부대사학』14 ; 박남수, 1995,「신라 승관제에 관한 재검토」『가산학보』4 ; 곽승훈, 1995,「신라 원성왕의 정법전 정비와 그 의의」『진단학보』80 ; 윤선태, 2000,「신라의 성전사원과 금하신」『한국사연구』108.
2) 이영호, 곽승훈, 위의 논문.
3) 이수훈, 박남수, 위의 논문.
4) 최병헌, 1972,「신라 하대 선종구산파의 성립」『한국사연구』7 ; 김두진, 1973,「낭혜와 그의 선사상」『역사학보』57.

종래 선종과 육두품 내지 지방 세력과의 연계만이 운위되던 것이 점차 신라 왕실과의 관련성이 언급되기 시작하였다.6) 왕실과 선승과의 연계에 대해 인정을 하고 새로운 시각에서 그들이 끼친 영향을 보게 된 것이다. 또한 선종의 유입과 성황의 배경에 대해서도 당나라 무종의 폐불로 인한 유학승들의 강제 출국과 같은 외적인 요인이 있었음이 논의되기도 하였다.7)

한편 신라의 왕권과 불교와의 관계에 있어 주로 논쟁이 있었던 부분은 중대 화엄종과 전제왕권과의 관련이라고 할 수 있다.

1970년대에는 신라 중대 화엄종이 전제왕권의 사상적 뒷받침을 해주었고, 특히 의상의 화엄사상이 중대왕권과 결부되었다는 내용이 국사개설서에 실릴 정도로 그 파장이 매우 컸다. 즉 화엄사상은 전제왕권과 밀접한 관련을 가지고 있으며, 화엄10찰은 중대 왕권이 국가의 진호를 위해 설정한 신라 오악五嶽과 깊은 관계를 가진 것으로 파악하였다.8) 뿐만 아니라 「화엄일승법계도」의 일즉다一卽多 다즉일多卽一의 내용이 바로 일반 국민(多)들을 국왕(一) 중심으로 통합시키는 이념 역할을 할 수 있었다고 본 것이다. 같은 맥락에서 중대왕권과 화엄종의 관계를 언급한 시대사가 나오기도 하였다.9)

그런데 이러한 관련설에 대하여 1980년대에 반론이 제기되었다. 의상은 중대 왕실과는 긴밀한 관계가 아니며, 일즉다 다즉일의 원융사상은 모든 구성원의 조화와 평등을 강조하는 내용이라는 것이다. 따

---

5) 고익진, 1984, 「신라 하대 선전래」『한국선사상연구』, 동국대 불교문화연구원 ; 조범환, 1998, 「낭혜 무염과 성주사 창건」『한국고대사연구』 14.

6) 조범환, 2001, 『신라선종연구』, 일조각.

7) 권덕영, 1994, 「당 무종의 폐불과 신라 구법승의 동향」『정신문화연구』 54.

8) 이기백, 1976, 『한국사신론』 개정판, 일조각 ; 이기백, 1972, 「신라 오악의 성립과 그 의의」『진단학보』 33.

9) 안계현, 1976, 「신라불교」『한국사』 3, 국사편찬위원회.

라서 중대 왕권의 전제성 강화를 정신적으로 뒷받침하였다는 것은 초
세속의 종교이념을 세속의 정치이념으로 해석한 것이어서 문제가 있
다고 본 것이다.10)

　이러한 반론에 대해 다시 화엄사상과 전제왕권의 관계를 재확인하
는 논고가 나왔다. 즉 화엄사상과 세속이념과의 결부를 근본적으로
거부한다는 것은 문제이며, 화엄사상이 빚어주는 통화사상의 분위기
는 전제왕권의 중앙집권적 통치체제에 유효한 것으로 작용한다고 재
강조한 것이다.11)

　이후 의상의 귀국 상황과 귀국 후의 행보, 제자 양성 등의 내용을
최치원의 불교관계 저술 등을 통해 고구해 보고, 신라의 화엄종은 중
대보다는 하대의 왕권과 긴밀한 관계에 있었음을 밝히면서, 중대의
왕경에는 유가유식 계통의 불교가 성하였음을 강조한 논고12) 등과 함
께, 의상의 전기, 그의 화엄사상 등에 관련된 논문과 단행본들이 계속
나오게 되었다.13)

　이 과정에서 의상과 중대왕권과의 관계를 긍정하거나 부정하는 쪽
으로 나뉘어 논쟁이 지속되었다. 특히 관계 논문이 양산되면서 각각
의 관점에서 연구 성과를 정리한 논고만도 3편이나 되었다. 이들 논문
에 관련 논의들이 망라되어 있으므로 일별해 보고자 한다.

　첫 번째는 신라의 화엄사상 연구에 관련된 내용을 전반적으로 잘
정리하면서도, 핵심은 의상의 사상적 특질이 융섭적이고 성기론적이

---

10) 김상현, 1984, 「신라 중대 전제왕권과 화엄종」 『동방학지』 44.
11) 이기백, 1986, 「신라시대의 불교와 국가」 『역사학보』 111.
12) 김복순, 1988, 「신라 중대 화엄종과 왕권」 『한국사연구』 63.
13) 전해주, 1988, 「일승법계도에 나타난 의상의 성기사상」 『한국불교학』 13
　; 정병삼, 1991, 「의상 전기의 제문제」 『한국학연구』 1 ; 김두진, 1992, 「의
　상의 생애와 정치적 입장」 『한국학논총』 14 ; 전해주, 1993, 『의상화엄사
　상사연구』, 민족사 ; 김두진, 1995, 『의상』, 민음사 ; 정병삼, 1998, 『의상
　화엄사상 연구』, 서울대학교 출판부 ; 정병삼, 2000, 「의상의 화엄사상과
　통일기 신라사회」 『불교학연구』 1.

며 횡진법계관의 입장에 서 있기 때문에 의상의 화엄사상이 신라 중
대 전제주의에 아울림을 다시 강조한 것이다.14) 그런데 내용 중에 전
제왕권과 화엄종의 밀접한 관계를 주장하는 측은 역사학자들이고 이
를 못마땅해 한 측은 불교학계로까지 비약하기도 하였다.

두 번째는 의상 화엄사상과 전제왕권과의 관계를 '전제왕권 이념
설'로 규정하고 학설사를 검토하였다.15) 특히 이념설의 논리를 제공
한 가마다 시게오鎌田茂雄의 설을 비판하였다. 중국 화엄종의 3조인 법
장의 화엄사상이 측천무후의 전제주의와 무주武周혁명에 부합한 것이
라는 그의 주장은 국가권력의 입장을 일방적으로 강조한 것임을 밝히
었다. 의상은 전제왕권의 이념을 뒷받침해 주었다고 보기보다는 종교
의 본질적 이념 구현에 충실하고자 했던 인물로 평가하고, 『화엄경』
의 원융사상과 유심사상 그 자체를 전제왕권의 이념적 근거로 간주하
려는 견해는 성립하기 어렵다고 보았다. 또한 이념설에 동조하건 반
대하건 다같이 역사학자로서 불교사를 연구하고 있고, 불교사상을 역
사적 맥락에서 해석한다는 사상사의 방법론에도 동의하고 있다고 하
면서, 의상 화엄사상의 역사적 이해를 규명하였다.

세 번째는 의상연구의 전개과정을 해방 이전부터 1990년대 중반 이
후까지 4단계로 나누어 소개의 시기, 이해의 시도, 사상의 체계화와
성기적性起的 파악, 자료의 재해석과 새로운 방법론의 모색으로 학설들
을 정리하였다.16) 특히 의상의 사상으로 성기性起사상과 지론사地論師
의 영향이 있었음을 강조하였고, 새로이 발견된 의상의 강의록인 『화
엄경문답』 등에 대한 관심과 중국학자에 의해 제기된 의상 법계도의
지엄 찬술설에 대한 반박과 같은 내용을 소개하였다. 이러한 검토에
서 의상연구의 쟁점과 과제를 ① 저술의 진위를 확정하는 일, ② 성기

---

14) 김두진, 1994, 「의상 화엄사상 연구의 현황과 전망」『역사학보』 142.
15) 남동신, 1996, 「의상 화엄사상의 역사적 이해」『역사와 현실』 20.
16) 최연식, 2002, 「의상 연구의 현황과 과제」『한국사상사학』 19.

性起의 개념 자체에 대한 면밀한 연구, ③ 전제왕권과의 관계를 타협적으로 볼 필요가 있는 점, ④ 의상사상의 계승과 불교계의 위상 등을 논하였다.

세 번에 걸쳐 의상연구의 성과를 정리하고 과제와 전망에 대한 의견들을 내어 놓았지만, 각각의 목적의식과 기준에 의하고 있다는 점이다. 그렇다면 중고기에 이미 국가불교로서 연구되어진 상황에서 유독 중대 전제왕권과 화엄종에 관한 문제만 여러 이견들이 나오면서 지속적으로 논쟁이 진행되었는가 하는 점이다.

신라의 화엄종과 전제왕권과의 문제는 신라사 이해의 중요사안으로, 논쟁에 있어서의 문제점을 요약하면 다음과 같다.

첫째로 후대에 이미 신성시된 의상상을 그의 당대의 사실로 인식하고 그대로 역사적 사실로 투영시켜 보았다는 점이다. 이는 의상 당대의 신라 불교계에 대한 이해의 부족과도 관련된다고 하겠다. 즉 유가사상을 중대 전제왕권과 결부시킨 것에 대해서는 그 사상적 특성이 전제주의 성립에 부응한 것이 아니어서 핵심적 역할을 하지 않은 것으로 언급함으로써,[17] 불교사상 가운데서도 화엄사상은 전제왕권을 뒷받침할 사상이 되고, 유가유식사상은 안된다는 모순을 드러내고 있다.

둘째로 신라인들이 새로운 사조를 쉽게 받아들이지 않는 보수적인 성격에 대한 이해가 필요한 점이다. 신라에 새로이 유입된 불교는 이차돈의 순교를 거치면서 비로소 새로운 사상으로 공인받을 수 있었다. 고구려나 백제에 비해 150년이라는 긴 세월을 지난 결과였으며, 순교 승까지 나온 결과였다. 신라는 불교의 공인 이전부터 정치세력 간에 알력이 생겨나므로 해서 불교가 신라의 정치이데올로기로서의 적용이 쉽지 않았음을 알 수 있게 한다. 때문에 신라불교의 정착과정이 전래기, 과도기, 수용기의 3시기로 나누어 설명된 바 있다.[18] 법흥

---

17) 김두진, 1994, 위의 논문.
18) 신종원, 1992, 『신라초기불교사연구』, 민족사.

왕 대의 불교 공인의 배후세력으로 지방 불교 세력이 주목되기도 하였다.19) 이 때 공인된 불교세력은 석가불신앙을 가진 것으로 보기도 하고,20) 업설이 들어왔던 것으로 보기도 하였다.21)

이러한 사실은 신라인들이 새로운 사조를 받아들이는데 매우 소극적이며 생각을 쉽게 바꾸려 하지 않는 보수적인 측면을 지니고 있음을 단적으로 드러낸 것이다. 따라서 신라에 새로운 사조로서 화엄종이나 선종이 유입되어 정착되는 과정에서 긴 시간이 소요됐을 것으로 생각된다.

셋째로 의상의 행적에 대한 다양한 접근이 필요한데, 의상의 전기에 관한 내용 가운데 서로 달리 해석하고 있다는 점이다. 특히 황복사와 표훈에 관련된 문제에 집중된다고 할 수 있다. 황복사는 의상의 출가사찰로서 탑돌이를 한 기사가 나오고 있어, 의상이 왕경에 머무른 중요한 근거로 삼고 있다.22) 그러나 황복사탑에서 출토된 사리함명에는 의상 내지 의상의 제자들이 전혀 보이지 않고 있어 이러한 사료에 문제가 있음을 알게 해 준다.23)

뿐만 아니라 표훈은 경덕왕 대에 대덕으로 나오는 역사적 인물임에도 의상과 관련된 사료에 집착하여, 674년과 760년으로 두 번 나오는 상원 원년의 내용을 당연히 경덕왕대의 760년으로 보아야 함에도 불구하고24) 674년으로 봄으로써,25) 표훈의 생애가 기형적으로 늘어나는 결과를 초래하기도 한 것이다. 의상과 그 제자들에 대한 정확한 생몰

---

19) 남희숙, 1991, 「신라 법흥왕대 불교수용과 그 주도세력」『한국사론』25, 서울대 국사학과.

20) 김두진, 1988, 「신라 진평왕대의 석가불신앙」『한국학논총』10.

21) 김상현, 1991, 「신라 중고기 업설의 수용과 의의」『한국고대사연구』4.

22) 김두진, 1992, 「의상의 생애와 정치적 입장」『한국학논총』14.

23) 김복순, 1996, 「의상과 황복사」『신라와 낭산』, 신라문화제학술논문집17.

24) 김복순, 1994, 「표훈」『가산학보』3.

25) 김상현, 1991, 『신라화엄사상사연구』, 민족사 ; 김두진, 위의 논문.

년의 이해가 필요하며 관련 문헌자료의 재해석과 방법론의 모색이 필요하다.

여기서는 왕권과 불교와의 관계가 시대별로 조금씩 변화가 보이므로 이를 협력과 상생, 협조와 대립, 견제와 타협으로 구분하여 살펴보려 한다.

먼저 협력과 상생의 관계이다. 신라의 불교는 공인과 정착과정에서 왕과 승려들의 협력과 상생의 노력으로 사회사상으로서 확고하게 자리를 잡게 되었다. 신라는 이차돈의 순교가 있었으나, 진흥왕 이후 전륜성왕 사상 내지 진종眞宗 의식, 사신捨身 등 왕들의 숭불 내지는 봉불에 힘입어 국가불교로서의 모습을 보여준 바 있다. 이에 중고기의 불교가 북조의 왕즉불王卽佛의 성격이라든가,26) 남조의 보살위왕菩薩爲王의 성격인 것으로 보는 견해가 있었다.27) 그러나 신라 중고기에 이러한 모습들이 나타난다는 것은 교섭한 대상국의 불교에서 부분적으로 변용해서 쓴 것으로 생각된다.

그런데 신라가 중국과 통교함에 있어 승려들의 협력은 절대적인 측면을 지니고 있었다. 원광, 지명, 안함, 담육으로 이어지는 진평왕 대의 승려들은 불교의 교리와 도력을 지닌 이들로서, 직접 정치에 참여함으로서 불교가 사회사상으로서의 위치를 점하게 하는데 큰 역할을 하였다.

이렇게 신라는 진흥왕과 진평왕, 선덕왕과 함께 원광과 지명, 안함, 자장이라는 승려들의 뛰어난 정치력이 상승 작용하여 호국불교의 성격을 갖게 된 것이다. 즉 세속오계, 걸사표, 백고좌회, 승니 규율의 규찰, 황룡사 9층탑의 건립과 같은 호국 형태의 불교가 신라에 정착되면서 그 성격을 드러내었고, 수나라 시대 유학하였던 승려들은 정치집

---

26) 이정숙, 1999, 「진평왕대 왕권강화와 제석신앙」『신라문화』16.

27) 신종원, 위의 책 ; 남동신, 2001, 「삼국통일과 사상계의 동향-중대초 국가와 불교교단의 관계를 중심으로-」『한국고대사연구』23.

단으로까지 성장하였다.[28]

　다음으로 협조와 대립의 관계로서이다. 계속되어지는 삼국의 쟁패 과정 속에서 신라의 불교는 더욱 호국적으로 되어갔다. 하지만 이와 함께 점차 불교세력의 저변이 확대되면서 이른바 가항불교로 불리는 일군의 재야 불교세력의 등장을 가져 왔는데, 대안, 혜숙, 혜공과 같은 이들이었다.[29] 이들은 원효, 자장과 함께 서로 불교의 전교를 위해 노력하였으나, 이전의 왕권과 연관된 불교와는 그 형태가 다르게 나타나고 있다.

　또한 신라 왕경에서 『인왕경』, 『금광명경』이 호국법회에서 강경되어지고, 호국경에 대한 주석서가 저술되어 있었다. 국왕의 필요와 승려의 협조로 만들어진 호국법회의 내용이라고 할 수 있다.

　반면 나당전쟁의 과정에서 큰 공을 세웠던 원효와 명랑 계통의 구유식계 승려들은, 새로이 신유식으로 무장되어 왕권과 밀접한 관련 하에 있던 이들과는 이해를 달리하고 있었다. 이에 신문왕대에 나타난 천도의 좌절은 7처가람설로 대변되는 불교의 전설적 설화를 이용한 기존 불교세력과 귀족이 왕권을 누른 사례라 할 수 있다.[30] 즉 왕과 승려는 호국을 위해 서로 협조하기도 하고, 자신이 속한 집단의 이익을 대변하게 되면서 대립하기도 한 것이다.

　다음으로 견제와 타협의 관계로서이다. 성덕왕은 경흥의 『최승왕경』의 강경을 통해 당과의 관계를 회복하고자 하였고, 경덕왕은 당나라 제도로의 개편을 추구하였으나 기존 귀족들이 변화를 싫어하였을 뿐 아니라, 태현으로 대변되는 왕경승들이 수나라 당시 역출된 『금광명경』의 강경을 고수하여 왕을 견제하였다. 이에 경덕왕은 새로운 세

---

28) 김복순, 2006, 「수・당의 교체정국과 신라 불교계의 추이」 『한국고대사연구』 43.

29) 남동신, 1999, 『원효』, 새누리.

30) 김복순, 2005, 「신라 중대의 불교」 『신라문화』 25.

력으로 화엄종과 법상종 등 지방불교 세력을 포용하고, 수많은 불사를 지원하여 왕경의 불교세력에 대한 견제세력으로 이용하려 하였다. 또한 원성왕은 즉위 배경으로 재야의 화엄계 불교세력을 이용하였으며,[31] 정법전의 개혁을 통해 화엄종 승려들을 대거 발탁하였다. 이에 반해 기존의 왕경 불교계 승려들은 불사佛事와 함께 승전僧傳을 저술하여 이를 견제하고 있다.[32]

그리고 헌덕왕 이후 하대 왕들은 왕권유지를 위한 정책으로 선승들을 우대하였는데, 국사책봉과 자문역으로서의 대우였다고 할 수 있다. 유력한 선승들은 이에 협조함으로써 선종의 융성을 꾀하려 하였다.

또한 이 시기에 나타나는 현상은 인도로의 불적순례가 육조혜능의 사적을 찾는 것으로 대치되고 있다는 사실에서[33] 점차 중국불교 일변도로 변하고 있음을 보여주고 있다.

그런데 신라는 불교 공인 이후 새로운 사조로서 잡다한 불교교리가 수입되었을 뿐 아니라. 화엄종과 법상종의 성립, 선종의 전래와 같은 외부로부터의 충격이 신라사회에 계속적으로 가해진 특징이 있었다. 즉 신라의 왕들은 왕권의 강화를 위해 불교를 지배이데올로기로서 이용 내지는 도움을 받으려고 부단히 노력하였다. 또한 승려들은 수대 유학승들의 전통 이래 형성된 왕경불교세력, 화엄종세력, 법상종세력, 선종세력으로 세력집단화하면서 나름대로의 성격을 가지고 왕권과의 관계를 유지해 나갔다.

이렇게 신라의 왕권과 불교는 어느 한쪽에 완전히 예속되거나 이용되지 않으면서 서로가 적절한 긴장관계 속에서 타협과 대립이 반복되었던 면모를 보여 주었다.

---

31) 문명대, 1981, 「김천 갈항사 석불좌상의 고찰」『동국사학』15·16합집.
32) 곽승훈, 2002, 『통일신라시대의 정치변동과 불교』, 국학자료원.
33) 김복순, 2005, 「9~10세기 신라 유학승들의 중국 유학과 활동 반경」『역사와 현실』56.

　따라서 이 책에서는 신라 왕권과 불교와의 관계를 중고기의 협력과 상생, 중대의 협조와 대립이라는 큰 범주에서 살펴보고, 교학과 유행이라고 하는 측면에서 유식학, 화엄학, 선종을 살펴보려 한다.

제1장
동북아의 국제정세와
신라 불교계의 추이

1. 삼국의 불교와 사상교류

1) 머리말

일연은 삼국의 불교를 『삼국유사』의 곳곳에서 언급하였지만, 특히 흥법편興法篇을 통해 특징적으로 서술한 바 있다. 고구려 불교는 「순도조려」조와 「보장봉노 보덕이암」조를 통해서, 백제 불교는, 「난타벽제」와 「법왕금살」조를 통해서, 신라 불교는 「아도기라」조와 「원종흥법 염촉멸신」조에서 그 내용을 각기 설명하고 있다.

여기에 보이는 현상은 우리에게 잘 알려져 있듯이 삼국의 사상교류가 전진에서 고구려로, 동진에서 백제로 움직였다는 것과, 또한 고구려에서 신라로, 고구려에서 백제로 움직여졌다고 하는 사실이다.

본 글은 이러한 사실을 전제로 7세기 삼국 간의 항쟁이 치열하였을 시기로 한정하여, 삼국의 불교와 사상 교류를 삼국 간의 교류와 대외적인 교류로 나누어 살펴보고자 한다. 특히 7세기의 불교와 관련하여 본다면, 고구려에서 신라와 백제로, 백제에서 신라로, 신라에서 백제로의 사상교류가 있었다.

이와 함께 삼국인들이 불교를 배우기 위하여 중국과 인도에 유학하여 사상적으로 교류된 측면이 많았다. 특히 7세기에는 신라인들의 해외유학이 압도적이었다. 이들의 활동을 추적해 본다면, 7세기에 나타난 삼국 간의 사상교류와 해외유학에 따른 교류의 영향 등을 고구할 수 있을 것이다.

2) 7세기 이전 삼국 불교의 특징

삼국은 국경을 접하게 되면서부터 전쟁과 동맹 관계를 통해 서로 교류하였다. 특히 불교의 전래에 따른 교류는 역사적 사실로서 전해지고 있다. 따라서 7세기 이전의 삼국의 정황과 관련하여 삼국 불교의 특징을 살펴보고자 한다.

먼저 고구려를 본다면, 7세기에 접어들면서 고구려는 수와의 전쟁에 휩쓸리게 되어 자연히 치병治病과 위령慰靈에 관련된 쪽으로 민심이 쏠리면서 병자를 치료하고 쌀 다섯 말씩을 받는다는 오두미교가 창궐하였다.[1] 따라서 이전에 전통적으로 내려오던 사상체계에 변화가 올 수 밖에 없는 형편이었다. 이러한 상황에서 수와의 전쟁이 끝난 후인 영류왕 7년과 8년(625)에 당나라가 고구려에 도사道士를 보내면서 천존상과 도법을 가지고 가서 『노자도덕경』을 강의하게 하였다. 고구려에서는 왕과 국인들이 이 강의를 듣고, 이듬해에는 고구려가 노자의 교리를 배울 것을 당에 청하고 있어[2] 불교의 법만을 구하던 이전과는

---

1) 『삼국유사』 권3 「보장봉노 보덕이암」.

달라졌음을 알 수 있다.

고구려는 처음에 전진으로부터 불교를 전래받은 이후 많은 고승을 배출하였고, 그들의 불교를 신라와 백제, 왜에 전해주는 등, 나름대로의 특징이 있었다.

고구려 불교의 특징 가운데 하나는 국가 불교적인 면모가 있다는 점이다. 고구려는 전연이 망하면서 고구려로 망명 온 전연의 장수를 전진에 넘기고[3] 서로 간의 우호적인 차원에서 불교를 전해 받게 되었다. 이에 전진의 순도가 불상과 경문을 가지고 고구려에 옴으로써 공식적으로 불교가 수입되었고, 2년 뒤에 아도가 오자 고구려 조정은 성문사와 이불란사를 지어 이들을 거처하게 하였다.

이렇게 불교가 고구려에 전해졌다고는 하지만, 불교가 국가종교로서 적극 권장된 것은 고국양왕 9년부터의 일이었다.[4] 이 때가 대체로 광개토대왕이 즉위하고 2년 째 되던 해로,[5] 북조 전진의 왕즉불王卽佛의 이념을 광개토대왕이 즉위하면서 教교를 내려 불법을 받들어 믿게 하여 복을 구하도록 한 것이다. 이는 곧 국가와 왕실의 복을 구한 것으로 종묘와 사직을 받드는 일과 같은 차원에서 이루어진 것이다. 특히 국가와 왕실의 안녕과 보전을 위한 사상적, 종교적 체계를 정비하는 가운데 불교가 중시된 것이다. 또한 광개토대왕은 천도를 위해 평양에 9사를 건립하기도 하였는데, 국력과시용으로 전쟁에 지친 민民을 위로하려는 조치였다.[6] 장수왕은 평양 천도 후 승려 도림을 활용하여

---

2)『삼국사기』권20 영류왕 7년, 8년조. 고구려의 영류왕은 노자와 함께 불교의 교리도 청하고 있으나, 그 전해에 당에서 보낸 도사로부터 노자강의를 들은 이듬해에 다시 당에 청하였다는 것은 불교보다는 도교에 더 관심이 있었었음을 알 수 있다.

3)『삼국사기』권18, 고구려본기 제6 고국원왕 40년.

4)『삼국사기』권18, 고구려본기 제6 고국양왕 9년.

5) 신동하, 1988,「고구려 사원의 조성과 그 의미」『한국사론』19, 13쪽.

6) 신동하, 위의 논문, 13~15쪽.

백제가 한성에서 몰락하여 공주로 옮겨가게 하였다.[7] 이렇게 승려들이 국가를 위해 활약하면서 국가 불교적 성격이 나타난 시기였다.

고구려 불교의 특징 가운데 또 하나는 대승불교의 공사상 특히 삼론학에 경도되었다는 사실이다. 중국 삼론종의 시조가 되는 승랑은 구마라습이 전파한『반야경』의 중관학설을 받아들인 후,[8] 남조의 양에 가서 전수하여 삼론종을 형성하였고, 고구려 승려 실법사와 인법사는『삼론현의』를 강의까지 한 바 있다. 그리고 가상대사 길장이 삼론종의 이론적 토대를 닦을 때 고구려 승 혜관이 그의 문하에 가서 강의를 들은 것이다. 고구려는 삼론학 내지는 삼론종의 뿌리 깊은 전통을 가지고 있었다.[9]

승랑의 경우 구마라집이 보급한 대승반야사상을 깊이 익혔다고 한 것으로 미루어 볼 때, 고구려인들이 구마라집이 역출한 불경을 수지독송했음을 알 수 있다. 이에 앞서 고구려는 이미 동진의 고승 지둔도림과 축법심 등과 교류한 사실이 있는데, 이런 연고였는지는 모르겠으나 승랑도 동진을 이은 양나라의 무제와 깊은 관계를 맺고 있다.

또 한 파야波若는 중국 천태산에 들어가 지자대사의 관심을 받아 신기하고 이상함으로써 산중에 알려졌다가 죽었다고 한다.[10] 지황은 양

---

7)『삼국사기』권25 백제본기 제3 개로왕 21년.

8) 전진왕 부견은 백성들에게 불교 신봉을 적극적으로 권장하여, 수도 장안에 五重寺를 지어 놓고 道安을 초청하여 불교를 가르치게 하였다. 수천 명이 모여들자 도안은『綜理衆經目錄』을 만들어 가르쳤고, 규율도 제정하고, 釋을 승려들의 姓으로 쓰게 하였다. 또한 부견은 서역에 있는 구자국의 구마라집이 불법에 해박하다는 소문을 듣고 그를 데려오기 위해 여광에게 군사 7만을 주어 서역정벌을 보냈으나, 부견은 그가 돌아오기 전인 385년에 피살되었다. 그렇지만 구마라집은 장안으로 와서 20년간 한문을 배우고 草堂寺에서 불경을 번역해 내었다. 그는 대처승으로써 수행상 도안에 미치지 못하였으나, 유려한 문체와 정확한 의미전달로『법화경』등 많은 불경들을 역출해 내었다.

9) 고익진, 1989,『한국고대불교사상사』, 94~122쪽.

10)『삼국유사』권5「혜현구정」;『속고승전』권17「지월전」.

나라의 수도 건강建康 도량사에서 섭론종의 대가인 담천과 함께 유식
의 뜻에 대해 『십지경론』에 의거해 담론하였던 것으로 전해진다.

고구려는 6세기에 접어들면서 대규모의 왕위계승전이 발생하여 안
원왕의 중부인 측인 추군麤群과 셋째부인 측인 세군細群이 충돌하였다.
중부인 측이 이겨 양원왕이 즉위하였으나, 그 사이 신라의 공격으로
한강유역을 상실하는 이변을 초래하였고, 혜량이 신라로 망명하는 사
건까지 일어났다.

이에 고구려에서는 불교계의 재정비를 위해 승 의연으로 하여금 북
제 승관제의 모범을 배워오도록 하였다. 그는 북제에 있으면서 『사분
률』과 함께 『십지경론』, 『지도론』, 『지지경론』, 『금강반야경』 등 역시
대승계통의 여러 경전을 익힌 후 전래해 옴으로써 고구려 불교의 면
모를 일신시키고자 하였다. 실제 이 시기 고구려 승려들의 지위와 권
한은 왕권과 귀족들의 뒷받침을 받아 대단히 막강했을 것으로 생각된
다.[11] 이렇게 평원왕대(550~589)를 중심으로 활동한 승 의연이 대승
상 왕고덕의 후원에 힘입어 북제의 법상法上에게 유학하여 의문나는
교리와 불기佛紀, 승관제 등을 배워 옴으로써[12] 고구려의 불교계는 그
면모가 일신되는 듯 하였다. 그러나, 7세기에 접어들어 고구려 사회와
지배층에 오두미교 내지 도교가 등장함으로써 이러한 추세는 지속되
지 못하였다.

백제는 위덕왕을 이어 왕위에 오른 법왕이 즉위하던 해(599)에 살생
을 금하는 교敎를 내리고,[13] 이듬해(600)에는 사찰 창건과 도승度僧과
같은 정책을 폄으로써, 성왕-위덕왕-법왕으로 이어지는 봉불奉佛 군

---

11) 정선여, 2000, 「고구려 승려 의연의 활동과 사상」 『한국고대사연구』 20,
487쪽.

12) 『해동고승전』 권1 ; 『속고승전』 권8 「법상전」.

13) 『삼국사기』 권27, 백제본기 제5 「법왕」 ; 『삼국유사』 권3 「법왕금살」에는
법왕이 살생을 금하면서 민가에서 기르는 매와 새매를 놓아 주었으며 고
기잡고 사냥하는 기구를 불살라 버리고 있다.

주의 면모를 극명하게 드러내고 있다. 그러나 법왕은 즉위한 이듬해
에 죽고, 무왕이 즉위하여(600) 신라를 공격하는(602) 등 다시 삼국의
전쟁에 참여하였다.[14] 원래 출가를 생각했던 위덕왕을 이어 왕위에
오른 법왕은 불살생의 불교정신을 국가 정책에 반영하여 전쟁이 없는
나라를 만들기 위해 솔선하여 금령을 내린 바 있으나, 이를 못마땅하
게 여긴 일군의 세력에 의해 몰락된 것으로 생각된다.[15]

백제는 처음에 동진에서 온 호승胡僧 마라난타에 의한 불교 전래로
중국의 남조南朝로의 구법求法 유학과 함께 천축天竺으로의 구법유학 열
의가 매우 강하였다. 이러한 백제 불교의 특징은 계율을 중시한 것이
그 하나라고 할 수 있다.[16] 성왕 때 겸익이 해로로 중인도 상가나대율
사常伽那大律寺에 유학하여 5년 간 범문梵文을 익힌 뒤 배달다倍達多 삼장
과 함께 천축에서 돌아와 범본의 율인 아비담장阿毘曇藏 오부율본五部律
文을 번역할 정도였다. 또한 일본의 선신니 등 3인이 백제로 유학을
다녀 간 후 일본 율종의 시조가 되기도 하였다.[17]

백제 불교의 또 하나의 특징은 대승경전인『법화경』에 경도된 모습
이 드러나는 점이다. 백제 승 혜현은 무왕 때 활약한 인물로『법화경』
독송에 능하였는데, 삼론을 다 배우고 나서 수도를 시작하여 신명에
통하였다고 하므로,[18] 당시 백제에서 승려들의 불교경전 수학에 대한
열의를 알 수 있다. 특히 그는 정관 초년인 627년에 58세였다고 하므
로 7세기 초반에 활약한 인물로, 예산(수덕사)과 영암(달나산)과 같은

---

14)『삼국사기』권27, 백제본기 제5「무왕」.

15) 조경철은 성왕을 전륜성왕, 위덕왕을 대통지승여래, 사택지적을 지적보살
   로 보는 법화신앙의 계보를 언급하여 백제 법화신앙을 강조하고 있으나
   (조경철, 2004.6,「백제 사택지적비에 나타난 불교신앙」『역사와 현실』52,
   170쪽), 법왕의 존재가 빠져 있어 의아한 생각이 든다.

16) 김복순, 2002,「백제불교의 초전문제」『한국고대불교사연구』, 59~65쪽.

17) 김영태, 1985,『백제불교사상연구』.

18)『삼국유사』권5「혜현구정」조.

지방에서 『법화경』을 독송함으로써 지방포교시대를 열었다고 보고 있다.[19] 또한 현광은 천태종 남악 혜사(514~577)에게서 법화안락행문法華安樂行門을 전수받고 법화삼매를 증득하여 인가를 받은 후, 귀국하여 웅진에서 활약하였는데,[20] 그 역시 『법화경』을 중심으로 활약하였을 것이다.

신라는 7세기에 접어들면서 원광의 귀국 이후 그의 세속오계의 가르침을 받은 귀산과 추항이 임전무퇴의 결의로 싸움에 임하고 있다(602).[21] 또한 원광은 수에 군사를 청하는 걸사표乞師表를 쓰고 있으며(608),[22] 수의 사신 왕세의가 와서 수의 고구려 침공에 따른 협조 문제를 논의하였을 때, 신라조정은 황룡사에 백고좌회百高座會를 설치하여 원광 등 여러 승들에게 『인왕경』을 강경하게 하였다(613).[23]

신라 불교의 특징 가운데 하나는 고구려로부터 전래된 기복적이고 치병治病을 위주로 한 불교였다는 점이다. 이러한 특징은 신라에서 실시된 팔관회와 흥륜사의 성격에서 잘 드러나고 있다. 고구려에서 신라로의 불교전래는 교류라기보다는 일방적인 전래였다. 물론 전진에 사신으로 다녀온 위두에 의해 신라에 불교가 알려졌을 것이나, 직접적인 전래는 아도에 의한 것으로 구복적인 측면이 잘 나타나고 있다.

이어 진흥왕 12년인 551년에 혜량에 의해 전해진 고구려불교는 신라에 큰 영향을 끼치었다. 즉 승통僧統을 비롯한 승관제도 내지는 백좌강회와 팔관지법 등이 처음으로 신라에 실시되게 하였다.[24] 이 때 실

---

19) 조경철, 위의 논문, 155쪽.
20) 『송고승전』 권18.
21) 『삼국사기』 권44 「귀산」전, 권4 「진평왕」 22년.
22) 『삼국사기』 권4 「진평왕」 30년.
23) 『삼국사기』 권4 「진평왕」 35년.
24) 혜량이 직접적으로 신라로 망명하게 된 것은 거칠부와의 인연 때문이었지만, 그 배경에는 고구려의 추군과 세군의 세력다툼에 밀린 세군 측의 인물이었을 가능성이 논의되고 있다. 즉 같은 불교계 내의 세력 가운데 혜량 측의 세력이 밀린 경우로 보고 있다. 정선여, 위의 논문, 487쪽 참조.

시된 팔관지법은 불교의 팔계八戒와는 거리가 멀었고, 영토를 확장하면서 중앙집권을 강화하는 과정에서 호국 신앙적 측면에서 수용하였던 행사로, 전몰장병 위령제의 성격을 띠고 있었다.[25] 불교행사가 신라에 들어와 변용된 형태라고 하겠다. 자장법사는 귀국 후 중국에서 만났던 신인神人이 "황룡사9층탑을 세우고 팔관회를 열어 죄인을 용서하면 외적이 침입하지 못할 것"이라고 한 말을 받아들여 황룡사에서 행사를 개최했을 것이므로,[26] 팔관회는 7세기까지 계속 시행되었음을 알 수 있다. 또한 신라 최초의 사찰이라고 할 수 있는 흥륜사의 설화에 기복적이고 치병을 위주한 내용들이 남아있어[27] 신라 불교의 특징을 고스란히 담고 있다.

　신라 불교의 또 하나의 특징은 진호국가 불교적인 특징이 있었다. 고구려에서 전래된 기복적이고 호국적인 불교의 성격은 7세기까지 신라 불교의 성격을 규정하는데 큰 영향을 주었다. 혜량 이후 더 이상의 불교 전래 기사는 보이지 않지만, 혜량이 신라로 망명한 이후 고구려 승들과 신도들의 망명이 잇달았을 것이다. 그것은 고구려와 신라를 잇는 교통로에 6~7세기에 조성된 불교관계 유적, 즉 순흥 고분군에 보이는 불교적 요소라든가 안동지역에 조성된 불교유적 등은 고구려로부터 이주해 온 불교신도들과 그 지방민의 합작품이었을 것이기 때문이다.

　혜량에 의해 처음 소개된 백고좌회는 백좌강회라고도 하는데, 재래 무속이 신궁과 소도로 대표되고 유교가 종묘로 대변된다면, 불교는 백좌강회로 그 특징이 나타나는 것으로 볼 정도로,[28] 호국불교적 특징을 나타내는 행사이다. 백좌강회는 대체로 진평왕 35년(613) 수나라

---

25) 『삼국사기』 권4 「진흥왕」 33년.
26) 『삼국유사』 권3 「황룡사구층탑」.
27) 『삼국유사』 권5 「김현감호」에는 흥륜사 醬의 치병효과에 대한 언급이 있다.
28) 賓田耕策, 2002, 『新羅國史の硏究』, 20~36쪽.

사신 왕세의가 왔을 때 황룡사에서 실시된 백좌도량을 신라에서의 최
초의 행사로 보기도 하며, 중국에서의 최초의 백좌강회는 585년 진의
후주의 청으로 천태 지자대사가 태극전과 광택사에서 행해진 것을 들
고 있다.29) 그러나 이미 앞에서 언급하였듯이 신라의 백좌강회는 혜
량에 의해 고구려로부터 전해져 있었다. 또한 구마라집이『인왕경』을
번역한 401년부터 계산하면 180여 년이 지난 뒤의 일로 보고 있으나,
고구려불교가 전진에서 받아들여진 이후 북조 불교와 매우 깊은 연관
을 가진 것으로 본다면, 고구려에서 백좌도량을 개최하였을 가능성에
대해서 부정할 필요는 없다고 본다. 따라서 중국에서의 행사를 기준
으로 혜량에 의한 백좌강회의 기사를 무시할 필요는 없다고 생각된
다.30)

　신라불교가 진호국가적인 특징이 있다는 것은 신라불교의 초석을
놓은 혜량, 원광, 안함과 같은 이들이 모두 국가의 흥망성쇠와 불교와
의 관련을 경험한 이들이었기 때문이다. 혜량의 경우 정쟁政爭이었다
지만, 거의 국가가 위태로운 지경에까지 이르렀던 것을 경험하였고,31)
원광은 수의 난병에 의해 죽을 고비까지 이른 경험이 있었다.32) 안함
은 640년에 입적하고 있으므로 그 전에 진의 멸망과 수의 멸망을 지
켜보았을 것이다. 원광의 세속오계는 이러한 그의 경험과 무관하지
않을 것이다. 여기에 자장에 의한 진종설眞宗說과 불국토설과 같은 개
념들이 수용되면서 왕들과 승려들, 그리고 사원에 신성성이 부여되고,
귀족 출신이 출가하는 경향이 나타났다. 불교 치국책이 운위되는 것
도 이러한 경향에 따른 것이라 생각된다.33)

---

29) 이기영, 「인왕반야경과 호국불교」『동양학』 5, 493쪽.
30) 인왕회는 인왕재, 인왕반야회, 인왕도량, 백좌도량, 백좌회 등으로 불리고
　　있다. 二宮啓任, 1959.10, 「朝鮮における仁王會の開設」『朝鮮學報』 14.
31)『삼국사기』 권44 「거칠부」전.
32)『속고승전』 권13 「신라황룡사석원광」전 ;『삼국유사』 권4 「원광서학」.
33) 남동신은 자장과 선덕여왕의 치국을 불교치국책으로 보고 있으나(남동신,

3) 7세기 삼국 간의 사상교류

삼국은 각기 불교를 공인한 후 국가의 장려 아래 불교교리의 전파
와 신도의 확보 등 새로운 종교로서 삼국사회에 뿌리내리기 시작하였
다. 그러나 삼국이 불교를 공인한 연대가 372년, 384년, 528년으로 각
기 다르고, 그 내용도 동질적인 부분과 이질적인 부분이 있어 삼국 간
에는 비교적 왕래가 잦아 그에 따른 사상교류가 있었다. 이 장에서는
7세기 삼국 간의 사상교류에 대한 것을 언급하고자 한다.

7세기에는 삼국 간에 서로 사상이 교류되었을 것이나, 사서 상에 보
이는 내용은 고구려에서 백제로 전해진 사건이 있었고, 백제와 신라
간의 교류가 나타나고 있다.

고구려에서 백제로 불교가 전해진 것은 고구려 말기로, 불교가 존
폐의 위기에 왔다고 느낀 승 보덕이 백제로 이주함으로써 고구려불교
가 백제로 전해지게 된 것이다.

고구려는 무덕. 정관 연간(618~649)에 오두미교五斗米敎를 존봉한 것
으로 되어 있다. 오두미교는 후한 말에 노자로부터 부수주법을 받았
다고 하는 장릉에 의하여 사천지방에서 시작된 치병을 주로 하는 도
교의 전신인 교법이다. 대규모의 전쟁을 겪은 고구려로서는 당연히
치병治病과 관계된 종교가 성행하였을 것이고, 왕실에서도 불교세력을
견제할 만한 세력이 필요하였을 것이다. 이미 앞에서도 언급하였듯이
624년 당에서는 도사로 하여금 천존상과 도법을 가지고 고구려로 가
게 하여 노자를 강의하게 하였는데 고구려 왕과 국인들이 청강한 일

1992, 「자장의 불교사상과 불교치국책」『한국사연구』76), 오히려 살생을
금하는 금령을 내린 백제의 법왕이 바로 불교치국책을 편 임금으로 생각
된다. 즉 신라가 국가의 이익을 위해 불교를 이용한 반면, 백제는 불교로
서 치국하려는 법왕의 노력이 있었으나 삼국의 대치라는 현실적인 어려
움 속에서 좌절된 것으로 보인다.

이 있었다.34) 이 때부터 시작된 도교숭상은 연개소문이 643년에 공식적으로 사신을 보내 도교를 청하게 되면서35) 점차 불교를 능가하는 세력으로 등장하게 되었다. 고구려 공략을 노리고 있던 당으로서는 고구려의 내부를 확인할 수 있는 호기였으므로 숙달 등 8인의 도사道士를 고구려에 파견한 것이다. 보장왕은 당 황제가 보낸『노자도덕경』을 받고 기뻐하여 사찰을 비우고 도사들을 살게 하였을 뿐 아니라 도사를 높여 유사儒士 이상의 지위를 부여해 주었다. 또한 그들은 왕을 속이고 전국을 다니면서 고구려의 지세를 정탐하고 지기를 진압하였으며 평양에는 용언성까지 쌓았다.36) 이러한 상황에서 보덕은 더 이상 고구려에서 불교가 제 구실을 하지 못할 것으로 생각하고 백제의 완산주로 내려가게 된 것이다.

고구려에서 백제로 불교가 교류된 것은 당의 도교 전래에 따른 핍박이 요인이 되었으나, 보덕이 신라가 아닌 백제를 택하게 된 요인은 불교 자체의 존재 위상에 관한 판단에서였다고 생각된다. 다시 말하자면 불교 본연의 내용을 잘 보존해 줄 수 있는 지역을 선택한 것이 백제의 완산주였다고 생각된다. 그 이유에 대해 다음의 두 가지 정도를 들어 볼까 한다.

하나는 백제 왕실의 불교신봉에 대한 믿음에서였다고 생각된다. 즉 백제의 무녕왕, 성왕, 위덕왕, 법왕으로 이어지는 봉불군주의 불교 정책에 대한 위화감이 적은데서 비롯되었을 것이라는 점이다. 앞서 개로왕이 고구려 승 도림을 우대한 것 등 백제인들의 승려에 대한 대우와 불교인식이 간헐적으로 운위되었을 것이다. 원래부터 백제는 마라난타와 겸익 등으로 인해 인도와 직접적으로 연결된 불교전래에 따른 수행불교, 계율불교의 독특한 성격을 가지고 있었을 뿐 아니라, 중국

---

34)『삼국사기』권20「영류왕」7년.
35)『삼국사기』권49「개소문」전.
36)『삼국유사』권3「보장봉로 보덕이암」.

남조불교의 청담 불교적 성격도 띠었을 것이므로,[37] 보덕으로서는 불교의 계승을 위해 당연히 백제를 택하였을 것으로 생각된다.

보덕에 관한 내용이 비래방장으로 기록될 정도였다는 것은 그의 이주가 단신이 아니었을 것을 의미하며 보덕 집단이 옮겨갔을 것이다. 즉 그의 제자 11인이 창건한 사찰들이 대개 그가 거주하고 있던 지역 주위였을 것으로 판단되며, 후에 원효와 의상이 그 위명을 듣고 찾아가 배우고자 할 정도였기 때문이다.

또 하나의 이유는 완산주가 바닷가와 가까워서 중국의 소식을 접하기 쉬운 곳이었던 것에 기인한 것이 아닌가 한다. 그가 옮겨 온 지역으로 불교를 신봉하는 고구려인들이 점차 이주해 왔을 가능성이 생각되며, 후에 안승의 후고구려국이 근처 익산지역인 금마저에 있으면서 보덕국으로 칭해졌고, 신라 하대 진감국사의 행적에서도 드러나듯이 고구려인들이 이 지역에 지속적으로 거주하였던 것이다. 진감의 경우 부모님 생전부터 중국에 가려고 늘 바닷일을 하며 기회를 엿보았고, 부모님이 돌아가시자 곧 중국행을 하였다. 이러한 사실로 볼 때, 바닷가에서의 생활은 중국 소식을 쉽게 접하게 해 주었다고 할 수 있다.[38]

보덕에 의한 불교전래로 백제 지역의 불교가 번성하였을 것이다. 그런데 사상교류의 측면에서 볼 때, 보덕의 문하에서 원효와 의상이 수학하였다는 것은[39] 고구려불교가 백제를 거쳐 신라로까지 전래되었음을 의미한다고 하겠다. 특히 원효와 의상이 650년에 중국행을 결심한 것의 배후에는 그의 독려가 있었던 것이 아닌가 생각된다. 그러나 치열한 전쟁으로 인해 이들의 중국행은 10년 동안 결행되지 못하고 또한 원효는 고분에서의 오도悟道로 인해 의상만이 홀로 중국행을

---

37) 김복순, 2002, 『한국고대불교사연구』, 59~65쪽.
38) 김복순, 2001, 「진감의 생애와 사상」 『한국민족문화연구』 15, 234~237쪽.
39) 『대각국사문집』 권17, 「고대산경복사비래방장예보덕성사」조 "元曉義相
    嘗參講下 親稟 涅槃維摩等."

하였다.40) 여기서도 원효와 의상의 성격이 나타나는데, 원효는 신라인 본연의 원광과 자장을 이은 호국불교로서의 측면이 두드러지는 인물이었다면, 의상은 출가승으로서의 면모를 더 중시했던 인물로 생각된다. 의상이 팔부정재八部淨財를 언급하며 『열반경』을 중시했던 것이나,41) 궁벽진 산 속에서 제자를 기르며 생활했던 것 등은 보덕으로부터의 영향이 짙게 깔려 있는 것이 아닌가 한다.

다음은 백제와 신라의 사상교류이다. 백제에서 신라로 불교가 전해진 것은 확실하게 드러나지 않고 있으나, 황룡사 창건에 백제의 공장工匠 아비지阿非知가 와서 소장小匠 200인과 함께 탑의 조성을 도운 것은 양국 간의 교류를 잘 나타내 주고 있는 것이라 하겠다.

신라에서 백제로 불교가 전래된 것은 진평왕 때 백제의 미륵사 창건에 백공을 보내준 사실에서 확인된다. 그 과정에서 지명법사가 양국의 교류를 중개하는 인물로 나오고 있어 주목된다.

『삼국유사』 권2 무왕 조에 의하면, 서동과 선화공주가 정을 통하고 나서 생계를 위한 금金이 등장하고 있다. 많은 양의 금을 본 선화공주는 부모님이신 진평왕에게 보내 드리기를 원했고, 이를 실행해 준 이는 지명법사였다. 그런데 이 지명법사가 『삼국사기』에는 신라의 고승으로 계행이 뛰어나 진평왕이 대덕으로 삼은 중국 유학승으로 나와 있다. 반면에 『삼국유사』에는 백제 무왕 시기 미륵사가 세워질 용화산 사자사에 거주하고 있으면서 무왕과 선화공주를 도와 진평왕과 서로 연락을 하던 법사로 되어 있다. 때문에 이 두 지명법사를 동일인으로 보는 견해42)와 완전히 다른 이로 보는 견해43)가 대두되어 있다.

그런데 백제와 신라의 불교 교류라는 측면에서 살펴본다면, 신라의

---

40) 『삼국유사』 권4 「의상전교」조.
41) 『삼국사기』 권7 「문무왕」 하, 21년조.
42) 김복순, 1992, 「삼국의 첩보전과 승려」 『가산이지관스님화갑논총 한국불교문화사상사』, 9~17쪽.
43) 노중국, 1999, 「백제 무왕과 지명법사」 『한국사연구』 107, 3~31쪽.

진평왕과 백제의 무왕과의 연결은 지명법사를 매개로 해서 교류가 이루어졌다는 사실이다.『삼국사기』와『삼국유사』에 나오는 지명智明과 지명知命이 약간의 연대 상의 차이가 있기는 하지만, 진평왕과 공통적으로 관계가 있어 이들을 별개의 인물로 보기는 어려울 듯하다.『삼국유사』에 나오는 미륵사 창건사실에서 주의해야 할 점은 신라에 금을 보내고 미륵사 창건을 발원한 이가 무왕이 아니고 신라공주 선화라는 사실이고 그 내용이 그의 아버지 진평왕과 관련되어 있다는 점이다. 삼국이 치열한 전쟁의 와중에 있던 시기에 무왕과 진평왕 모두와 관련이 있던 지명법사를 단순히 백제의 고승으로만 볼 수는 없을 것이다. 그것은 진평왕이 지명의 계행戒行을 흠모하여 대덕에 삼았다는 사실과 지명의 미륵신앙이 미륵상생경에 의한 하생신앙으로 지계持戒 위주의 신앙을 보였다는 것은 결국 같은 내용이기 때문이다. 또한 대대덕은 국가를 위해 공을 세운 이에게 내려진 호였을 것이므로, 신라의 지명이 백제지역에서 활약한 인물이었을 것으로 보는 것이다. 그리고『고승전』등에는 백제와 관련하여 지명이라는 승려의 명칭은 나오지 않는다는 점이다. 여기서는 지명에 관한 국적을 논하는 자리가 아니므로, 후고를 기약하고자 한다.

4) 7세기 삼국의 대외적인 사상교류

7세기에는 치열한 삼국 간의 항쟁도 있었지만, 선진 사상이었던 불교와 유교를 배우기 위해 인도와 중국으로 유학을 떠난 이들도 많이 있었다. 이를 대외적인 사상교류로 보고 유학승들을 중심으로 삼국의 대외적인 사상교류에 대해 언급하고자 한다.

7세기에 해외로 유학한 이들을 도표로 정리해 보면 다음과 같다.

〈7세기 해외 유학승 일람표〉

국적	법명	유학지	활동 내역	출전
고구려 -1	혜관	중국 소흥 가상사, 장안 일엄사	길장의 제자로, 삼론종을 익힌 후 625년 일본으로 감.	『일본서기』, 『부상약기』, 『본조고승전』 권1
-2	파야	중국 천태산	천태 수학	『삼국유사』 권5 「혜현구정」, 『속고승전』 권17 「지월전」
-3	도등	중국(627)	일본에 건너감 (645)	『본조고승전』 권72
-4	현유	인도 대각사	중국에 돌아왔으나 미상	『대당서역구법고승전』 『해동고승전』 권2 『삼국유사』 권4 귀축제사
신라 -1	원광	중국 건강, 소주 호구산과 장안	신라로 귀국(600) 후 '세속오계', 「걸사표」, 백좌강회 등의 활동을 폄	『삼국유사』 권4 원광서학 『속고승전』 권13 『해동고승전』·권2
-2	지명	중국	신라로 귀국(602) 후, 계행이 뛰어나 대덕, 대대덕이 됨	『삼국사기』 권4, 『해동고승전』 권2
-3	담육	중국	신라로 귀국(625)	『삼국사기』 권4 『해동고승전』 권2
-4	안함	중국 장안 대흥선사	중국 승 2인과 서역승 3인과 함께 귀국하여 역경	『삼국사기』 권4 『해동고승전』 권2
-5	원측	중국 장안 운제사, 서명사, 낙양 불수기사	현장의 문하에서 많은 역경사업에 참여, 서명학파의 거두로 중국에 머무름	『송고승전』 권4
-6	아리나발마	중국, 인도나란다사, 보리사, 대각사	범본 불경 사경, 인도에 머무름	『대당서역구법고승전』 『해동고승전』 권2 『삼국유사』 권4 귀축제사
-7	혜업	중국 인도나란다사	인도에 머무름	『대당서역구법고승전』 『해동고승전』 권2 『삼국유사』 권4 귀축제사
-8	현태	중국, 인도나란다사	중국으로 돌아 옴	『대당서역구법고승전』 『해동고승전』 권2 『삼국유사』 권4 귀축제사

-9	현각	중국, 인도 대각사	인도에서 병사	『대당서역구법고승전』 『해동고승전』 권2 『삼국유사』 권4 귀축제사
-10	혜륜	중국, 인도 암마라파 국 신자사, 간다라 산다사	인도에 머무름	『대당서역구법고승전』 『해동고승전』 권2 『삼국유사』 권4 귀축제사
-11	구본	중국, 인도		『대당서역구법고승전』 『해동고승전』 권2 『삼국유사』 권4 귀축제사
-12	신라 승 2인	중국, 실리불류국의 서쪽 파노사사국	수학 중 병사	『대당서역구법고승전』 『해동고승전』 권2 『삼국유사』 권4 귀축제사
-13	자장 승실 등 10여 인	중국 장안	신라 귀국시(643), 대장경, 불사리, 깃 발, 일산 등을 가 져오고, 대국통으 로 활약	『삼국사기』 권4, 『삼국유사』 권4 자장정률 『속고승전』 권24 자장전
-14	원승	중국 장안		『삼국유사』 권4 자장정률 『속고승전』 권24 자장전
-15	신방	중국장안 홍복사, 종남산 취미궁, 대자 은사 번경원	중국에 머뭄	『속고승전』 권4 『대자은사삼장법사전』 권6 『개원석교록』 권8
-16	지인	중국 장안 대자은사 번경원, 옥화궁 팔주 정	중국에 머뭄	『개원석교록』 권8 『정원록』 권11
-17	승장	중국 장안 대천복사, 서명사	중국에 머뭄	『송고승전』 「의정」전, 「보 리유지」전 『개원록』『정원 록』 권14
-18	신곽	중국 장안	중국에 머뭄	『섭대승론소』 권11 旁疏
-19	원안	중국 장안 종남산 남전 진량사	중국에 머뭄	『속고승전』 권13
-20	명랑	중국	신라 귀국 후 문두 루비법을 행함	『삼국유사』 권2, 권5
-21	혜통	중국	신라 귀국 후 활동	『삼국유사』 권5
-22	의상	중국 종남산 지상사	671년 신라 귀국 후 활동	『삼국사기』 권7, 『삼국유사』 권4, 『송고승전』 권4

위의 표에 의하면, 인도로 간 현유와 중국과 일본으로 간 파야와 혜관, 도등은 고구려승이다. 이들은 모두 고국에 돌아가지 않고 중국에 머물거나(현유, 파야), 일본으로 건너갔다(혜관, 도등). 그것은 이미 앞에서 살핀 바와 같이 고구려의 정치적인 사정으로 도교가 득세하면서 불교가 위축되는 상황이었으므로, 이들 유학승들이 고국으로 돌아가기는 쉽지 않았을 것이다.

이에 앞서 6세기에는 삼국에서 양과 진 등 남조와 북조에 유학한 이들은 14명이었다. 14명은 백제의 발정, 겸익, 담혜, 현광이고, 신라의 각덕, 원광, 명관, 지명, 담육이고, 고구려의 의연, 지황, 파야, 실법사, 인법사 등으로 주로 양과 진에 유학하여 남악 형산, 월주, 양도, 금릉, 단양 등에 머물며 수행을 하고 촉, 장안, 인도에까지 그 행적을 남기고 있다.[44] 이렇게 백제 4인, 고구려 5인, 신라 5인이라는 비슷한 숫자로 유학승을 파견하고 있다는 것은, 6세기 삼국이 불교에 대한 관심이 비슷하였음을 알려주는 것이다.

그런데 7세기에 접어들면서 이들 유학승들은 위의 고구려승 4인을 제외하면 모두 신라승들이어서 신라인들의 선진문물에 대한 열의를 알려주고 있다. 그렇다면 신라인들은 7세기에 접어들면서 왜 이렇게 해외유학에 열심이었는가 하는 점과 이들이 유학을 통하여 신라에 들여 온 내용과 외국에 남긴 인상은 어떠하였는지에 대해 몇 가지로 정리해 보고자 한다.

첫째는 불교경전의 유입이다. 대개 필사에 의한 것이었겠지만, 구역旧譯의 경전들이 대부분 유입되었을 것이고, 현장에 의한 신역新譯의 경전들도 역출되면서 1~2년 내에 바로 신라로 전해졌다는 점이다.

신라는 승 각덕이 진흥왕 10년(549)에 양의 사신과 함께 귀국하면서 불사리佛舍利를 모시고 왔는데,[45] 이 때 일부 불교 경전이 유입되었을

---

44) 黃有福, 陳景富(권오철 역), 1995, 『한중불교문화교류사』, 41쪽.
45) 『삼국사기』 권4, 신라본기 제4 진흥왕 10년.

것이다. 그러나, 신라에 본격적으로 불교 경전이 유입된 것은 진흥왕 26년(565)의 일이다. 진의 사신 유사劉思와 신라 승 명관이 불경 1700권을 가지고 돌아 온 것이다. 이후 7세기에 이르러서 원광, 지명, 담육의 귀국, 그리고 안함이 귀국하면서 불교경전을 가져왔을 것으로 추정된다.

이들이 가져 온 불교경전은 신라인들의 구법求法 열의를 부추기고 자극하였겠지만, 한편으로는 미비된 경전을 구하여 좀 더 완전한 내용을 알기 위해 구법 열을 북돋우는 계기가 되기도 하였을 것이다. 그러다가 643년에 귀국하는 자장에 의해 불교 경전이 집중적으로 반입되었다. 자장은 신라에 빠져 있는 부분을 메우고자 대장경 온질 1부를 가져오고 있기 때문이다. 그렇지만 이 무렵은 아직 현장이 인도에서 돌아오기 이전이라 대개 구역에 의한 불경들이었다.

또한 정관 연중인 627년에서 649년 사이에 인도에 갔던 아리나발마, 혜업 등은 대개 총령(파미르고원)을 넘어 서인도를 통해 인도에 들어가 나란다사나, 대각사에 머물면서 불경佛經을 수학하였고 가져올 기약이 없는 범본 불경을 사경하였다. 결국 이들은 돌아오지 못하거나 병사하였지만, 후에 인도를 방문한 의정에 의해 이 일이 알려져[46] 신라인들이 불교경전을 신라에 가져오려고 했던 열의를 확인할 수 있었다.

645년에 현장이 인도에서 불경을 가지고 돌아오자 새로이 역장이 설치되고 신역 경전들이 쏟아져 나오기 시작하였다. 현장의 역경장에는 신라 승 원측, 신방, 지인, 승장과 같은 이들이 현장의 문하에서 필수筆受, 증의證義, 철문綴文 등을 맡아 활약하였다. 『유가사지론』100권, 『대비바사론』200권, 『대반야경』600권, 『구사론』, 『성유식론』, 『섭대

---

46) 義淨, 『大唐西域求法高僧傳』에 의하면, 의정이 나란다사에서 唐本을 검열할 때 『섭대승론(梁論)』 아래에 "在佛齒木樹下新羅僧慧業記"가 쓰여져 있었다.

승론』 등이 역출되었다. 현장은 특히 『유가사지론』을 구하기 위해 천축으로 향했던 것으로 알려져 있는데, 이 논은 649년에 역경이 끝나고 이듬해인 650년에 신라로 보내졌다.[47] 이러한 예에서 보듯이 신역경전들은 대개 공식적으로 신라로 유입되었다. 원효 이후의 여러 학승들의 소초(疏・鈔, 주석서)를 통해서 신역경전의 유입을 확인할 수 있다.

둘째는 역경사업의 도입이다. 백제에서는 이미 역경이 행해진 바 있다. 6세기 전반인 백제의 성왕 때 배달다 삼장이 겸익과 함께 백제의 수도 사비에 와서 범본 5부율을 번역한 사건이다. 이 사실은 곧 신라에 알려졌을 것이고 부러움의 대상이 되었을 것이다. 이어 신라에서는 7세기에 역경이 이루어지고 있다.

○ -1. 석안함 … 십승의 비법과 현의, 진문을 5년 만에 두루 보았다. 27년에 우전사문 비마진제, 사문 농가타 등과 함께 돌아왔다.
-2. 최치원이 지은 「의상전」에는 다음과 같이 씌어 있다. "의상은 진평왕 건복 42년(625)에 태어났다. 이 해에 동방의 성인 안홍법사는 인도의 삼장법사 3인과 중국의 승려 2인과 함께 당나라에서 돌아왔다(주석; 북인도 오장국 출신의 비마라진제는 44세, 농가타는 46세, 마두라국 불타승가는 46세였다. 이들은 52개 국을 거쳐 비로소 중국에 이르렀고 드디어 신라에 왔다. 황룡사에서 『전단향화성광묘녀경』을 번역하였는데, 신라 승 담화曇和가 그것을 받아 적었다. 얼마 뒤에 중국 승려들이 돌아가게 해 달라고 아뢰자 왕은 허락하여 보냈다)." 그러니 안홍은 거의 (안함)스님인 것이다.[48]

안함安含은 안홍安弘과의 이명동인異名同人인가가 문제시 되는 인물로, 중국 유학 후 신라로의 귀국 시기도 문제시되고 있다. 본 고는 안함과 안홍을 동일인으로 보고 논의를 전개하고자 한다.[49] 따라서 문제가

---

47) 「금산사 혜덕왕사비」
48) 『해동고승전』 권2 유통 1-2 「안함전」.
49) 본고에서는 신종원, 1992, 『신라초기불교사연구』, 232∼236쪽에 따라 안

되는 것은 그의 귀국 시기로서 각훈은 진평왕 27년과 47년의 20년의 격차를 보이는 두 견해를 함께 『해동고승전』에 싣고 있다. 즉 진평왕 27년인 605년의 견해는 그 내용 상에 있어 수대의 역경체제를 모방하여 신라 최초의 역경사업을 벌인 것은 대체로 수긍할 만 한데, 최치원이 의상이 태어난 해에 일어났던 일로 특별히 기록한 안함의 귀국 사건을 가볍게 무시할 수는 없다. 진평왕 47년인 625년의 견해는 최치원의 「의상전」에 의거한 내용으로, 최치원은 이 해가 의상이 태어난 해임을 강조하고 있기 때문이다.

그런데 안함은 귀국하던 해에 서역 출신 삼장三藏 법사 3인인 북천축 오장국烏萇國의 비마라진제毘摩羅眞諦, 농가타農加陀, 마두라국摩頭羅國의 불타승가佛陀僧伽와 중국 승려 2인을 대동하여 귀국하였는데, 이들은 황룡사에 머물면서 밀교계통의 경전으로 추정되는『전단향화성광묘녀경栴檀香火星光妙女經』을 번역해 내고, 신라 승 담화가 필수를 한 일이 있었다. 47년으로 보는 견해에서 문제가 되는 것은 귀국 연대와 귀국 후의 활동이 맞지 않는다는 점이다. 즉, 그가 귀국한 때는 당나라시기로 고조 8년에 해당되는 시기이다. 안함이 귀국 후 역경사업을 벌인 것은 수나라의 대흥선사大興善寺의 역경譯經 체제를 모방한 것이다. 수문제 때에는 대흥선사에 북천축 오장국 삼장 비니다류지毘尼多流支, 나련제야사那連提耶舍, 도나굴다闍那崛多 등이 머물면서 역경에 참여하였는데,[50] 이들과 함께 중국에 왔던 북천축 오장국 승려들 가운데 일부가 신라에 와서 역경을 하였을 것이기 때문이다. 결국 안함은 수나라 멸망(618) 이전에 신라로 돌아왔다고 보아야 하므로, 47년의 견해는 재고되어야 하리라 생각된다. 이와 함께 진흥왕 37년에 안홍이 수에서 귀국하였다고 한 것도 사료의 착종을 문제삼을 수 있다고 생각된다.[51]

홍과 안함을 동일인으로 보고 논의하고자 한다.

50)『역대삼보기』권12(『대정장』49, 102쪽).

중국에서 사신이나 승려의 내방來訪은 간혹 있는 일이었지만, 인도 승려가 신라에 온 것은 매우 이례적인 일이었고, 더구나 경전의 번역까지 이루어지고 신라 승이 필수까지 한 것이다. 그렇지만 신라에서의 역경은 한계가 있었다고 생각된다. 범어를 중국어로 바꾸는 일도 쉽지 않은데다가 다시 신라인들이 쓰는 한문으로 바꾸는 것이 어려웠을 것이기 때문이다. 때문에 신라에서 범본을 역경하는 사업은 이것이 유일하였던 것으로 생각된다.

신라에 온 서역삼장은 북인도에서 52개 국을 거쳐 중국에 온 후 다시 신라로 와서 경전을 번역까지 하였고, 한승漢僧, 즉 중국 승려들은 얼마 후에 고국으로 돌아갔다고 되어 있으나, 이들 서역삼장들은 언제 돌아갔는지 언급이 없으므로 일정기간 신라에 머물면서 영향을 미쳤을 것으로 생각된다. 이를 계기로 신라사회는 중국어는 물론 범어까지 외국어에 대한 관심을 불러 일으켰을 것인데, 원측, 아리나발마, 혜업, 혜륜 등이 천축으로 유학을 떠나게 된 배경이 되었을 것이다.[52] 즉 이들은 이러한 신라의 국제적인 분위기에서 이미 한문과 중국어, 범어 등을 접하면서 능력을 보였을 것이다. 특히나 원측(613~696)이 중국에 있으면서 6개 국어에 능통하였을 뿐 아니라 천축天竺의 말을 들은 후 중국어로 번역할 수 있었던 것은, 어려서부터 외국어에 접하여 재능을 나타낸 데서 가능하였을 것이다.

셋째는 신라인들의 세계관에 변화를 주었다는 점이다. 중국 중심의 세계관에 서역과 더 멀리 많은 나라들이 존재한다는 사실은 신라인들로 하여금 다양한 세계관을 가질 수 있도록 하였고, 이에 따른 교역도 이루어졌을 것으로 생각된다.

신라에 온 서역 삼장 비마라진제와 농가타는 오장국 출신이고, 불

---

51) 『삼국사기』 권4, 신라본기 제4 「진흥왕」 37년. 이 문제는 2절 60쪽에서 다시 언급하였는데, 605년으로 그 시기를 잡았다.
52) 『삼국유사』 권4 「귀축제사」.

타승가는 마두라국 출신이었다. 이들은 우전국 출신으로도 나와 있지
만, 이미 살펴 본 바와 같이 수 문제 때 범본경을 번역하였다는 천축
승들과 일행이었을 것으로 추정되므로 북천축인으로 보는 것이 타당
하다고 생각된다.

북천축의 오장국은 오장나국이라고도 하는데, 간다라에서 정 북쪽
으로 산을 따라 3일 동안 가면 이르는 곳이다. 왕이 삼보三寶를 크게
공경하고 백성과 부락에서는 많은 것을 사원에 보시하여 공양하고 적
은 것은 의식을 공급하도록 남겼다고 한다. 재물을 놓고 공양하는데
매일 그러하였고, 절이 많고 승려도 많아 승려의 숫자가 세속인보다
좀 더 많았으며 대승만 수행하였다. 이 곳은 현장이 기록한 바에 의하
면, 부처님이 과거 인욕선인이셨을 때 이 곳에서 갈리왕을 위해 자신
의 신체를 잘랐던 곳으로『금강경』에도 그 사실이 나오고 있다.53) 또
아타라라용의 전설이 있고, 반의 게송을 듣기 위해 여래가 목숨을 버
리기도 했던 곳으로 탑이 매우 많았던 것으로 나오고 있다.54) 또한 북
천축의 마두라국은 쿠산왕조에서 굽타왕조에 걸치는 이른 바 마두라
미술의 중심지였던 곳이기도 하다. 현장이 인도에 갔을 당시인 7세기
초에 가람이 20여 곳, 승도가 2,000명 있었으며, 기후는 덥고 풍속이
선량한데, 내세에 좋으라고 행실을 잘 하며 덕을 중히 여기고 학문을
존경한다고 되어 있다.55)

서역삼장들에 의해 언급되었을 인욕선인의 일화 내지는 용의 전설,
반송설화와 같은 사실들은 당시 신라인들에게 설화로만 여기던 내용
을 인도에도 현전한다는 사실을 확인하는 계기가 되었을 것이고, 또
한 마두라미술이 신라인들에게 알려지는 계기가 되었을 것이다. 실제
선덕여왕(632~646) 때에 활약한 것으로 나와 있는 석양지의 경우,56)

---

53)『금강경』제14「離相寂減分」.
54)『대당서역기』권3「오장나국」.
55)『대당서역기』권4「말토라국秣菟羅國」.

시기적으로 봐서 그 영향을 받았을 가능성이 높다.

그리고 이들이 지나왔던 52개 국의 여러 풍물들이 신라인들에게 새로운 세계로서 이해되었을 것이다. 실제 신라시기의 보검으로 경주 계림로 14호분에서 출토된 보물 635호의 장식보검은 쿠차의 키질동굴 벽화에 나오는 보검 내지 카자흐공화국 출토 보검과 완전히 같은 것이다. 구체적인 전래 경로는 알 수 없으나, 당시 서역으로 향했던 이들이 구법승려 외에도 신라사절이나 상인들도 함께 동행하였다고 볼 때, 이 무렵을 전후하여 전래되었을 가능성도 배제할 수 없을 것이다. 당 고종의 칙령으로 천축에 갔던 현조법사의 경우 신라승 3명이 따라 갔다면, 함께 했던 일행은 훨씬 대규모였을 것으로 짐작되기도 한다.

넷째는 신라승들의 활동범위의 확대이다. 이는 두 가지로 나누어 볼 수 있는데, 하나는 동선動線의 확대이고 또 하나는 종파宗派의 다양화이다.

신라승들의 동선은 인도에까지 가서 나란다사, 대각사 등 부처님의 초전법륜지를 확인하고, 장안에서 출발하여 천축으로 가는 실크로드의 여러 국가들을 거쳐 가면서 그 범위를 넓힌 바 있다.

또한 중국에 유학한 이들도 그 활동범위가 전과는 달리 넓은 동선을 그리고 있다는 점이다. 그 예로 7세기 초기에 해당되는 구법승인 원안과 안함은 활동범위가 넓어서 기록으로까지 전하고 있다.

원안은 원광의 수제자로 기지가 날카롭고 재능이 뛰어났으며, 성품은 두루 돌아다니기를 좋아하고 조용한 곳에서 도를 구하기를 앙모하였다. 그의 활동범위를 보면, 북쪽으로 환도에 갔으며, 동쪽으로 불내

---

56) 『삼국유사』 권4 「양지사석」조, 양지의 신분과 조각양식에 대한 이견이 있으나, 그에 관한 연구는 많이 진전되어 있다. 문명대, 1973, 「양지와 그의 작품론」 『불교미술』 1 ; 2001, 「신라 대조각장 양지론에 대한 새로운 해석」 『미술사학연구』 232 ; 장충식, 1987, 「석장사지 출토 유물과 석양지의 조각유풍」 『신라문화』 3·4 ; 강우방, 1979, 「사천왕사지 출토의 채유사천왕부조상의 복원적 고찰」 『미술자료』 25, 국립중앙박물관.

를 보았고,[57] 서연과 북위지방을 여행하였다고 한다.[58] 이 사실은 그
가 중국에 갈 때 압록강과 두만강 일대, 그리고 요동지방을 거치면서
그 곳의 풍속을 두루 보고 갔음을 의미한다고 생각된다. 그리고 당
의 서울 장안에 가서 공부하였는데, 특진 숙우(574~647)가 지은 종남
산 남전곡藍田谷[59]의 진량사津梁寺에 머물면서 수행하였다.

안함은 일찍부터 마음대로 세상을 두루 돌아다니는 것에 뜻을 두어
풍속을 살펴보고 널리 교화하였다. 수 문제가 대흥선사에 머무르게
하였는데, 그는 중국의 화산華山에서 선장仙掌까지 10개 역이나 되는
길을 하루 낮에 갔다 오고, 종남산이 있는 진령秦嶺에서 황제의 궁전이
있는 장안까지 하룻밤 사이에 오르는 등 주위를 많이 유오하였던 것
으로 되어 있다.[60] 장안의 종남산은 많은 신라승들이 수행한 곳으로
알려져 있다.

636년 8월에 자장이 당에 들어가 불법을 구하였는데, 그가 머문
곳은 장안의 승광별원과 종남산이었다. 원측 역시 장안에 머물다 종
남산에 은거한 바 있었다. 신방 등 많은 신라 승들이 장안으로 유학
한 바 있다. 의상 역시 장안의 종남산으로 유학하였다. 이렇게 7세기
중국으로 간 신라 유학승들이 가장 많이 머문 곳이 장안과 종남산이
었다.

---

57) 九都로 표기되어 있으나 丸都의 오기로 생각하여 고구려의 국내성지역인
　　통구로 보았고, 불내는 국내성지역으로도 나오지만(『삼국사기』 권37 지
　　리지4, 권17 「동천왕」 20년조) 동쪽이라 하였으므로 안변지역으로 보았다
　　(『삼국사기』 권1, 유리니사금 17년 9월조, 권45 「밀우유유」전). 원안이 중
　　국으로 들어갈 때, 대다수의 유학승들이 해로로 간 것과는 달리 연안항로
　　내지는 육로를 이용하여 고구려의 옛 수도와 안변지역을 유오한 후 연과
　　위의 지역을 거쳐 장안으로 간 것으로 생각된다.
58) 『해동고승전』 권2 「원광전」.
59) 藍田은 장안의 종남산에 있는 藍田谷 또는 藍谷을 말한다. 『속고승전』 권
　　28의 「당나라 종남산 남곡 오진사 석혜초전」에 남전곡 오진사가 나온다.
60) 『해동고승전』 권2 「안함전」.

　　그런데 중국 유학승들은 일단 일정 기간의 수학을 마치고 나면, 중국 내의 유명한 불적지들을 유오하였다. 의상의 경우 지엄이 입적하고 나서 3년 간 불적지를 참배하였을 것이다. 이후 8·9세기에 접어들면서 그 행보가 중국 전역으로 넓혀지고 있다.[61]

　　다음은 종파문제로 7세기 중국에 유학한 이들은 불교의 다양한 종파宗派에 접하여 수학한 바 있다. 밀교와 관련된 이는 명랑, 혜통이고, 율종을 익힌 이는 자장, 승실僧實, 원승 등이고, 유식을 익힌 이는 신방, 원측, 둔륜, 승장, 지인, 신곽 등이다. 화엄종을 익힌 이는 의상 등이다.

　　이들은 신라로 귀국한 후에도 자기 종파의 학설을 중심으로 활동하였다. 의상의 화엄종, 도증의 법상종, 후에 성립된 명랑의 신인종 같은 류가 대표적인 사례라 하겠다. 그러나 이들 종파 개념은 신라로 돌아온 후에 그대로 지속되는 경우가 드물었는데, 원효와 같은 통불교적인 경향에 함께 경도되는 경향이 있었기 때문이다.

　　다섯째는 많은 이들이 해외에 나아감에 따라 삼국의 문물도 해외에 소개되었다. 7세기 당시 인도인들은 신라인들을 구구타矩矩吒 예설라䜩設羅, 즉 계귀鷄貴라고 불렀는데, 그것은 인도인들이 신라인들을 자주 접하면서 그들이 계신鷄神을 받들어 높이 여기는 까닭에 그 깃을 꽂아서 관을 장식하는 특징을 들어 이렇게 부른 것이다. 이러한 전승은 많은 신라 승들과 신라인들이 인도에 갔다는 방증이 될 것이다.[62]

　　중국의 경우 중국의 해안가를 중심으로 신라방, 신라소 내지 적산법화원이 생겨난 것은 대개 8세기 이후이기 때문에 7세기 행적으로 언급하기는 어려우나, 그 이전에 이미 백제는 근초고, 근구수왕대에 중국의 해안가에 식민도시를 경영한 바 있다. 삼국의 문물이 중국으

---

61) 이 부분은 김복순, 2005.6, 「9~10세기 신라 유학승들의 중국 유학과 활동 반경」『역사와 현실』56, 21~48쪽 참조.

62) 義淨, 『大唐西域求法高僧傳』권상 ;『해동고승전』권2 ;『삼국유사』권4 歸竺諸師.

로 전해지는 데에는 이들 도시 내지는 부락들이 한 역할을 했을 것이다.

또한 신라로 유입된 불교경전들은 신라 승들에 의해 회자되고 연구되면서 많은 장소들이 저술되었다. 특히 원효의 통불교적 경향이 말해 주듯이 매우 많은 저술들이 전해지고 있다. 일별해 보면,『대혜도경 종요』(마하반야바라밀경의 종요),『법화경 종요』,『열반경 종요』,『미륵상생경 종요』,『무량수경 종요』,『아미타경소』,『금강삼매경론』,『보살계본지범요기』,『대승기신론소』,『대승기신론 별기』,『이장의』,『유심안락도』,『화엄경소』,『범망경 보살계본사기』,『보살영락본업경소』,『중변분별론소』,『십문화쟁론』,『판비량론』등이다. 이들 저술들은 중국으로 전해져 중국인들에 의해 많이 익혀졌는데, 특히『대승기신론소』는「해동소」로 불리면서 중국 화엄종의 3조가 되는 현수법장이 널리 인용하였던 저술이다. 뿐만 아니라 중국에 유학한 신라 승들도 많은 저술을 남겼는데, 원측의 경우『해심밀경소』,『인왕경소』,『성유식론소』등 법상종 계통의 여러 저술을 남겼을 뿐 아니라, 서명학파라고 하는 독특한 학파를 이룰 정도로 자신의 견해를 가지고 있었다. 7세기 가장 대표적인 두 학승을 들어 언급하였는데, 이후 통일기 신라를 거쳐 고려 초에 중국에 불경을 역수출하기까지 지속적으로 신라인들의 저술이 중국에 전래되어 그 영향을 끼쳤다고 생각된다. 일본에도 적지 않은 영향을 주었는데, 7세기 후반부터의 상황은 다음 기회에 언급하고자 한다.

7세기에는 삼국 간에 또는 중국과의 전쟁이 빈발하였다. 그렇지만, 그 와중에도 법을 구하려는 행렬은 계속되었다. 7세기 삼국이 존속하던 시기에는 대체적인 사상의 흐름이 인도와 중국으로부터 삼국으로 전해져 불교사상이 심화되던 단계였으며, 신라의 문물 역시 해외로 알려지고 신라인의 불경 주석서가 중국에서도 애호되어 서로 간의 교류가 왕성하던 때라 할 수 있다.

5) 맺음말

삼국의 불교와 사상교류는 꾸준히 이루어진 바 있다. 다만 역사상에 나타나는 내용들만이 오늘날 우리에게 회자되고 있을 뿐이다. 고구려에서 신라로, 백제로, 또한 백제에서 신라로, 신라에서 백제로 각각 교류된 불교는 각국에 많은 영향을 주며 사회사상으로서의 기능을 하였다. 또한 중국과 인도에서 전래된 불교를 각국은 자국에 맞는 불교로서 소화하여 각국의 불교가 갖는 성격을 만들어 내었으며, 주변국에도 영향을 준 바 있다.

삼국 간의 사상교류는 고구려의 보덕이 백제로 이주하여 사상적 영향을 끼친 것과 신라의 지명이 백제의 지명으로 활약한 내용에 대해 언급해 보았다. 삼국의 대외적인 사상교류는 7세기 삼국이 존재했을 때까지로 한정하여 인도와 중국 유학승들을 도표로 정리하고, 이를 근거로 몇 가지 사항을 밝혀 보았다. 첫째로 불교경전의 유입이다. 구역의 대장경은 거의 유입되었을 뿐 아니라 현장에 의한 신역 경전들도 다수 들어와 불경연구에 획기적인 계기가 된 것으로 보았다. 둘째로 역경사업의 도입이다. 백제 성왕 때 겸익의 역경에 이어 두 번째로 범본 불경을 역출한 내용을 안함을 중심으로 살펴보았다. 셋째로 신라인의 세계관이 확대되고 이에 따른 교역의 확대를 가져왔을 것으로 보았다. 넷째로 신라 유학승들의 해외유학 당시의 활동범위가 확대되고, 다양한 종파를 수학하였다는 점이다. 다섯째로 삼국의 해외유학승들로 인해 삼국의 문물이 해외로 소개되고, 신라 승들에 의한 불경 주석서들이 해외에까지 널리 알려지게 되었다는 점이다.

2. 수 · 당의 교체정국과 신라 불교계의 추이

1) 머리말

신라의 삼국통일 과정은 김춘추의 대당외교로부터 출발해서 주로 당과의 관계 속에서 파악하여 유교 치국책으로까지 연결지어 언급해 왔다. 그러나 김춘추 이전에 자장의 활동이 있었고, 그에 앞서 안함과 원광의 역할이 있었으나 이들을 연결시켜 이해한 것이 부족하였다. 또한 신라와 수나라와의 관계가 부각되지 않은 채, 당나라와 연결된 태종 무열왕의 유교정치이념에 대한 언급만 강조되어 왔으므로 이 부분을 좀 더 깊이 있게 살펴 볼 필요가 있었다. 즉 「걸사표」에서 시작하여 백고좌법회, 황룡사9층탑의 건립과 같은 불교계의 활동에서, 경흥을 거쳐, 명랑에 의한 문두루비법의 실행으로까지 연결시켜 설명해 볼 필요가 있지 않을까 하는 점에서이다.

본 글은 이러한 문제의식에서 출발하여 먼저 수와 당의 교체 정국이 되기는 하였지만, 수대에 유학하였던 신라승들이 귀국하여 펼친 활동이 신라 불교계의 기반을 이루었다는 점을 밝히려 하였다. 즉 신라는 6세기 말부터 7세기에 접어들면서 진, 수, 당에 유학승들이 대거 진출하면서 새로운 사조의 유입에 백제나 고구려보다 적극적이었다. 특히 이들 유학승들이 귀국 이후 펼친 활동으로 불교가 신라의 사회사상으로 정착한 바가 있기 때문이다.

그렇다면 왜 이들 유학승들의 역할이 역사 속에 묻혀 제대로 밝혀지지 않고, 이들의 생애와 평가에 있어 사료의 착종 등 혼란스러운 내용만이 전설처럼 전해지는 것일까 하는 의문이 들었었는데, 안함의 경우가 특히 심하였다. 이에 이들이 유학승이라는 점에서 신라의 대외관계에 주목하였던 바, 신라는 진평왕 대인 6·7세기에 진, 수, 당의 교체에 따른 잦은 대외정국의 변화를 겪었을 뿐 아니라, 이후 나당연합에서 나당전쟁으로 그리고 대당관계의 재개라는 커다란 변수들을 겪은 상황이었으므로, 이와 같은 잦은 정국의 변화가 이러한 문제들을 발생시킨 것이 아닐까 하는 점에 착안하게 되었다.

이에 본 글은 6·7세기 신라 유학승들의 활동과 신라 불교계의 상황을 수·당의 교체 정국과, 나·당 연합에서 나·당 전쟁으로의 변화에 따른 신라 불교계의 행보라는 관점에서 정리해 보려고 한다. 그리고 나·당 관계의 재개 이후 수 유학승들의 활동이 평가되는 과정이 당을 위주로 하는 인식이 확고해지면서 변용이 있었을 것으로 보고, 이 문제를 『삼국사기』와 최치원에 의한 사료의 착종 문제로 천착해 보려 한다.

2) 수·당의 교체와 신라 유학승

신라의 진평왕 대(579~631)는 남조의 진(557~589)에서 수(581~618), 그리고 당(618~907)으로의 교체시기와 맞물려 있었다. 7세기를 전후하여 진의 멸망에 이은 수의 통일로 정국이 바뀌면서 그 여파가 삼국에까지 미쳐 오게 되었다. 수에 의해 중국이 통일되기는 하였으나 (589), 신라는 관망을 하고 있던 상황이었다. 실제로 백제가 개황 초 (581) 수와의 관계를 개시하는 등 활발히 움직인 것과는 달리,[63] 신라는 진평왕 16년인 594년에 수와 수교하고 있다. 그것도 『수서』「신라전」에는 개황 14년(594)에 진평왕이 사신을 보내어 방물을 바치므로

---

63) 『삼국사기』 권27, 백제본기 제5 위덕왕 28년, 29년, 36년, 45년, 무왕, 8년 등의 기사와 『수서』 권81의 「백제전」의 내용으로 삼국 가운데 백제가 주로 수隋와 수교한 것으로 보는 견해(김수태)와, 백제는 실지양단외교책으로, 수隋와의 관계는 신라가 더욱 적극적이었다고 보는 견해(노중국)로 나뉘어져 있다.

수나라 고조가 '상개부낙랑군공신라왕上開府樂浪郡公新羅王'을 삼았다고 되어 있으나,『삼국사기』에 의하면 진평왕 16년(594)에 수에서 조서를 보내 왕을 봉하였으므로, 진평왕 18년(596)에 사신을 보내어 방물을 전한 것으로 기록되어 있다.[64]

그런데 신라는 진평왕 대에 지명, 원광, 담육, 안함 등이 진과 수에 유학하였다.[65] 안함은 국비 유학승으로 다녀오고 있고, 진에 유학하였던 원광이나 지명도 수에 갔던 신라의 사신과 함께 귀국하고 있어, 이들은 넓은 범주에서 수유학승이라고 총칭할 수 있다. 이들이 수에 머문 기간을 보면, 대개 원광이 589~600년, 지명이 589~602년, 담육이 596~608년, 그리고 안함이 601~605년으로, 짧게는 5년에서 길게는 13년 동안 수에 머물면서 불교사상과 문물을 익히고 귀국하고 있다. 때문에 신라로서는 진평왕 11년(589)부터 30년(608)까지가 중국불교를 본격적으로 받아들이게 되는 중요한 시기였다고 할 수 있다.

신라는 수에 「걸사표」(608)를 보낸데 이어 수의 사신을 맞아 대규모의 호국법회를 열었는데, 신라가 수와 외교관계를 맺고 있을 때 벌인 행사로서, 진평왕 35년(613)에 개최된 황룡사의 백고좌회이다.

　　　1) 수의 사신 왕세의王世儀가 황룡사에 이르니 백고좌를 설치하고 원광 등의 법사를 맞아다가 경을 설하였다.[66]

　　　2) 진평왕 35년 황룡사에 백좌회를 설치하고 비구를 맞아다가 강경

---

64)『수서』권81 「신라전」에는 개황 14년에 진평왕이 사신을 보내 방물을 조공하므로 고조가 上開府樂浪郡公新羅王으로 삼았다고 한다.

65)『삼국사기』권4 진평왕 7年(585) 秋7月 高僧 智明 入陳求法, 11年(589) 春3月 圓光 法師 入陳求法, 18年(596) 春3月 高僧 曇育 入隋求法 遣使如隋貢方物, 22年(600) 高僧 圓光 隨朝聘使 奈麻諸文 大舍橫川還, 24年(602) 9月 高僧 智明 隨入朝使上軍還 王尊敬明公戒行爲大德, 27年(608) 春3月 高僧曇育 隨入朝使惠文還,『해동고승전』권2, 「안함전」.

66)『삼국사기』권4, 신라본기 제4 「진평왕」 35년 7월.

하였는데, 원광법사가 상수上首가 되었다.[67]

　　3) 건복 30년 계유(즉 진평왕 즉위 35년이다) 가을에 수의 사신 왕세의王世儀가 오니, 황룡사에 백좌도량을 설치하고 여러 고승을 청해 경을 설하게 하였는데, 원광이 가장 상수上首에 자리하였다.[68]

이 법회의 성격이 수와 관련된 호국법회인 점으로 볼 때, 수유학승들이 이 행사를 주도하였을 것으로 생각되는데, 구체적인 근거는 다음과 같다.

첫째로, 수와의 외교관계에 있어서 수유학승들이 전면에 나서서 주도하였을 것이기 때문에, 그 연장선상에서 이 법회를 볼 수 있으리라는 점이다.

앞서 보았듯이 수와의 수교에 신중하였던 신라였다. 그러나 백제와의 아막성전투(602) 등에 이어, 고구려의 북한산성 침입(603)으로, 신라는 남천주를 폐하고 북한산주로 물러나는 등 위기를 맞게 되면서, 수와의 관계를 적극화하는 방안을 강구하게 되었다.

진평왕은 수에 유학하였던 승려들을 활용하게 되었고, 불교 뿐 아니라 유교와 도교에도 해박하여 외교문서를 초할 수 있는 원광을 왕경으로 초치하여,[69] 걸사표(608)를 쓰게 하였다. 왕경에 머무르고 있던 안함 등이 적극 천거하였을 것으로 생각된다. 그럼에도 불구하고 고구려는 611년 2월 신라의 북쪽 경계를 침략하여 8,000인을 사로잡아 갔고, 4월에 우명산성을 쳐서 빼앗기도 하였다.[70] 이에 더하여 612년 수의 고구려 침입이 참패하자, 수에 협조해 온 신라로서는 고구려가

---

67) 『해동고승전』 권2 「원광전」.
68) 『삼국유사』 권4 「원광서학」.
69) 원광은 600년에 귀국하여 청도의 가슬사에 머물다가, 이 때 왕경으로 진출하였다고 보았다. 김복순, 2006, 「원광법사의 행적에 대한 종합적 고찰」 『신라문화』 28 참조.
70) 『삼국사기』 권4, 신라본기 제4 「진평왕」 34년.

언제 쳐들어올지 모르는 상황에서 전전긍긍하였을 것이다.

이럴 즈음 613년에 수의 사신 왕세의王世儀가 와서, 수의 계속되는 고구려 공격를 지원해 달라는 요구와 함께 신라의 민심안정을 위해, 황룡사에서 백고좌회를 개최하게 된 것이다. 이 법회는 수사隋使 왕세의王世儀가 참석한 자리였던 만큼, 상수인 원광을 비롯하여 중국어에 능통하였을 지명, 안함, 담육도 참석하여 행사를 주도하였을 것으로 생각된다.

둘째로 이 법회가 『인왕경』을 강설한 호국법회로 열렸다는 사실은[71] 천태天台 지의(중국)의 영향을 받은 수 유학승들에 의한 주도 사실을 알려 주는 것이라고 하겠다.

『인왕경』은 중국에서 만들어진 위경으로 북조에서의 불교사태 이후, 불법 수호라는 측면에서 지의智顗와 불공不空에 의해 널리 선양된 것으로 보고 있다.[72] 특히 진나라와 수나라 대의 『인왕경』 신앙의 최대 고취자이며 최초의 주소가註疏家는 천태 지의였다.[73] 지의는 진나라 지덕 3년인 585년부터 금릉에 머물면서 궁내의 태극전과 광택사에서 『인왕경』을 강의하여 황제와 황실, 관료들이 계율의 모범을 숭상해 그의 법을 받았다.[74]

그런데 『인왕경』의 강경 사실은 이렇게 진나라 대에 보이고 있는데, 어떻게 수나라와 연계가 되는가 하는 점이다. 그것은 수 양제가 왕자시절 회해淮海지방의 총수인 진왕晉王으로 임명되어, 지의의 풍모를 듣고 그를 초청한 사실로 확인할 수 있다. 즉 개황 11년(599) 11월 23일에 양주총관의 사찰에서 베풀어준 천승회에서 지의가 율의법을 내려 주자, 지의에게 지자대사智者大師의 호를 준 것이다.[75] 이후에도

---

71) 이기백, 1986, 「황룡사와 그 창건」『신라사상사연구』, 일조각, 52~55쪽.

72) 권기종, 2000, 「수당시대 불교사상과 정치권력-『인왕호국반야경』을 중심으로」『역사상의 국가 권력과 종교』, 일조각, 142~145쪽.

73) 이기영, 1975, 「인왕반야경과 호국불교」『동양학』 5, 511쪽.

74) 『속고승전』 권17 「수나라 국사 지자 천태산 국청사 석지의전」.

수 양제는 천태산에 국청사를 세우게 하는 등 깊은 연관을 가지고 있었다.[76]

그런데 수 유학승인 원광, 지명, 안함은 정도의 차이는 있지만, 천태 지의의 영향을 받았을 것이라는 사실이다.

원광이 이 법회의 상수를 맡을 수 있었던 것은 「걸사표」의 작성 등 여러 요인이 있었겠지만, 진의 금릉에 있을 때 지의의 강설을 접한 것이 도움이 되었을 것이다. 원광이 진에 들어간 25세는 585년을 전후한 시기로 추정하고 있다.[77] 그가 금릉에 머물러 있을 무렵인 진나라 지덕 3년(585)에 천태 지의가 금릉에 와서 5년 동안 영요사靈曜寺, 태극전太極殿, 광택사光宅寺에 머무르면서『대지도론』,『인왕반야경』,『법화경』을 강의하였으며, 이미 31세 때인 568년에 스승 혜사선사의 명을 받고 금릉으로 가서 이듬해부터 와관사瓦官寺에 머물면서 8년간『법화경』과『대지도론』을 강설한 바 있었다. 또한 고구려의 파야가 이 때 금릉에서 천태지의의 강의를 듣고 천태산으로 찾아가서 수행하고 있음이 참고된다.[78]

지명이 진에 간 585년은 앞서 언급한 대로 천태 지의가 금릉에 머물면서『인왕경』등을 강경한 시기와 맞물리고 있다. 계행이 훌륭하다 하였으므로 천태의 영향이 있었던 것이 아닐까 하며, 이미 대덕大德에 제수되어 있었으므로 그 역시 이 법회에 간여하여 역할을 했을 것이다.

---

75)『속고승전』권17「수나라 국사 지자 천태산 국청사 석지의전」.
76)『속고승전』권19「당나라 천태산 국청사 석관정전」.
77) 신종원, 1991,「원광과 진평왕대의 점찰법회」『신라사상의 재조명』신라문화제학술논문집 12 ; 최연식, 1995,「원광의 생애와 사상-『삼국유사』「원광전」의 분석을 중심으로-」『태동고전연구』12 ; 박광연, 2002,「원광의 점찰법회 시행과 그 의미」『역사와 현실』43 ; 박미선, 1998,「신라 원광법사의 여래장사상과 교화활동」『한국사상사학』11 ; 2005,「원광의 점찰법회와 삼계교」『한국사상사학』24 참조.
78)『속고승전』권17「석지월전 파야전」.

안함은 601년에 국가에서 선발하는 국비유학승으로 수나라에 유학을 가게 되었다.[79] 그는 수에 있으면서 10승의 관법과『법화현의』의 깊은 의미를 꿰뚫을 정도로 천태 지의의 영향을 받은 인물이었다. 10승의 비법은『마하지관』에 나오는 10종의 관법을 말한다. 여기서 10은 관행을 성취시켜 수행자를 과지果地에 이르게 하기 때문에 붙여진 것으로, 1.관부사의경觀不思議境, 2.발진정보제심發眞正菩提心, 3.선교안심지관善巧安心止觀, 4.파법편破法遍, 5.식통색識通塞, 6.도품조적道品調適, 7.대치개조對治開助, 8.지차위知次位, 9.능안인能安忍, 10.무애법無愛法이다. 또한 현의란 일반적으로 현묘한 도리를 말하지만, 여기서는 앞의 십승비법과 관련시켜 천태 대사의『법화현의』를 가리킨다고 볼 수 있다.『법화현의』는 전 10권으로,『법화경』의 경의 제목『경제經題』를 해석함으로써 경의 요지를 개괄한 것이다.[80] 그러므로 그 역시 국비 유학승으로『인왕경』의 호국경으로서의 기능에 대해 관심을 가지고 수학하였을 것이다. 그리고 신라에 귀국하여 613년의 법회에 원광과 함께 가장 크게 역할을 하였을 것으로 생각된다.

이상의 내용으로 볼 때, 신라에서『인왕경』을 강설하는 호국법회를 개설한 것은 천태 지의의 영향을 받은 진과 수에 유학하였던 승려들의 주도로 이루어진 것이라 할 수 있다.

613년의 법회가 있은 지 8년 후인 진평왕 43년(621)에 신라는 새로이 당나라와 외교관계를 갖게 되었다. 이 때 주목되는 내용은 선덕여왕 5년(636)에 개최된 인왕백고좌법회와 동왕 14년(645)에 완공된 황룡사 9층 목탑의 건립이다.

636년의 법회는 선덕여왕이 병이 들어 의약과 기도가 효험이 없으므로, 황룡사에 백고좌회를 설치하여『인왕경』을 강경하고 백 명이 승려가 되는 것을 허락한 행사로서,[81]『인왕경』「호국품」의 내용을

---

79)『해동고승전』권2「안함전」.

80) 장휘옥, 1991,『해동고승전 연구』, 민족사, 206쪽.

거의 그대로 따른 것이다.

황룡사 9층 목탑의 조성에 대한 의미는 여러 선학들에 의해 고구된 바 있다. 위기에 처한 신라가 실추된 선덕여왕의 권위를 만회하고, 백성들에게는 일통삼한—統三韓의 염원을 발원시킨 국가적인 행사였다는 것이다. 또한 이 탑의 조성경위는 선덕여왕 12년인 643년에 당에서 귀국한 자장이 황룡사에 9층 목탑을 세울 것을 건의하여 645년에 준공을 보게 된 것이다. 그런데 이러한 9층 목탑의 조성사실에 대하여 몇몇 새로운 견해가 나와 있다.

하나는 이 탑의 조성에 대한 발의가 이미 안홍(안함)에 의해 제기된 바 있다는 것으로, 안함 등이 장안의 대홍선사 사리탑을 보고 와서 이를 모델로 9층탑을 조성할 것을 주장하였다는 것이다.[82]

또 하나는 근래 실제 황룡사의 탑지 조사결과를 원용하여 9층 목탑의 조영과정을 탐구한 연구로, 9층 목탑은 자장의 건의 전에 이미 목탑의 조영계획을 가지고 조영을 시도하였다는 것이다. 그러나 중층 목조건축을 조성할 수 있는 기술력의 부족으로 기단 축조만 한 후 더 이상의 공정을 진행시키지 못하고 있던 터에, 자장의 건의로 백제의 아비지를 초청하여 9층 목탑을 완성시켰다는 것이다. 그러므로 9층 목탑의 조성을 발원한 안함의 역할은 재평가해야 한다는 앞서의 논의는 중시되어야 한다는 것이다.[83]

또 다른 하나는 황룡사 9층 목탑의 조성에 대한 건의는 자장이 하였지만 공사를 김용춘이 감독한 사실에 주목하고 있다. 이러한 국가

---

81) 『삼국사기』 권5 「선덕왕」 5년 3월.
82) 신종원, 1992, 「안홍과 신라불국토설」 『신라초기불교사연구』, 민족사, 244 ~245쪽. 신종원은 안홍으로 쓰고 있으나, 본 글에서는 사료 외에는 안함으로 통일해서 쓰고자 한다. 또한 이 둘을 별개의 인물로 본 권덕영의 견해(1987, 「삼국시대 신라구법승의 활동과 역할」 『청계사학』 4)가 있으나, 신종원의 위의 책, 235쪽 주8에서 상세한 비판을 통해 동일인임을 논증하고 있다.
83) 양정석, 2004, 『황룡사의 조영과 왕권』, 서경, 169쪽.

적 조성사업은 곧 국왕이 외적의 침입으로부터 국토를 수호하기 위해서는 불교를 보호해야 한다는 『인왕경』의 정신에 부합하는 행위라는 것이다. 따라서 '국왕의 호법'활동이라는 의미를 부여할 수 있다는 것이다.84)

이들의 견해를 따른다면 다음과 같이 그 내용을 정리할 수 있다. 황룡사 9층 목탑의 조성은 안함의 건의에 의해, 『인왕경』의 정신에 부합하여, 수의 대흥선사 사리탑을 본 따 9층탑을 세워, 신라가 이웃나라로부터 말미암는 재난을 누를 수 있다고 하므로 기반공사까지 하였다. 그러나 더 이상 진척을 하지 못하고 있을 때, 자장이 귀국하여 탑의 조영을 건의하였고, 백제의 아비지를 초청하여 김용춘이 감독하므로써 완공시킬 수 있었다.

여기에서 주목되는 내용은 『인왕경』의 정신과 안함의 역할이다. 이는 곧 613년과 636년의 백고좌법회를 주도하였던 수유학승들의 주장과 일치하는 내용이기 때문이다. 그렇다면 수와 당이 교체되기는 하였으나, 이 법회 역시 수 유학승들의 주도로 행해졌을 것이며, 635년에 당에서 귀국한 명랑도 참여하였을 것이다. 그것은 당나라의 경우도 초기의 불안정한 정국을 안정시키기 위해 여러 번 인왕백고좌회를 열고 있다. 즉 무덕武德 년간(618~626)과 정관 3년(629)에 열어 매월 개설하게까지 하고 있다. 또 정관 17년(643)에도 개설한 것으로 나와 있기 때문이다.85)

특히 자장은 당에 유학하여 당 태종과 만나 많은 것을 협의하고, 대장경 등 많은 서적과 불교 용품들을 가져와 불교계를 일신하였다. 그렇지만 그는 구유식의 세대로서 현장의 신유식이 나오기 전에 당에 유학하고 있어 구마라즙과 안혜, 진제 등의 구역舊譯으로 불리는 양과

---

84) 남동신, 2001, 「신라 중고기 불교치국책과 황룡사」 『신라문화제학술발표회논문집』 22, 26쪽.

85) 권기종, 위의 논문, 142~143쪽.

진, 수대에 역출된 경전들을 텍스트로 하여 수학하였던 인물이다. 즉 구유식舊唯識을 수학한 수대의 유학승들과 그 사상적 맥을 같이 한 것이다.[86]

그런데 645년 현장이 천축에서 중국으로 귀환하면서 새로운 경전 번역의 소식이 전해지자, 신라 승들은 서학西學에 열심이어서 원효와 의상도 현장의 신유식新唯識을 배우기 위해 당에 유학하려 할 정도였다. 이들의 유학과정의 어려움은 원효의 고분에서의 오도이야기를 낳게 하였고, 의상은 나당연합군이 백제를 병합한 후인 661년에야 당에 갈 수 있었다. 이미 당에 유학해 있던 원측, 신방 등이 현장의 신유식을 받아 들여 새로운 견해를 피력하고 있었다.

3) 나당연합에서 나당전쟁으로의 변화와 신라 불교계의 행보

(1) 나당연합과 신라 승들의 활동

자장의 당 유학에 이어 김춘추의 대당외교로 나당연합은 구체화되어졌다. 이 과정에서 신라는 경흥, 임윤, 지의, 원효 등이 활동을 보여 주고 있다.

지의(신라)는 평시에 문무왕의 곁에서 왕을 보좌하는 역할을 하고 있고,[87] 임윤은 당나라와의 관계에서 군사軍師로서 사신역을 담당하고 있었다.[88] 원효는 문무왕 2년(662)에 군사작전상 비밀리에 작성된 암호문서의 의미를 해독해 주어 위기에 처한 신라군을 구해 내는데 일

---

86) 대표적인 예로『섭대승론』의 수학을 들 수 있다. 원광이 장안에서 11년간 섭론연구가로 활약하였다는 것과 자장이 머물렀던 장안의 승광별원이 담천이 머물면서 북지섭론학을 개척한 섭론연구의 중심사찰이었으며, 자장은 귀국 후 섭론을 강설한 바도 있다. 남동신, 1992,「자장의 불교사상과 불교치국책」『한국사연구』76, 15쪽.

87)『삼국유사』권2「문호왕 법민」.

88)『삼국사기』권7, 신라본기 제7「문무왕」하

조를 하고 있다.[89]

제일 주목되는 인물은 경흥이다. 그는 문무왕이 유언으로 국사를 삼으라고 할 정도였으므로, 문무왕의 재위기간 동안 매우 비중있는 활동을 하였을 것이다. 하지만 그의 생애와 관련하여 알려져 있는 것은 웅천주인으로 수씨水氏 혹은 목씨木氏라는 사실이다.[90] 이와 관련하여 더 이상의 언급이 없으므로, 이 간단한 내용으로 추정해 본다면 그는 지역적으로 대백제와 관련된 활동이 있었을 것으로 생각된다.

그런데 웅천주와 관련하여 이미 활동하고 있던 인물로서 현광과 연광이 있었다는 점이다. 현광을 단지 웅천주에서 활동하였다는 사실을 들어 사료에 신라 승으로 기재된 것은 백제 승의 잘못일 것으로 보고 있다.[91] 그러나 그가 신라 승으로 표기된 것은 신라와 연관있는 승이었기 때문이었다고 생각된다. 이들을 경흥과 연관지어 본다면, 현광-연광-경흥으로 이어지는 라인이 웅천주에서 신라승으로 활동하였을 것으로 추정해 볼 수 있는데, 다음과 같은 이유에서이다.

첫째로 현광과 연광은 귀국하면서 신라와 유관한 신라승이 되었을 것이라는 점이다. 즉 현광은 남악 혜사(514~577)의 제자로『법화경』「안락행품」을 중심으로 배운 바 있다. 혜사의 입적 후 귀국하였는데, 오는 길에 용궁에 들어가 7일간 경을 설하고 돌아 온 것으로 되어 있다.[92] 또한 연광은 중국에서 천태 지의(중국)에게 수학 후 진평왕 대(579~ 632)에 귀국하였는데, 수에서 귀국하던 뱃길에 용궁으로 안내

89)『삼국유사』권1「태종춘추공」.

90)『삼국유사』권5「경흥우성」.

91) 김영태, 1983,「삼국시대의 법화수용과 그 신앙」『한국천태사상연구』, 동국대학교출판부, 19~22쪽 ; 조경철, 1999,「백제의 지배세력과 법화사상」『한국사상사학』12, 16쪽 주64 ; 길기태, 2006,『백제 사비시대의 불교신앙 연구』, 충남대학교 박사학위논문, 131쪽 주11에서 백제인으로 언급하고 있다.

92)『송고승전』권18「진신라국현광전」.

되어 용왕에게 『법화경』을 강의한 것으로 나와 있다.[93] 이들이 귀국 길에 바로 웅주로 가지 않고 중간에 들렀다고 하는 곳이 신라와 유관한 지역이 아닐까 한다.[94]

진평왕대라고 할 수 있는 622년을 전후하여 당에서 귀국하는 유학생 및 유학승들은 대개 신라선박에 의지하여 돌아오고 있다는 사실이다. 일본 승들조차 신라 사신이나 신라 송사送使에 의존하여 귀국하거나 신라에 머물다가 돌아가기도 하였던 것이다.[95] 따라서 연광은 신라 선박에 의존해서 귀국하였을 가능성이 높으며, 용궁 운운의 내용은 신라와 유관한 곳을 방문하였을 가능성이 크다고 생각된다. 그리고 연광이 중국 유학 당시 원광이나, 지명과 같은 신라 승들과의 교류도 상정해 볼 수 있는데, 그것은 이들이 모두 천태 지의의 영향을 받은 구유식에 기반을 둔 점에서이다. 때문에 그들은 웅천주로 돌아가 교화를 폈지만, 신라와 연관되어 있었던 신라 승들이었을 가능성이 크다고 생각된다.

둘째로 현광, 연광과 경흥은 웅천주와 관련이 있는 이들로서 신라 국인으로 기록된 공통점이 보인다는 사실이다. 특히 현광과 연광은 『법화경』에 정통한 해외파로서, 경흥의 학문 성격상 그들의 영향을 받았을 가능성이 크다고 생각되며 지역상으로도 사제 간일 가능성을 배제할 수 없으리라 생각된다.

셋째로 법흥왕이 대통 원년에 양 무제를 위하여 웅천주에 세웠다는 대통사의 존재이다.[96] 현재 이 사찰에 대해서는 지역적으로나 시기적

---

93) 『홍찬법화전』권9(大正藏 51권).

94) 후삼국 시기 중국에서 귀국하는 선사들을 각기 자국으로 유치하여 인심을 귀복하려 한 예를 생각해 볼 수 있다.

95) 타무라 엔쵸, 노성환 역, 1997, 『고대 한국과 일본불교』, 125~129쪽 ; 김현구, 1983, 「日唐관계의 성립과 羅日동맹 -『일본서기』 "김춘추의 渡日" 기사를 중심으로-」『김준엽교수화갑기념 중국학논총: 사학』, 565쪽.

96) 『삼국유사』권3 「원종흥법 염촉멸신」.

으로 당연히 백제에서 세운 것으로 인식하고 있다. 그러나 현광, 연광, 경흥으로 이어지는 이들의 활동으로 볼 때, 그 연원은 대통사로 거슬러 올라가야 하지 않을까 한다.[97]

여하튼 이들은 신라가 나당연합을 이루어 백제와 고구려를 멸망시키는 동안 신라로의 인심人心 귀복歸服과 같은 활동을 하였을 것으로 생각된다.

(2) 나당전쟁과 신라 불교계

신라와 당과의 밀월관계가 무너지게 된 것은, 백제 멸망 후 문무왕 3년인 663년 4월부터 시작되었다. 당은 신라를 계림도독부로 삼고, 신라왕을 계림주대도독으로 임명한 것이다. 그것은 신라를 당이 통치하는 일개 지방으로 편속한 것이고 신라왕을 일개 지방관으로 만든 것이기 때문이었다. 이후 문무왕과 부여융의 화친 문제라든가, 문무왕 10년 신라와 백제 간에 경계확정 문제에 있어서도 당은 신라에게 660년 이전의 백제 영토를 전부 반환하라고 요구하였다. 나당연합군에 의한 고구려 멸망 이후 신라는 고구려의 옛 영토까지 내놓아야 하는 상황에서 당에 의한 신라의 지배의도가 확실해지면서 적대관계로 변화하기 시작하였다. 신라는 670년 고구려 부흥군과 당나라와의 전투에 1만 명을 보내어 지원하였고, 그 해 7월부터 당이 지배하고 있던 백제의 고지를 대대적으로 공략하기 시작하였다.

이듬해 당나라 행군총관 설인귀는 서신을 보내 당에 반역하지 말 것을 경고하였다. 이에 신라는 671년 「답설인귀서」에서 당태종이 백제와 고구려 두 나라를 평정하면 평양 이남과 백제 땅은 모두 너희 신라에게 주어 길이 평안토록 하고자 한다는 말을 상기시키면서 신라가 백제와 고구려를 치는 과정에서 치루었던 고난을 상세히 언급하고,

---

97) 대통사를 백제의 사찰로 보고 쓴 논문으로 조경철, 2002, 「백제 성왕대 대통사 창건의 사상적 배경」『국사관논총』98이 있다.

"당이 선박을 수리하면서 겉으로는 왜국을 정벌할 것이라고 핑계를 대나 사실은 신라를 치고자 한다"고 하며 토사구팽의 신세를 한탄하고 있다.[98]

이러한 상황에서 의상이 당에서 귀국하면서 가져온 당군의 침입이라는 급보는 신라 조정으로 하여금 당에 대한 적개심과 함께 신라의 주체성에 대한 인식을 새롭게 하는 계기가 되었을 것이다.

이에 대한 대처방안으로 김천존에 의해 추천된 명랑이 이전의 인왕백고좌 법회의 형태가 아닌 새로운 형식의 호국법회를 열어 당군의 침입을 저지한 것이다. 명랑은 당과의 대결에 있어 문두루비법을 사용하였는데, 이는『관정경』권7「복마봉인대신주경伏魔封印大神呪經」에 의거한 것이었다. 이와 함께 그는 유가명승 12인과 함께『금광명경』의 내용에 따라 호국기도회를 연 것이다. 이 때 명랑이 참고하였던『금광명경』은 수나라의 보귀寶貴 등이 역출한『합부금광명경』으로 원효에 의해 8권의 주석서까지 나온 경전이었다.[99]

명랑은 당과의 대결에 있어 이를 극복할 수 있는 방법으로 수대에 역출된『금광명경』을 활용하여 호국법회를 열어서 당과의 대결구도를 확실히 한 것이다.

이와 함께 원효는 671년『판비량론』을 저술하여 당과의 힘겨운 대결을 하고 있던 신라인들을 고무하였다. 당시 중국에서는 현장법사의 귀환 이후 당 태종의 환대와 측천무후則天武后로 이어진 역경사업의 융성으로, 새로이 역출된 불전佛典에 대한 높은 자긍심이 넘치고 있던 때였다. 이러한 시점에서 원효는『판비량론』이라는 저술을 통해, 신구유식의 내용 전체를 꿰뚫고 있으면서 현장을 비롯한 중국의 여러 불교

---

98)『삼국사기』권7, 신라본기 제7 문무왕 11년조.

99) 김상현輯, 1994,「輯逸금광명경소」『동양학』24, 260쪽 ; 최연식, 2005,「8세기 신라 불교의 동향과 동아시아불교계」『불교학연구』12, 247~248쪽. 최연식은 명랑이 중국 유학에서 돌아오면서 용궁에서 받아 온 비법이『금광명경』이 아닐까 해석하고 있다.

학자들의 주장에서 나타나는 오류들을 명쾌히 짚어 낸 것이다.[100]

이는 원효가 해동 신라인으로 인도는 물론 중국에도 유학하지 않았지만, 그들의 불전 해석보다도 앞선 식견을 보여 줌으로써 신라인의 자긍심을 높였다는 사실이다. 이로 인해 그는 후대에 '분황의 진나'라는 별칭까지 얻게 되었다.[101] 명랑은 632년에서 635년까지 당에 유학한 구유식의 세대이고,[102] 원효 역시 구유식에 기반을 두고 신유식을 받아들였으며, 원측의 경우에도 구유식에 기반을 두고 현장의 신유식뿐 아니라 현장 사후 인도에서 계속 수용되고 있던 불교사상의 경향에도 주목하여 독특한 서명학파를 형성하고 있다.[103] 그렇다면 이들은 원광 이래 수유학승들과 학적 기반과 함께 한 공통점이 있다고 생각되는데, 이러한 사실은 『금광명경』의 주석을 통해서도 확인된다.

우선 명랑은 『금광명경』으로 호국법회를 지내고 있고, 원효는 『금광명경소』, 『금광명경의기』를, 원측은 『인왕반야경소』를 저술하고 있지만, 그의 제자 도증이 『천태산지자대사별전』을 저술하고 있다.[104] 그런데 『금광명경』은 천태 지의에 의한 주석서로 인해 법상종에서 보다는 천태종에서 중시되고 있다는 점이다.[105] 이는 신라의 명랑, 원효,[106] 원측, 그리고 시대를 조금 내려와 도증, 태현[107] 등이 유식학자

---

100) 김성철, 2003, 『원효의 판비량론 기초 연구』, 지식산업사, 18~22쪽.

101) 『삼국유사』 권3 「원종흥법 염촉멸신」.

102) 『삼국유사』 권5 「명랑신인」조에 나오는 내용으로, 신종원은 명랑이 자장의 누이 남간부인의 아들인 점을 고려하여 문무왕대에 귀국한 것으로 보고 있다. 신종원, 2004, 『삼국유사 새로읽기』 1, 일지사, 133쪽.

103) 남무희, 2005, 『원측의 생애와 유식사상 연구』, 국민대학교 박사학위논문 참조.

104) 안계현, 1982, 『한국불교사연구』, 동화출판공사, 66~68쪽. 이러한 내용 외에도 『금광명경』에 대해서는 도륜의 『금광명경약기』, 경흥의 『금광명경약찬』, 태현의 『금광명경고적기』가 있다.

105) 김상현, 1976, 「고려시대의 호국불교 연구」, 단국대 석사학위논문, 40~42쪽 ; 최연식, 위의 논문, 248쪽.

106) 김상현, 2000, 『원효연구』, 민족사, 90쪽 ; 『삼국유사』 권5 「낭지승운 보

로 명성을 날리면서도 그 학적 기반은 수대 유학승들의 전통을 이어, 그 기반 위에서 수학하고 있음을 보여주는 것이라고 하겠다.

그런데 나당전쟁으로 인한 신라의 정황은 당과 관련되어 있던 친당파는 물론 당 유학승들이 운신하기 어려운 상황도 함께 만들어 냈다고 생각된다. 즉 의상의 경우 당나라 유학승인 점과 화엄종에 대한 생경감이 겹쳐 왕경인들의 냉대로 낙산을 거쳐 소백산으로 나아가게 된 것이라 생각된다.108) 반면 원측은 당에 있으면서 나·당 전쟁 중에 종남산 운제사 근처에서 671년부터 678년까지 8년간이나 칩거하고 있어야 하였다.109)

결과적으로 신라의 승리가 친당파에 대한 척결의 정국을 더욱 부채질하였고, 당에 유학하였던 왕화상 혜통이 역모에 연루될뻔한 사건을 겪은 것과도 관련이 있어 보인다.110) 그리고 문무왕대에 활약을 하였던 경흥의 경우에도 그의 출신 때문에 제약을 받아 국로國老로 되었다고 보고 있으나,111) 그의 저술에 나타나는 신유식에 가까운 경향이 친당적인 성향을 나타내고 있으므로,112) 이러한 분위기에서 선왕의 유

현수」에 의해 원효는 낭지에게 『법화경』을 배운 것으로 보고 있다.
107) 태현은 『금광명경』으로 호국법회를 지내고 있고, 『금광명경고적기』 4권, 『금광명경료간』 1권의 주석서가 있다. 이러한 영향은 고려의 의통이 중국에서 강의한 것을 제자 사명 지례가 필록 수정한 『금광명경문구기』와 『금광명경현의습유기』에서도 보이고, 「칠장사혜소국사비문」에는 고려 문종 2년인 1048년 5월에 왕사 정현이 문덕전에서 『합부금광명경』을 강하고 기우한 사실이 전하고 있어, 그 명맥이 고려조까지 이어지고 있음을 알 수 있다.
108) 김복순, 2005, 「신라 중대의 불교」 『신라문화』 25, 179쪽.
109) 남무희, 2002, 「원측의 생애복원과 그의 정치적 입장」 『한국고대사연구』 28, 120쪽.
110) 『삼국유사』 권5 「혜통항룡」.
111) 한태식, 1991, 「경흥의 생애에 관한 재고찰」 『불교학보』 28, 11~15쪽 ; 노중국, 2003, 『백제부흥운동사』, 일조각, 362~363쪽.
112) 경흥은 성덕왕대에 당에서 들여온 『최승왕경』에 대해 승장의 『최승왕경

언이기는 하였지만 신문왕이 국사로 쓸 수는 없었을 것이다.

반면에 신라는 나당 전쟁기에 일본이 신라의 후방에 있으면서 책동을 할까 우려하여 매우 자주 사신을 파견하고 있다. 이 때 신라에서는 신라 승들의 저술을 일본에 전해주는 등 문화적 공여로서 일본이 신라 편을 들게 하는데 일조를 하게 하였다고 생각된다. 668~700년까지 신라가 27회, 일본이 11회의 사신을 보내 서로 오가고 있는데,113) 일본은 사절의 파견 때 학문승을 파견하여114) 신라불교를 배워오게 하였으므로, 이 시기를 신라 학문승의 시기라고까지 하고 있다.115)

신라와 일본의 승려 간의 교류는 개인적으로 또는 공식적으로 일찍부터 이루어진 바 있다. 즉 608년 일문日文(승민僧旻) 등 4명의 유학승과 고향현리高向玄里 등 4명의 유학생이 수로 유학하였다. 이들 가운데 귀국 사실이 확인되는 이는 왜한복인倭韓福因이 622년에, 일문日文(승민僧旻)이 632년에, 청안請安과 고향현리高向玄里가 640년에 돌아온 것이 보인다. 그런데 이들은 모두 신라 사신을 따라 귀국하거나 신라 송사送使에 의해 귀국하고 있다는 사실이다.116)

이는 신라의 원광이 「걸사표」를 보내는 시기에 수에 들어갔다가 수

소』와 함께 『금광명최승왕경술찬』이라는 소疏를 낸 것도 이를 뒷받침해 주고 있다.

113) 일본에서는 신라사 김동엄 일행에게 문무왕과 김유신에게 각각 무역선을 한 척씩 선물하기까지 하고 있다. 김유신과 원효와의 관계로 볼 때, 일본에 원효의 저술을 많이 보내었을 것으로 생각된다.

114) 684년 觀常, 靈觀, 687년 明聰, 觀智, 智隆, 693년 辨通, 神叡, 692년 山田史 御形이 그들이다. 연민수, 2004, 「7세기 동아시아 정세와 왜국의 대한정책」『신라문화』 24, 62~63쪽.

115) 타무라 엔쵸, 노성환 역, 1997, 위의 책, 134쪽.

116) 622년 倭韓福因은 신라사신 智洗爾를 따라 귀국하고 있고, 日文은 25년 만인 632년에 高表仁을 따라서 신라를 거쳐 신라의 送使에 의해 귀국하고 있다. 또한 高向玄里도 33년 만인 640년에 신라를 거쳐 신라의 送使에 의해 귀국하고 있다. 혜은도 30년간의 중국생활을 마치고 신라 송사를 따라 귀국하고 있다. 타무라 엔쵸, 노성환 역, 위의 책, 125~129쪽.

당이 교체되는 혼란기를 지나 신라와 당의 외교관계가 시작되는(621) 이듬해부터 신라 사신 내지 송사를 따라 귀국하고 있는 것이다. 이들 가운데 청안請安과 고향현리는 645년의 대화개신의 주역으로 국박사國 博士로 활약하고 있기도 하다.

그런데 이들이 수나라에 들어갔다가 당나라 초에 귀국하였다는 것 은 구유식의 시대에 수와 당에 유학하였다는 것을 의미하는 것으로, 신라의 원광, 자장, 명랑, 원효와 같은 학문적 기반을 갖는 것이라고 할 수 있다. 때문에 신라에 학문 승들이 파견되었고, 신라의 많은 저 술들을 배웠으며, 특히 원효의 저술을 중히 여겨 그의 저술이 일본에 전해지자, 지속적으로 애독되어지고 주석을 달아 남긴 것으로 추정된 다.[117]

4) 나당관계 재개 이후 안함의 평가와 사료의 착종

성덕왕대에 나당관계가 재개되면서 성덕왕 3년(704) 3월에 당나라 에 갔던 김사양이 돌아와 『최승왕경』을 바쳤다고 하는데,[118] 이 경은 703년에 당의 의정이 신역한 『금광명최승왕경』이다. 이것이 『금광명 경』의 수입에 관한 공식적인 기록으로, 신라에는 이미 수대 역출의 『금 광명경』이 유통되고 있었음을 보았다.

이렇게 당과의 교섭이 재개된 성덕왕대에 사신이 의정의 신역경전 을 가져왔다는 것은 신라에서 신역 『금광명경』의 내용에 의거하여 호 국행사를 하겠다는 것으로, 양국 간의 외교관계가 많이 해소되어 나 타난 양상이라 생각된다. 결국 문무왕 후기의 소강小康에서 성덕왕 말 기의 태평으로 변화하는 시기에[119] 나타난 현상 가운데 하나가 텍스

---

117) 이기동, 1992, 「설중업과 淡海三船의 交驩」『역사학보』 134·135합집 ; 최
      연식, 2004, 「일본 고대화엄과 신라 불교」『한국사상사학』 21, 12쪽.
118) 『삼국사기』 권8, 신라본기 제8 성덕왕 3년.

트의 교체 즉, 수대에 역출된『금광명경』을 당대에 역출된『금광명최
승왕경』으로 바꾸어서 호국행사를 벌임으로써 이를 외교적으로 활용
하고 있다는 사실이다. 국로인 경흥에 의해 이 경의 주석서인『금광명
최승왕경술찬金光明最勝王經述贊』등이 저술되었다는 것은[120] 그가 이 경
을 강설하기 위해 쓰여진 것을 정리한 내용일 것으로 추측되기 때문
이다.

그런데 당과의 관계가 정상화되면서, 이전에 수 유학파로 호국법회
를 주도하였던 안함에 대한 평가에 있어 문제가 제기될 수 있었다고
생각된다.

안함에 대한 연구는 신종원에 의해서 철저히 해부되었다.[121] 그는
안함에 대한 연구가 부진한 것은 사료해석 문제와 귀국 후의 그의 활
동을 간과한데서 온 것으로 보았다. 즉 안함과 안홍의 동일인 여부와
중국 유학이 진흥왕 대인지 진평왕 대인지를 가려야 한다는 것이다.
신종원은 안함과 안홍은 동일인이며 진평왕 대의 인물로 보았다. 따
라서 진흥왕대의 사료는 착종된 것으로 보고 있다. 또한 신라 불국토
설의 창시자가 안함 임에도 불구하고 자장에게 그 공이 돌려졌다고도
보고 있다.

먼저 안함과 관련된 사료를 일별해 보도록 하겠다.

> 4) 그는 진평왕 22년(600)에 고승 혜숙과 도반이 되기로 약속하고, 뗏
> 목을 타고 이포진으로 가는 도중 섭도 아래를 지나다가 갑자기 풍랑을
> 만나 뗏목을 되돌려서 물가에 대었다. 이듬해(601)에 (임금이) 교지를
> 내려 법기法器를 이룰만한 자를 뽑아 중국에 파견하여 학문을 닦게 하
> 고자 하였을 때, 마침 법사가 명을 받들어 가게 되었다. 이에 신라 사신

---

119) 이기동, 1999,「성덕대왕 신종 조성의 역사적 배경」『성덕대왕신종 종합
     논문집』, 국립경주박물관, 35~38쪽.
120) 경흥은『금광명최승왕경술찬』5권뿐 아니라『금광명최승왕경약찬』5권,
     『금광명최승왕경소』10권을 저술로 남기고 있다.
121) 신종원, 위의 책, 232~249쪽.

과 동행하여 배를 타고 바다를 건너 멀리 중국으로 갔다.[122]

5) (진흥왕) 37년에 … 안홍법사가 수나라에 들어가 구법하였다. 호
승인 비마라 등 2인의 승려와 함께 돌아와『능가경』·『승만경』및 불
사리佛舍利를 바쳤다.[123]

6) 석안함 … 천왕이 불러 친히 보고 크게 기뻐하여 칙명으로 대흥
선사에 머물게 하였다. 단시일 내에 깊은 뜻을 훤히 깨달았다. … 십승
의 비법과 (법화)현의, 진실한 문장을 5년 동안에 두루 보지 않은 것이
없었다. 그 뒤 27년(605)에 우전사문 비마라진제, 사문 농가타 등과 함
께 본국으로 돌아왔으니, 서역의 호승이 직접 계림으로 온 것은 대개
이때부터였다.[124]

7) 최치원이 지은 「의상전」에 말하기를 "의상은 진평왕 건복 42년
(625)에 태어났다. 이 해에 동방의 성인 안홍법사가 서역의 세 사람의
삼장과 중국 승려 두 사람과 함께 당나라에서 돌아왔다"고 하였다. 주
석하여 말하기를 "북인도 오장국의 비마라진제毘摩羅眞諦는 44세, 농가타
農加陀는 46세, 마두라국의 불타승가佛陀僧伽는 46세였다. 52개 국을 경유
하여 비로소 중국에 이르렀고, 드디어 신라에 왔다. 황룡사에 머물면서
『전단향화성광묘녀경栴檀香火星光妙女經』을 번역하였는데, 신라승 담화曇和
가 그것을 받아 적었다. 얼마 뒤에 중국 승려들이 글을 올려 중국으로
돌아가게 해 달라고 청하므로 왕은 허락하여 보냈다." 그 안홍은 아마
(안함) 화상일 것이다.[125]

앞의 사실들을 정리해 보면, 안함은 수에 유학하였다가 서역 출신
삼장 법사 3인인 북천축 오장국의 비마라진제, 농가타, 마두라국의 불
타승가와 중국 승려 2인을 대동하고 귀국하였다. 이들은 황룡사에 머
물면서 밀교계통의 경전으로 추정되는『전단향화성광묘녀경』을 번역
해 내고, 신라승 담화가 필수筆受를 하였다. 이 일은 왕세의王世儀 방문

---

122)『해동고승전』권2「안함전」.
123)『삼국사기』권4「진흥왕」37년조.
124)『해동고승전』권2「안함전」.
125)『해동고승전』권2「안함전」.

사건 만큼이나 신라 사회 전체를 떠들썩하게 만들었을 일이었다. 중국에서 사신이나 승려의 내방은 간혹 있는 일이었지만, 인도승려가 신라에 온 것은 매우 이례적인 일이었을 것이기 때문이다. 더구나 경전의 번역까지 이루어지고 신라 승이 필수까지 하였으므로, 신라사회는 이를 계기로 중국어는 물론 범어까지 외국어에 대한 관심을 불러일으켰을 것으로 보인다. 신라사에서 본다면 버리기에는 아까운 사료라고 할 수 있다.

그런데 그의 귀국에 대해서는 진흥왕 37년인 576년의 『삼국사기』설과 진평왕 47년인 625년의 최치원설, 그리고 진평왕 27년인 605년의 『해동고승전』설 등 다양한 견해가 나와 있다. 이는 안함이 진평왕 23년인 601년부터 27년인 605년까지 신라의 국비 유학승으로 수에 유학한 내용을 착종시켜 최치원에 의해 채록되고, 『삼국사기』에 실려진 것이라 생각된다.

그렇다면 왜 안함은 이렇게 진흥왕대에 중국에 유학한 것으로 나오는 등 사료가 착종되어 있는 것일까. 그것은 이미 살펴 본 바와 같이 수·당의 교체에 따른 신라 내부에서의 정국의 변화에 따른 문제가 안함에 관한 기사를 버릴 수도 없고, 그렇다고 제대로 서술할 수도 없는 상황에서 이러한 사료로서 남게 된 것이 아닐까 하는 생각이다.

9)의 최치원이 「의상전」을 지으면서 안홍(안함)이 수가 아닌 당에서 귀국하였다고 한 것은, 동방의 성인으로까지 평가한 그에 관한 기사를 버릴 수는 없었던 데서 나온 현상이었을 것이다. 즉 안함의 친수적인 경향이 당에서 사환까지 한 그로서는 신라가 당과의 외교가 긴밀한 상황에서 문제로 삼아질 수 있는 사안이었으므로, 이에 따른 기록의 조정이었을 것으로 생각된다. 또한 7)의 김부식이 안홍법사의 사실을 수나라라고 적기하고 있으면서도 연대적으로 맞지 않는 진흥왕조에 넣은 의도는 최치원의 기록을 보았을 그가 선택한 내용이었다고 생각된다.

신라 조정에서는 당과의 관계가 개선되어지면서 안함을 내세울 수는 없었다고 생각된다. 그 첫째 이유는 안함이 쓴 참서는 수나라의 발흥과 천하통일을 예언하고 그 길상의 부험을 설한 참위서를 본떠 만든 것으로, 수 문제의 불교 흥륭책과 비슷한 참서의 내용이[126] 당의 치하에서 용납되기가 어려웠을 것이기 때문이다. 아마도 안홍(함)의 참서로 알려져 있는 『동도성립기』는 원래 좀 더 구체적인 내용이었을 것이라 생각되는데, 이러한 정국의 변화로 직설적인 내용을 감추기 위해 『동도성립기』라는 참서로 만들어 전해지게 된 것이 아닌가 한다. 두 번째 이유는 안함이 귀국 후에 역경사업을 벌인 것은 수나라의 대흥선사大興善寺의 역경譯經 체제를 모방한 것으로, 수 문제 때 대흥선사에는 북천축 오장국烏萇國 삼장 비니다유지毘尼多流支, 나련제야사那連提耶舍, 사나굴다 등이 머물면서 역경에 참여하였는데, 이들과 함께 중국에 왔던 북천축 오장국 승려들 가운데 일부가 신라에 와서 역경을 한 것으로 추정되기 때문이다.[127]

안함은 선덕왕 9년(640) 9월 23일에 만선도량에서 62세로 입적하였다. 한림인 설모가 왕명을 받들어 비문을 지었다. 그런데 「고선사 서당화상비」에 원효의 상족으로 만선화상이 나오고 있다. 만선도량과 만선화상이 같은 이름이라는 것 외에는 공통점이 없으나, 안함과 원효의 관계를 알려주는 지표로서 하나를 제시해 두고자 한다.

5) 맺음말

신라에서 본격적으로 불교를 받아들여 사회사상으로 정착할 수 있었던 것은 원광의 서학 이후로 진평왕 대부터라고 할 수 있다. 그러나

---

126) 신종원, 위의 책, 238쪽.
127) 신종원, 위의 책, 235쪽.

진평왕 대는 진, 수, 당의 교체가 수 십 년의 차이를 두고 일어나므로
해서, 이 시기 중국에 유학하였던 승려들은 자신의 의지와는 상관없
이 이러한 정국에 휩쓸리게 되었다고 할 수 있다. 특히 수·당과의 외
교관계가 순탄했을 때와는 달리 나당전쟁이라는 상황에 처해짐으로
해서, 원광과 안함, 자장 등을 계승한 명랑, 원효 등의 불교계 지식인
들은 신라의 자주권 확보라는 측면에서 행보를 함께 하였다.

　그러나 당과의 관계가 다시 재개되면서 이들에 대한 평가는 문제가
될 수밖에 없었기 때문에, 참서의 등장과 후대의 사료의 착종과 같은
문제가 생겨났다고 추정된다. 수당의 교체정국과 나당연합에서 나당
전쟁, 나당관계 정상화라는 변수 속에서, 신라인들의 자존의식이 당대
의 고승들의 행보에 잘 드러나 있었다고 생각되며, 이들은 신라를 호
위하는 사상적인 축을 잘 지탱하고 있었던 것이다.

제2장
왕과 승려-협력과 상생의 관계

1. 진평왕과 원광법사

1) 머리말

원광은 중국에 유학하여 오랜 수학과 수행 끝에 진평왕 22년(600)에 귀국하여, 조야에 많은 행적을 남긴 인물이다. 그가 입적한 나이가 99세, 84세 등 기록이 다르기는 하지만, 25세에 중국에 유학하여 수십년 간 중국에 머물러 있다가 장년기에 고국에 돌아와 당대의 누구보다도 많은 행적을 남겨 놓았다.

그런데 그의 생애에서 중요부분이라 할 수 있는 25세 이전의 신라에서의 삶을 알려주는 자료가 매우 적다는 사실이다. 더욱이 중국 유학을 떠난 시기와 대상국도 전거 자료마다 기록이 달리 나타나고 있어 많은 의견이 도출된 바 있다.[1] 이에 이러한 이견들을 종합, 정리하

---

1) 원광에 대한 주요논고는 다음과 같다. 이기백, 1968, 「원광과 그의 사상」 『창작과 비평』 10(1986, 『신라사상사 연구』, 96~112쪽) ; 정영호, 1973, 「원

면서 원광의 생애를 상세히 고찰한 논고(최연식)가 있어 그의 생애의
상당 부분을 밝혀 놓았다. 그에 비해 원광의 귀국 이후의 활동상은 비
교적 연구 성과가 정리되어 있는 편이라고 할 수 있다. 이 가운데 점
찰보의 설치에 관한 내용은 신라 불교 도입에 있어 왕경 뿐 아니라 지
방 불교에도 주목한 연구 성과의 일환으로 논고들이 집중되어 있다
(신종원, 박광연, 박미선). 또한 가슬사지와 화랑도에 관련된 논고들도
나온 바 있다(이기동, 이문기).

　본고는 이러한 연구 성과를 기반으로 하여 『삼국사기』와 『삼국유
사』, 『고본 수이전』, 당 『속고승전』과 『해동고승전』 등에 나오는 원광
의 행적을 세부분으로 나누어, 중국 유학 시기, 귀국 후 가슬사 주석
시기, 신라 왕경에서의 활약 시기로 나누어 살펴보고자 한다.

　먼저 원광이 진나라에 유학하여 수학한 내용과 수나라로 옮겨가서
머물던 시기에 남긴 간략한 행적을 정리하려 한다.

　다음으로 그가 신라로 귀국한 직후 가슬사에 머물면서 점찰보를 설
치한 내용과 화랑에게 내려주었던 세속오계와 그 실천 상황을 당시의
정황과 관련하여 살펴보고자 한다.

　　광법사와 삼기산 금곡사」 『사총』 17 ; 정병조, 1981, 「원광의 보살계 사상」
　　『한국고대문화와 인접문화와의 관계』, 한국정신문화연구원 ; 신종원,
　　1991, 「원광과 진평왕대의 점찰법회」 『신라사상의 재조명』, 신라문화제
　　학술발표회논문집12 ; 최연식, 1995, 「원광의 생애와 사상 -『삼국유사』「원
　　광전」의 분석을 중심으로 - 」 『태동고전연구』 12 ; 안지원, 1997, 「신라 진
　　평왕대 제석신앙과 왕권」 『역사교육』 63 ; 장지훈, 1998, 「신라 중고기의
　　호국불교」 『한국사학보』 3·4 ; 박미선, 1998, 「신라 원광법사의 여래장사
　　상과 교화활동」 『한국사상사학』 11 ; 박광연, 2002, 「원광의 점찰법회 시
　　행과 그 의미」 『역사와 현실』 43 ; 김두진, 2004, 「원광의 계참회신앙과
　　그 의미」 『신라사학보』 2 ; 박미선, 2005, 「원광의 점찰법회와 삼계교」 『한
　　국사상사학』 24.
　　또한 가슬사지와 화랑에 관한 논고로는 이기동, 1993, 「신라의 花郎徒와
　　가슬갑사」 『가슬갑사지 지표조사 보고서』 ; 이문기, 1993, 「신라 花郎徒의
　　遊娛와 遊娛地의 성격」 『가슬갑사지 지표조사 보고서』가 있다.

이후 그는 왕경에 머물면서 신라의 외교정책에 깊숙이 간여하여 진평왕과 관계를 유지하면서 「걸사표」·백고좌회에서의 상수로서의 활동상을 보였다. 본 글은 그가 신라에 유입해 온 불교사상을 중심으로 진평왕과의 관계 속에서 그의 행적을 살펴보려 한다.

2) 원광의 중국 유학

원광은 설씨 혹은 박씨로 나오는데,[2) 신라 왕경인이었다. 그의 인품에 관한 내용이 『삼국유사』, 당『속고승전』, 『해동고승전』 등 그의 전기가 실려 있는 자료마다 기록되어 있는 것으로 볼 때,[3) 기국이 크고 도량이 넓었으며 지혜가 남보다 뛰어난 인물이었음은 잘 알려져 있었던 듯하다. 그가 귀국한 이후 그의 풍모를 나타내는 표현에도 "원광의 성품이 허무와 허정虛靜을 좋아하고 말할 때는 항상 웃음을 머금으며 얼굴에 성내는 기색이 없었다"고 한 것으로 미루어 볼 때 그의 일관된 성품을 알 수 있다.

그는 중국으로 유학하기 전에 이미 노장학과 유학을 두루 섭렵하였고, 제자諸子와 역사책을 연구하여 매우 박식하였다고 한다.[4) 이러한 사실은 그가 신라에서 공부를 시작하면서 유교를 택하여 수학한 인물이었음을 알려 주고 있다.[5)

---

2) 『삼국유사』 권4 「원광서학」조에 인용된 『수이전』에서는 설씨라 하였고, 『속고승전』 권13 「신라황룡사석원광」전에서는 박씨로 되어있다.

3) 『속고승전』에 나오는 내용이 『해동고승전』과 『삼국유사』에도 그대로 전재됐다는 것은 그의 인품이 뛰어난 것을 보편적으로 인정하고 있었다는 사실을 밝혀준다고 하겠다.

4) 『해동고승전』 권2 「원광전」에는 13세에 출가한 것으로 되어 있으나, 여기서는 『속고승전』에 나오는 내용에 따라 원광이 노장과 유교를 더 배우기 위해 중국의 진나라에 갔다가 출가하였다는 내용을 따랐다.

5) 강수의 예로 볼 때, 당시 신라에서는 학문에 나아갈 때 유교를 택할 것인

일연은 『삼국유사』에서 국내·외에 그 이름이 널리 알려지고, 최초로 중국의 고승전에 입전된 원광을 주목하였다. 일연은 "원광 이후부터 그를 이어 중국으로 유학가는 이가 끊이지 않았으니, 원광이 바로 그 길을 열어 준 것이다"고 하면서 의해편의 제일 첫 번째로 「원광서학圓光西學」조를 두고 있다.

그런데 원광이 유학하기 이전에 신라에서의 유학승들은 주로 남조의 양과 진에 유학하였다. 유학생으로 최초로 역사상에 기록을 남긴 이는 승 각덕6)과 명관7)이다. 승 각덕은 양나라에 유학하여 수학한 후 귀국하여 "가난한 사람들을 널리 구제해야 한다"는 사명감을 가지고, 양나라의 사신과 함께 부처님 사리를 모시고 귀국하여 널리 교화를 폈다. 승 명관은 진나라에 유학하여 수학하고, 귀국하면서 불교 경론 1700권을 가져왔다. 이들의 노력으로 신라 불교의 모습은 본격적으로 외양을 갖추게 되었다. 각훈은 이들이 귀국한 이후 서쪽으로 중국에 유학하여 만족할 만한 신지식을 배우러 가는 이가 끊이지 않았다고 하였다.8)

이상과 같은 일연과 각훈의 언급에 따르면, 신라인의 양나라와 진나라로의 구법 유학이 유학승의 시원을 이루었다는 것을 알려주고 있다.

당시 불교를 수용한다는 것은 선진문물의 수입을 의미하는 것으로, 국가 간의 공식적인 전래는 더욱 중요하였다. 그것은 유학승들이 불교뿐 아니라 유교 등 중국 선진문화에 대한 욕구가 커서 사신의 내왕과 동반하여 출입하면서 새로운 문물을 들여오는 선구자적인 역할을

가 불교를 택할 것인가를 놓고 고민하였던 상황이 보이는데, 이는 배우는 한문경전이 다른데서 연유한 것이라 생각된다. 김복순, 2004, 「신라의 유학자」, 『신라문화선양회학술발표회논문집』 25집, 219쪽.

6) 『해동고승전』 권2 「각덕전」, 『삼국사기』 권4 「진흥왕」 26년조.
7) 『해동고승전』 권2 「각덕전」.
8) 『해동고승전』 권2 「지명전」.

하였으며, 대중 관계의 창구로서의 외교적 의미가 있었기 때문이었다. 이에 신라는 지정학적인 토착성과 후진성을 면해보고자 중국과의 통교를 위해 서학에 적극적이었다. 이들이 북조의 북위가 아닌 남조로 유학을 간 것은 대개 양 무제의 숭불정책에 영향을 받은 것으로 보이는데, 실제 신라 불교에는 남조적 성향이 있었다고 보고 있다.[9]

원광의 중국유학 즉 서학은 남조의 진나라에서 수학하였던 시기와 수나라에서 머물던 시기로 구분해 볼 수 있다. 먼저 진나라로 유학한 내용부터 살펴보도록 하겠다.

원광이 처음 유학을 간 곳은 진의 수도인 금릉金陵(지금의 남경南京)이었다. 원광이 유학을 떠난 나이는 25세와 36세로 그 전하는 기록이 각기 다르다. 그러나 거개의 연구자들은 25세에 유학하였을 것으로 보고 있다.[10]

원광이 금릉에 온 초기에 진나라에는 문인이 많았으므로 신라에서 품었던 의문점들을 물어 고증할 수 있었고 도를 묻고 진리를 밝히었다고 하므로,[11] 유학 초에 그는 도교와 유교를 계속해서 수학하고자 그 길을 밟고 있었다.

그런데 유학생 원광에게 출가를 결심하게 한 것은, 어느 날 장엄사 승민僧旻(467~527)의 제자에게서 강의를 듣고는[12] 이전에 자신이 한

---

9) 신종원, 1987.12, 「道人 使用例를 통해 본 남조불교와 한일관계」 『한국사연구』 59, 24쪽 참조.

10) 『속고승전』권13 「신라 황룡사 석원광」전에서는 25세에, 『수이전』과 『삼국사기』에서는 589년 유학설을 들어 36세에 入陳한 것으로 보고 있다. 최연식, 위의 논문, 6쪽 ; 박미선, 위의 논문, 20~21쪽 참조. 또한 그의 유학에 대해 국가 유학생으로 보는 견해(박광연)가 있으나, 신라에서 보낸 유학승 1호가 안함이었다는 사실과 선덕여왕대 유학생을 국가에서 보내기 시작하였다는 점을 생각해 보면, 원광은 개인적으로 중국에 갔다고 생각된다.

11) 『속고승전』권13 「신라 황룡사 석원광」전.

12) 장엄사 민공의 제자에게 강의를 들었다고 하는 내용을 근거로, 당시 진의 수도에서 강의하였던 승민의 제자의 제자라 할 수 있는 지탈(智脫, 541~

세속의 공부가 덧없음을 깨달은 때문이었다. 진나라는 『변정론』 권3
에 의하면, 사찰이 1,232곳, 승려가 32,000명이었다고 하므로,[13] 원광
이 쉽게 사찰에 가서 법문을 들을 수 있었던 상황이었다. 또한 승민은
성실학의 대가로서 지장智藏, 법운法雲과 함께 3대 법사로 불린 인물이
었으며, 그의 맥을 이은 지탈 역시 성실학에 정통한 인물이었다. 그의
강설이 이미 박학한 원광으로 하여금 '(세간의 전적이) 썩은 지푸라기
나 같았으며 헛되이 이름난 교를 찾은 것이 실상은 생애의 걱정거리
가 된 것'을 깨닫게 해 준 것이었다. 『성실론』은 소승 혹은 권대승權大
乘으로 비판받기도 하였으나,[14] 원광은 이 논서를 통해 처음부터 대승
불교의 교리를 접하게 된 것이다.

그는 진나라 임금에게 글을 올려 승려가 되기를 청하니 칙명으로
허락해 주었다. 일반 유학생에서 유학승으로 바뀐 사례로써, 비교적
이른 나이인 25세에 유학하였음을 알려주는 사실이라 하겠다.

그는 이미 유교경전에 해박하고 중국어를 익혔을 것이므로, 다른
이들보다 빠르게 교학을 익혔을 것이다. 때문에 구족계를 받고 나자,
좋은 법문을 하는 곳이면 두루 찾아 좋은 계책을 다 배웠는데, 『성실
론』·『열반경』·삼장三藏과 수론數論과 같은 내용이었다. 원광이 수론
을 공부한 것은 당시 진의 성실학자들의 학문경향과 맥을 같이 한 것
이었다.[15] 원광은 이 밖에도 『반야경』·『유마경』·『승만경』 등도 수
학하였다고 보여지는데, 그것은 그가 뒤에 『성실론』과 함께 『반야경』
을 강의하고 있기 때문이며, 『승만경』도 여래장사상을 전하는 대표적
인 경전이므로, 역시 깊이있게 공부하였을 것이다.

이와 함께 원광은 고구려승 승랑僧朗의 사적을 전해 듣고 고무되어

617)을 지목하여 그에게 『성실론』을 들은 것으로 추정하고 있다. 최연식,
   위의 논문, 19~20쪽.
13) 鎌田茂雄 저, 장휘옥 역, 1996, 『중국불교사―남북조의 불교(상)』 3, 244쪽.
14) 최연식, 위의 논문, 20쪽.
15) 최연식, 위의 논문, 19쪽.

더욱 열심히 수학하였을 것으로 생각된다. 고구려승 승랑은 양나라의
수도 건강健康의 종산鍾山(남경의 자금산紫金山) 초당사草堂寺와 섭산攝山
서하사棲霞寺에 주석해 있으면서 양 무제의 귀의를 받는 등 여러 사적
을 남긴 것을 들었을 것이다.16) 원광은 자신이 해동 삼국의 한 나라인
신라의 승려라는 점을 자각하여 더욱 분발하였으리라 생각된다.

또한 천태 지의는 575년까지 금릉의 와관사에 머문 것에 이어, 다시
585년 금릉으로 와서 5년 간 머물면서 많은 강설을 하였으므로, 비슷
한 시기에 남경에 머물었던 원광은 그의 영향도 받았으리라 생각된
다. 이 점은 왕경에서의 활약 부분에서 후술하고자 한다.

원광은 교학을 연구하여 저술도 남기고 있는데, 『여래장경사기』(3
권, 失)와 『대방등여래장경소』(1권, 失) 등 『여래장경』에 대한 주석서들
이다. 이에 대해 그 저술시기가 중국에서 머물 때와 귀국 후로 엇갈리
고 있다. 『여래장경』은 420년 동진의 불타발타라가 건업建業, 즉 남경
의 도량사道場寺에 머물면서 한역한 경전으로, 『대방광여래장경』·『대
방등여래장경』이라고도 한다. 원광은 이 경전을 진나라의 금릉, 즉 남

---

16) 僧朗은 476년 내지 480년경에 南下하여 현재 紹興에 위치해 있는 會稽山
에 있다가, 현재의 南京 鍾山 草堂寺에 있으면서 隱士 周顒을 만났으며 주
옹은 그에게 수학하여 三宗論을 저술하였는데, 智琳법사가 적극적으로 그
출간을 권장하기도 하였다. 또한 후에 역시 현재 남경 근교의 攝山 棲霞
寺에 머물면서 법도가 입적한 500년부터 住持를 지내기도 하였다. 그리고
서하사에서 삼론으로 명성을 떨치게 되자, 양 무제가 여러 번 글을 보내
어 내려 올 것을 권하였다. 승랑이 응하지 않자 천감 11년(512)에는 무제
가 보낸 10僧에게 삼론 대의를 설한 기록이 있다. 고익진, 「삼국시대 대승
교학에 대한 연구」 『철학사상의 제문제』 III, 1985(『한국고대불교사상사』,
1989, 94~95쪽) 참조. 현재 남경의 棲霞寺 소개책자와 금릉의 사찰을 소
개하는 책자에도 승랑이 요동에서 내려와 주지를 하면서 삼론으로 명성
을 날린 사실이 기록되어 있다. 또한 『고승전』 권8 「法度傳」(『대정장』 50,
380c)에 의하면 慧皎의 고승전에 "승랑은 화엄경과 삼론에 매우 뛰어났
다"고 한다. 남무희, 1997, 「고구려 僧朗의 생애와 그의 新三論思想」 『북악
사론』 4.

경에서 접하였을 것으로 생각된다. 특히 그가 승민의 여래장사상을
계승하였을 가능성이 높다고 볼 때, 남경에서 이 경을 익혔을 것이다.

원광은 30세 경에 오의 호구虎丘, 현재 중국 소주蘇州의 후치아오로
써, 이 곳으로 들어가 정념正念과 정정正定 그리고 각관覺觀을 닦았다.
각관은 선정을 닦는 것으로 선종의 수행 이전에 있었던 소승적인 것
이었다. 이러한 원광의 태도는 승민계통의 성실학파들이 선묵을 즐겼
던 것과 계통을 함께 한 것으로 보고 있는데,[17] 그의 선정 수행은 교
학연구에 실천수행이 겸해지는 것이었다고 할 수 있다. 그는 이 곳에
서 4『아함경』을 섭렵하고 8정을 수행하였다.

이 때 그가 수학하였던 아함은 이후 진평왕의 제석신앙의 사상적
배경이 되었을 것으로 평가되기도 하나,[18] 이는 오히려 원광이 불교
의 근본교설에 관한 관심이 컸던 것을 말해 주는 것으로, 개인적으로
석가의 깨달음에 대한 큰 관심을 반영하는 것이라 생각된다. 때문에
색계色界의 4선정과 무색계無色界의 4공정이라 하는 8정을 수행한 것이
라 생각된다. 그리고 이 곳에서 생을 마치려고 할 정도로 열심히 수행
하였으나, 신도의 청에 의해 산에서 내려와 『성실론』과 『반야경』을
강의하였다.

혜민이 원광에게서 『성실론』을 들은 것도 이 때로 생각된다. 즉,
587년에 회향사廻向寺에서 원광으로부터 『성실론』을 배운 진나라의 승
혜민(573~649)의 당시 나이가 15세 때였는데,[19] 원광은 이미 승려를
대상으로 강의할 정도의 실력이었다. 그러므로, 그는 587년 이전에 진
에 유학하여 『성실론』·『열반경』을 비롯하여 여러 경론들을 공부하
고 호구虎丘에 들어가 수행하였다는 시기까지 포함해서 본다면, 그가
중국에 유학한 나이는 25세가 적절하다고 할 수 있다.

---

17) 최연식, 위의 논문, 22~23쪽.
18) 안지원, 위의 논문, 71쪽.
19) 『속고승전』 권22 「혜민전」.

다음으로 수나라에 머물던 시기의 행적을 보도록 하겠다. 원광은 589년인 개황 9년에 수나라의 수도인 장안으로 갔다. 그는 600년에 귀국하기까지 11년 간 수나라에 머물러 있으면서 대승교학을 주로 연구 강설한 것으로 보인다.

그는 수에 있으면서 수나라 문제의 불교 흥륭책을 보았을 것이고, 국가에서 장려하는 여러 경전들을 접했을 것이다. 특히 그는 섭론攝論을 수학하였는데, 담천曇遷(542~607)의 『섭대승론』강의를 흥선사興善寺에서 들은 것을 말한다. 또한 그는 이 곳에서 여래장사상가로 불리는 정영사淨影寺의 혜원慧遠을 만났으므로 많은 공통점을 느꼈을 것으로 보고 있다.[20] 이에 대해 원광을 성실학자로서 섭론으로 나아가게 한 것에 대해서는 『섭대승론』이 유식철학에 기초하여 여래장사상을 반영한 논서로써, 상호 배타적이던 유식학과 여래장 사상을 조화하려는 원광의 사상경향과 일치되기 때문으로 보고 있다.

그런데 원광은 수에 머물렀던 시기에 다른 불교 사상, 즉 『점찰경』과 관련된 내용을 접했을 것으로 보고 있기도 한데, 특히 삼계교의 신행이 장안으로 초빙되어 활동한 시기와 겹치기 때문에 이들의 관계를 놓고 이견이 보이고 있다.

이들이 관계가 있다고 보는 견해는 원광이 수에 머문 589년부터 600년까지의 시기는 신행이 장안에 초빙되어 활동하다가 삼계교가 탄압을 받아 금지당한 시기와 일치하기 때문에 그 사상적 영향을 받은 것으로 보는 관점이다. 그 근거로서 원광의 제자인 원안이 삼계교와 밀접한 관계가 있었던 소우蕭瑀의 초청으로 진량사津梁寺에 주석한 것과 삼계교가 불법화되는 시기에 원광이 귀국한 점을 들고 있다. 또한 그가 귀국해서 가서갑에 머물면서 설치한 점찰보는 바로 삼계교의 무

---

20) 혜원은 『대승의장』에서 지론종과 열반종을 가장 우위에 두었는데, 불성의 긍정이라는 여래장사상과 통하는 점이 있었기 때문이다. 김영미, 1995, 『신라불교사상사연구』, 281쪽.

진장원無盡藏院에서 배워온 것으로 보고 있다.[21]

전혀 관계가 없다고 보는 견해는 원광과 신행이 직접 연결된 내용이 나오지 않고 있으므로 이들을 묶어 언급하기에는 문제가 있고, 특히 원광의 점찰법회의 배경으로 삼계교를 언급하는 것이 타당하지 않다는 것이다. 그 이유로 삼계교는 불교교학에 대한 이해를 바탕으로 실천을 중시하고 상주, 장안을 중심으로 성행한 데 반해, 점찰법회는 민간 포교를 목적으로 만들어진『점찰경』에 의거하여 광주, 청주 등 지방에서 성행하였다는 점과『점찰경』과 삼계교적이『대주간정중경목록大周刊定衆經目錄』에 위경으로 분류되는 것이 다르다는 점을 들고 있다.[22]

최근 원광의 점찰법회가 신행의 삼계교와 관련이 있었음을 재강조하는 견해가 등장하여 주목을 끌고 있다.[23] 자세한 내용은 후술하고자 한다.

원광과 삼계교의 직접적인 연결고리는 보이지 않는다 하더라도 위에서 언급되고 있는 여러 정황들은 원광이 삼계교와 관련이 있었음을 시사해 주는 내용이라 하겠으며, 원광이 고국에 돌아와 펼친 활동들에서 그 영향을 감지할 수 있다고 하겠다.

3) 원광의 귀국과 가슬사 주석

원광이 신라로 돌아 온 진평왕 22년인 600년은 삼국이 지속적으로 전쟁을 벌이던 때였다. 또한 이즈음에 지명, 원광, 담육 등과 안함이 진과 수에 들어가 불법佛法을 구하고 돌아오기도 하였다.

---

21) 민영규, 1993,「신라 불교의 정립과 삼계교」『동방학지』77~79합집 ; 박미선, 1998, 위의 논문.
22) 박광연, 위의 논문, 118쪽.
23) 박미선, 2005, 위의 논문, 184~187쪽.

『삼국사기』의 기록을 보면, 지명, 원광, 담육의 순으로 중국에 갔다가 원광, 지명, 담육의 순으로 귀국하였다고 되어 있다.[24] 그런데 이미 앞장에서 살펴 본 바와 같이, 원광은 589년 이전에 진나라에 들어가 불경을 수학하고 호구산에서 선정을 닦은 후 하산하여 일반인들에게 법문을 하는 등 일정한 활동을 펴고 있다가, 589년에 수나라로 옮겨간 것으로 나오고 있다. 따라서 『삼국사기』 원광의 유학연대는 임의로 썼음을 알 수 있다.

원광은 귀국 직후 왕경인 경주와는 거리가 있는 청도의 가슬갑사에 주석하고 있었다.[25] 그가 귀국하자, 거국적인 환영을 받은 것으로 되어 있다. 즉, "신라인들은 젊은이나 늙은이나 모두 기뻐하였고, 왕은 성인을 우러르듯이 다함없는 공경의 빛을 얼굴에 담았다"고 할 정도로 내외의 존경을 한 몸에 받았다는 것이다. 그러나, 곧 이어 "처지는 금의환향한 사람과 달랐으나, 실정은 중국의 문물을 보고 돌아온 것과 마찬가지였다"[26]고 하여 다른 표현이 나오고 있다. 이러한 사실은 그가 귀국하고 나서 2년 후에 귀국한 지명법사의 경우를 본다면 이해할 수 있을 것이다. 즉 지명은 귀국하자 진평왕으로부터 그의 계행을 존경하여 대덕이라는 승직을 받고 있다. 이는 지명이 대덕을 받고 왕경에 머물 수 있었던 것을 보여주는 사실인 것이다. 그리고 원광의 귀

---

24) 『삼국사기』 권4 眞平王 七年 秋七月 高僧 智明 入陳求法, 十一年 春三月 圓光 法師 入陳求法, 十八年 春三月 高僧 曇育 入隋求法 遣使如隋貢方物, 二十二年 高僧 圓光 隨朝聘使 奈麻諸文 大舍橫川還, 二十四年 九月 高僧 智明 隨入朝使上軍還 王尊敬明公戒行爲大德, 二十七年 春三月 高僧 曇育 隨入朝使惠文還.

25) 원광이 귀국 직후 바로 가슬갑으로 내려간 것이 아니라, 귀국하면서 왕경에 머물다가 생애의 후반을 주로 가슬사에서 보낸 것으로 보고 있기도 하다. 이기동, 1993, 「신라의 화랑도와 가슬갑사」 『가슬갑사지 지표조사 보고서』, 151쪽. 그러나 『삼국유사』 권4 원광서학조에 "時聞圓光法師 入隋 回寓止嘉瑟岬"이라 하여 귀국 후 바로 가슬갑에 가서 머문 것으로 되어 있으므로, 이를 따랐다.

26) 『속고승전』 권13 「신라 황룡사 석원광」전.

국은 사실상 크게 주목되지 않았음을 알려주는 반증이라고 하겠다. 오히려 그는 가서갑에 내려가 신라로 귀국한 이후 오랜 외국 생활에서 느꼈을 괴리감을 없애고 고국에서의 생활에 적응하려고 노력하였을 것이다.

원광은 진나라 말에 수나라의 침입상을 그대로 본 인물이었다. 진나라 말엽에 수나라 군사가 진나라에 진입하였을 때, 원광도 수의 병사에게 잡혀 죽임을 당하게 되었다. 그 때 멀리 있던 수나라 대장이 절탑이 불타는 것을 보고 뛰어가 구하려 하였는데, 불타는 모습은 없고 원광이 결박되어 죽임을 당하게 되었는지라 대장은 괴이하게 여기고 즉시 결박을 풀어놓아 주었다는 것이다.[27] 그의 수행의 정도를 알려 주는 일화라고는 하지만, 그는 이때 국가의 흥망이 사회와 일반 백성들에게 끼치는 영향에 대해 깊이 인식하였을 것이다.

고국에 돌아온 원광은 당시 삼국과의 항쟁의 소용돌이 속에 있던 신라의 현실을 직시하고, 왕경과 떨어진 곳이기는 하나 전략적으로 중요한 가서갑에 머물면서[28] 두 가지 중요한 일을 실행하였다. 세속오계의 제정과 점찰보의 설치로, 전자는 화랑과 낭도와 같은 젊은이들을 대상으로 한 것이고, 후자는 일반민들을 위한 것이었다.

(1) 세속오계

원광이 가서갑에 머물게 되자, 점차 주변에서 그의 덕을 사모하여

---

27) 『속고승전』 권13 「신라 황룡사 석원광」전.

28) 가슬사지는 대개 운문면 삼계리로 보고 있는데, 이 지역은 경주 서쪽 경계에서 곧 바로 운문산으로 진입할 수 있고, 계곡이 범람할 때에도 경주와 연결되는 유일한 지점으로 보고 있다. 특히 단석산에서의 김유신의 수련과 울주 천전리의 화랑 유오 등에 주목하여 가슬사지가 있던 가슬갑을 화랑단체의 유오 내지 수련도량으로 보고 화랑단체의 수련을 지도하였을 개연성까지 언급하고 있다. 이기동, 1993, 「신라의 花郞徒와 嘉瑟岬寺」『가슬갑사지 지표조사 보고서』, 162~163쪽.

교화를 받으려는 사람들이 찾아오게 되었고, 특히 화랑들이 찾아와 가르침을 청하였다. 이에 그는 그 유명한 세속오계를 이들에게 줌으로써 화랑들의 일반적인 지침이 되었고, 그가 머물렀던 가슬갑사는 신라 역사의 전개에 심대한 영향을 끼친 화랑도 이념의 산실이 되었다.29) 『삼국사기』에는 이에 관한 기사가 다음과 같이 「귀산전」과 백제 무왕조의 두 곳에 나오고 있다. 장황하기는 하나, 전체적인 이해에 도움이 되므로 전재해 보도록 하겠다.

1) 귀산貴山은 사량부沙梁部(경주시내) 사람인데, 아버지는 무은武殷 아간(찬)이다. 귀산이 어렸을 때 같은 부의 추항箒項과 친구가 되었다. 두 사람이 서로 이르기를, "우리들이 꼭 사군자士君子와 더불어 놀아야 하겠으며, 먼저 마음을 바로하고 몸을 닦지 않으면 아마 욕을 당함을 면치 못할지도 모르겠다. 어진 이 곁에 나아가서 도를 묻지 아니하려는가?" 하였다.

이 때 원광법사가 수나라에 들어가 유학하고 돌아와서 가실사可悉寺에 있었는데, 그 때 사람들이 높이 예우禮遇하였다. 귀산 등이 그 문하로 공손히 나아가 말하기를 "저희들 속사俗士가 어리석고 몽매하여 아는 바가 없사오니 종신토록 계명誡銘을 삼을 한 말씀을 주시기 바랍니다"고 하였다.

원광법사가 "불교의 계에는 보살계菩薩戒가 있는데 그 종목이 열 가지이다. 너희들이 남의 신하로서 아마 감당하지 못할 것이다. 지금 세속오계世俗五戒가 있으니, 첫째는 임금 섬기기를 충성으로써 하고(事君以忠), 둘째는 어버이 섬기기를 효로써 하고(事親以孝), 셋째는 친구 사귀기를 신의로써 하고(交友以信), 넷째는 전쟁에 임하여 물러서지 않고(臨戰無退), 다섯째는 생명 있는 것을 죽이되 가려서 한다(殺生有擇)는 것이다. 너희들은 실행에 옮기어 소홀히 하지 말아라"고 하였다. 귀산 등이 "다른 것은 말씀대로 하겠는데, (다만) 이른바 '살생유택'만은 잘 알지 못하겠습니다" 하였다. 법사가 말하기를 "6재일齋日과 봄·여름철에는 살생하지 않는다는 것이니, 이것은 때를 택하는 것이다. (또) 부리는 가축을 죽이지 않는 것이니 말·소·닭·개와 같은 류를 말한 것이며, (또) 작은 생명도 죽이지 않는 것이니, 고기가 한 점도 되지 못하는 것을 말함

---

29) 이기동, 위의 논문, 138쪽.

이다. 이것들을 죽이지 않는 것은 물건을 택하는 것이다. 이렇게 하여 오직 그 소용되는 것에 있어 많이 죽이지 아니할 것이니, 이것이 가히 세속의 선계善戒라고 할 것이다" 하였다. 귀산 등이 "지금부터 받들어 행하여 감히 실수하지 않겠습니다" 하였다.

진평왕 건복建福 19년(602) 임술 8월에, 백제가 크게 군사를 일으켜 아막성阿莫城(남원 운봉)을 포위하니, 왕이 장군 파진찬 건품乾品·무리굴武梨屈·이리벌伊梨伐, 급간級干 무은武殷·비리야比梨耶 등으로 하여금 군사를 거느리고 막게 하였는데, 귀산과 추항도 함께 소감직少監職으로 전선에 나갔다. 백제가 패하여 천산泉山의 못가로 물러가 복병하고 기다리는 중, 우리 군사가 진격하다가 기력이 피곤하여 이끌고 돌아왔는데, 이 때 무은이 후군後軍이 되어 군대의 맨 뒤에 섰는데, 복병이 갑자기 일어나 갈고리로 무은을 잡아당겨 떨어뜨렸다. 귀산이 큰 소리로 외치기를 "내가 일찍이 스승에게 들으니, 선비는 전쟁에 있어 물러서지 않는다고 하였다. 어찌 감히 달아날까 보냐" 하며 적 수십 명을 격살하고, 자기 말에 아버지 무은을 태워 보낸 다음 추항과 함께 창을 휘두르며 힘껏 싸우니 여러 군사들이 보고 분격하였다. 적의 시체가 들판에 가득하여 한 필의 말, 한 채의 수레도 돌아간 것이 없었다. 귀산 등도 온몸에 칼을 맞아 도중에서 죽었다. 왕이 여러 신하들과 함께 아나阿那의 들판에서 맞이하여 시체 앞에 나가 통곡하고 예로써 빈장殯葬하였으며, 또 추후로 귀산에게는 나마奈麻를, 추항에게는 대사大舍의 관품을 주었다.[30]

2) (백제 무왕) 3년 8월에 왕이 군사를 내어 신라의 아막산성阿莫山城을 포위하였다. 신라왕 진평이 정예 기병 수천 명을 보내어 대항하여 싸우므로 우리 군사가 이利를 잃고 돌아왔다. 신라가 소타小陀·외석畏石·천산泉山·옹잠甕岑의 4성을 쌓고 우리 국경을 침범하여 오므로 왕이 노하여 좌평 해수解讐로 하여금 보기병步騎兵 4만 명을 거느리고 그 4성을 진공케 하였다. 신라 장군 건품乾品과 무은武殷이 무리를 이끌고 대항해 싸우므로, 해수가 불리하여 군사를 천산泉山 서쪽 대택大澤 안에서 복병하고 기다렸다. 무은이 승기를 타고 갑옷입은 병졸 1,000명을 거느리고 대택으로 쫓아왔는데, 복병이 일어나 급히 치니 무은이 말에서 떨어졌다. (이에) 사졸士卒들이 놀라서 어찌할 바를 몰랐다. 무은의 아들 귀산이 크게 소리 지르기를, "내가 일찍이 스승(원광법사)에게 가

---

30) 『삼국사기』 권45 「귀산전」.

르침을 받기를, 군사는 전쟁에서 물러서지 않는다고 하였는데, 어찌 감
히 도망쳐 물러가 스승의 가르침을 저버리랴" 하고 말을 아버지 무은
에게 주고 소장小將 추항과 함께 창을 휘두르며 힘껏 싸우다가 장렬히
죽었다. 나머지 군사가 이를 보고 더욱 분발하니 우리 군사가 패하고
해수는 겨우 죽음을 면하여 단기單騎로 돌아왔다.[31]

『삼국유사』에도 같은 내용이 있다.

3) 이 때에 원광법사가 수에서 돌아와 가슬갑嘉瑟岬【혹은 가서加西 또
는 가서嘉栖라 하니, 모두 방언이다. 갑岬은 속언俗言으로 고시古尸(곳)라
하므로 혹은 고시사古尸寺라 하니 마치 갑사岬寺라고 하는 것과 같다. 지
금 운문사雲門寺 동쪽 9,000보 가량 되는 곳에 가서현加西峴이 있는데 혹
은 가슬현嘉瑟峴이라고 한다. 현峴의 북동北洞에 절터가 있으니 바로 이
것이다】에 머물러 있다함을 들었다. 두 사람이 찾아가서 말하기를 속
사俗士가 우매하여 지식이 없으니 원컨대 한 말씀주어 종신의 계誡를
삼게 하소서 하였다. 원광이 이르되 불교에는 보살계가 있어 조항이 열
이 있으나 너희들은 남의 신하여서 아마 능히 감당하지 못할 것이다.
지금 세속의 오계가 있으니 하나는 충성으로 임금을 섬기는 것이요, 둘
은 효로 어버이를 섬기는 것이요, 셋은 신의로써 서로 벗을 하는 것이
요, 넷은 싸움에 임하여 물러서지 않는 것이요, 다섯은 살생을 가려 함
이다. 너희들은 이를 실천하여 소홀히 하지 말라 하였다. 귀산 등이 말
하되 "다른 것은 알았으나 이른바 살생유택은 아직 이해하지 못하였습
니다"고 하였다. 원광이 이르되 6재일六齋日과 봄, 여름에 죽이지 않는
것이니 이는 택시擇時요, 가축 즉 말, 소, 닭, 개를 죽이지 않을 것이요,
세물細物 즉 고기가 한 점도 되지 못한 것을 죽이지 말 것이니 이것이
택물擇物이다. 이것도 오직 그 소용되는 것만 하고 구태여 많이 죽여서
는 안 될 것이다. 이것이 세속의 선계善戒라 하였다. 귀산 등이 "지금부
터 받들어 실천하여 감히 어김이 없게 하겠습니다"고 하였다. 후에 두
사람이 종군하여 모두 국가에 특별한 공이 있었다.[32]

이상의 세속오계와 귀산과 추항에 관한 내용은 원광이 신라로 귀국

---

31) 『삼국사기』 권27, 백제본기 「무왕」 3년 조.
32) 『삼국유사』 권4 「원광서학」조.

한 직후에 해당하는 600년에서 602년 8월까지의 사이에 일어난 일을 기록한 것이다. 이 시기에 원광은 가서갑에 머물고 있었으며, 이 무렵에 귀산과 추항이 그를 찾아가 문하에 들어 스승으로 모시고 가르침을 청한 것이다.

원광은 불교에 보살계로 10계가 있기는 하지만,[33] 그대들은 남의 신하로서 이를 감당해내지 못할 것이라면서, 별도로 세속에서 지킬 수 있는 5계를 설해 주었다. 이른바 세속오계로서, 임금을 충성으로 섬기고(事君以忠), 부모를 효성으로 섬기고(事親以孝), 벗을 신의로서 사귀고(交友以信), 전쟁에 나아가서 물러서지 말고(臨戰無退), 생명이 있는 것은 죽이되 가려서 한다(殺生有擇)는 것으로, 귀산은 가르침을 받들어 실행하여 소홀히 하지 않겠다고 맹서하였다.[34]

귀산은 실제 백제와의 전쟁이 벌어진 602년 8월에 신라군이 항복하게 될 정도로 전세가 불리하게 되자, "내 일찍이 스승께 듣건대 군사는 적군을 만나서 물러서지 말라고 하셨는데, 어찌 패하여 달아날 수 있겠는가" 하고 적을 쳐서 수십 명을 죽인 후, 말에서 떨어진 아버지 무은을 자신의 말에 태워 보내고 추항과 함께 힘껏 싸워 적을 물리쳤으나, 돌아오는 도중 전사하였다.

원광의 가르침에 촉발된 신라 젊은이들의 행위가 달라져 나타난 일화인 것이다.

이상에서 살펴본 바와 같이, 600년에 신라로 돌아온 원광에게 세속오계를 받은 귀산과 추항이 진평왕 24년인 602년 8월에 백제의 아막

---

33) 이 10계를 『범망경』에서 말하는 梵網10重戒로 보기도 한다. 최원식, 1999, 『신라보살계사상사연구』, 47쪽.

34) 원광의 세속오계에 관해서는 많은 견해가 도출되어 있는데, 대표적인 논문은 다음과 같다.
안계현, 1960, 「신라인의 세속오계와 국가관」 『한국사상』 3 ; 김충렬, 1971, 「화랑오계의 사상배경고」 『아세아연구』 14-4 ; 신현숙, 1986, 「정토교와 원광세속오계의 고찰」 『한국사연구』 61·62합집 ; 신성현, 2003, 「원광의 세속오계에 대한 재고」 『불교학보』 40.

성전투에서 전사하였으므로, 세속오계는 600년에서 602년 사이에 가서갑에 주석하고 있던 원광법사에 의해서 만들어진 것임을 확인할 수 있다.

원광은 5계 가운데 살생을 함에 가려서 해야 한다는 살생유택의 조항을 통해서, 일반인들이 불교의 불살생계不殺生戒를 지니기 위한 전단계로서 세속오계를 준 것이라 할 수 있다. 그런데 이에 대해 불교의 기본 계율의 첫째인 '불살생계'를 깨뜨려 종교의 근간을 뒤흔든 큰 사건으로 본 견해도 있다.35) 반면 원광이 진의 금릉에 있을 때 접하였을 것으로 보이는『열반경』의 '우바새는 5계 등을 받지 않고 도검 등을 가지고 상생의 죄를 범하여도 이 행위가 법을 지키기 위한 것이라면 파계가 아니다'라고 한 자율적 계율관에 의거하여 신라를 지키는 것을 정법으로 보고 이 계를 제정한 것으로 보는 견해도 있다. 결국 그는 대승적 차원에서 이 계를 제정한 것이라 할 수 있다.

또한 임전무퇴계는 당시 신라가 처한 시대적 요구를 직시한데서 나온 계목이라고 할 수 있다. 이 계를 받은 신라인들은 두려워하지 않고 물러섬이 없는 대무외, 불퇴전의 정신으로 전쟁에 임했고 죽음까지도 불사했기 때문이다. 이에 대해서는 원광이 승려를 위한 보살계와 세속인을 위한 도덕률을 구분하여 세속오계를 정한 것은 원광의 현명함과 아량이 컸던 것으로 보고, 나아가 사회와 인생에 대한 이해가 폭넓었음을 언급하고도 있다.36)

이러한 사실은 결국 신라의 현실을 직시한 원광이 당시 신라인들이 가지고 있던 재래 무속적 가치관을 불교적 가치관으로 바꾸려는 노력의 일환으로, 세속오계라는 방편적인 계戒를 전쟁에 임하는 젊은이들에게 주어 점차 불교적 세계관으로 나아가게 한 것이라고 할 수 있다.

---

35) 서경수, 1980,「불교가 한국인의 윤리관에 미친 영향」『한국사상과 윤리』, 한국정신문화연구원.

36) 이기백, 위의 논문, 110쪽.

또한 원광은 「걸사표」를 쓰면서도 세간과 출세간 사이에서 자신의 번민을 언급하고 있지만, 현실세계의 냉정함은 이미 중국에서부터 체험해 온 바였으므로, 대승적 차원에서 이러한 계율을 제정한 것이라 생각된다.

(2) 점찰보의 설치

중국에서 돌아와 가서갑에 머물러 있던 원광은 일반 백성들에게는 자신이 펼치는 대승교학의 높은 법문보다는, 계를 주고 업장소멸을 위해 참회기도를 하는 점찰법회가 오히려 알맞다고 생각하였던 듯하다. 이에 그는 이곳에 점찰보를 두고 이를 항상 지키도록 하였는데, 그 내용이 다음에 보이고 있다.

> 4) 논평한다. 법흥왕(원종原宗)이 불교를 일으킨 이래로 중생을 건질 길은 비로소 닦아 놓았으나, 아직 안채인 전당은 이루지 못하였다. 그러므로 마땅히 계명을 지키는 데로 돌아가 일체 번뇌를 소멸하는 법으로써 어리석고 미욱한 중생을 깨닫게 해야 할 것이다. 그러므로 원광이 살던 가서갑嘉栖岬에 점찰보占察寶를 두는 것을 일정한 규례로 삼았다. 이 때에 시주施主하는 비구니가 있어 점찰보에 전토를 바쳤으니 지금 동평군東平郡의 전토 100결이 이것으로 옛 토지문서가 아직도 보존되어 있다.[37]

4)의 "원광이 살던 가서갑에 점찰보를 두는 것을 일정한 규례로 삼았다"는 『삼국유사』의 기록에 따른다면, 그는 가서갑에 머물러 있으면서 가슬갑사를 개창하고 점찰보를 두어 운영하였다. 이는 우매한 백성들이 쉽게 불교신앙에 접하게 하기 위한 것으로서, 원광은 귀국 후 가서갑에 머물면서 점찰법을 시행한 것이다.

점찰법회는 '점찰'이라는 방법, 즉 선과 악의 글자를 쓴 가죽첩자 2장을 사람들에게 던지게 하여 선자를 얻으면 길하다고 하고 악자를

---

37)『삼국유사』권4 「원광서학」조.

얻으면 참회를 하도록 하였다. 『점찰경』은 계율과 참회를 강조하는 대승교학의 실천적 방법을 제시한 점찰법회의 소의경전으로,38) 『대승기신론』과 비슷한 위경으로 언급되는 여래장사상과 관련이 있다고 보고 있다.39)

또한 일반민들에게 쉽게 받아들여질 수 있어 업설과 윤회설에 입각한 불교의 내세관을 심어주는데 도움이 되는 것으로 보고 있다. 즉 단순한 계율의 구속에서 벗어나 믿음의 경지로 교화해 나아감으로써 점찰의 사회적 효과는 종교적인 입장에서 현실적으로 인간사회의 도덕, 윤리를 교화, 진작시키는데 있었기 때문이다.40)

따라서 원광이 중국에서 귀국하여 강경하기 시작한 600년 이후에는 신라 불교계에서도 여래장 사상이 연구되었다고 보고 있으나,41) 실제 그가 608년 왕경에 나아가 「걸사표」를 작성하는 등 왕경에서의 활동이 개시되면서 본격적인 교학연구가 이루어질 수 있었을 것이라 생각된다. 원광은 섭론종의 제9식에 통하는 여래장사상에 대해 깊이 이해하고 있어 섭론가로 불릴 만하나, 그가 고국에 돌아와 『섭대승론』의 복잡한 심식설을 설할 수는 없었을 것이다. 그것은 당시 신라인들의 불교교학에 대한 이해 수준이 매우 미흡했기 때문이었다.

이에 통속적인 점찰법을 행하는 것이 이들을 교화시키기에 알맞다고 여기고, 또 교리내용이 지극히 단순한 『여래장경』의 주석을 남긴 것 역시 당시 신라교학의 수준을 고려한 것이라 생각된다.42)

그런데 이 점찰법회는 원광이 장안에 있으면서 신행의 삼계교와 연

---

38) 『점찰경』은 2권으로, 상권은 점찰하는 방법이 상술되어 있고, 하권은 대승을 구하는 자에게 필요한 방편을 설하고 있는데, 여래장에 관해 자주 언급하고 있어 여래장사상을 중심교리로 삼고 있다고 보고 있다.
39) 신종원, 위의 논문, 161쪽.
40) 신종원, 위의 논문, 164쪽.
41) 김영미, 위의 책, 281쪽.
42) 고익진, 위의 책, 136쪽.

관이 있었음을 앞장에서 살펴 본 바 있다. 근래 이를 더욱 발전시켜 지적한 논문에 의하면, 보법보불普法普佛사상에 의해, 세상에 부처 아닌 사람이 없으므로 서로 공경해야 한다는 보경普敬의 실천으로 나아가야 한다는 신행의 주장은 『열반경』의 '일체중생 실유불성一切衆生 悉有佛性'과도 통하며, 『점찰경』의 여래장사상과도 통하는 것으로, 이 둘을 수용, 발전시킨 것이 삼계교라는 것이다.[43] 신행은 실천방법으로 남북조시대에 유행하던 6시 예배를 중시하였고, 불전 안에서 뿐 아니라 밖에서도 남녀노소를 불문하고 예배했으며, 탑에 대한 예배도 중시하였다고 한다.

『점찰경』에도 참회의 법을 닦고자 하면 낮 3시와 밤 3시의 6시 예배를 중시하고, 과거 7불과 53불을 공경, 예배하는 것을 제시한 것에 주목하여, 6시 예배의 한 방법으로 53불에 대한 칭명과 예참에서 삼계교와 공통점을 보이고 있다는 것이다. 특히 53불의 경우, 진평왕대에 살았던 지혜智惠비구니가 불전을 수리하고자 할 때 벽에 53불을 그린 것은, 원광이 귀국하여 점찰법회를 시행한 후 이 법회가 신라사회에 퍼지고 있었다고 보았다. 그런데 53불과 『점찰경』과의 관계는 이미 지적된 바가 있으며,[44] 불전에 53불을 그린 것은, 신라에 점찰법회가 구체적으로 알려진 정황으로도 보고 있다.

점찰법회와 관련하여 그 배경으로 생각할 수 있는 것은 진나라 말에 진문제를 비롯한 여러 임금들이 많은 경전의 참문을 짓고 참법을 닦는 법회를 몇 번이나 개최한 바가 있어 관심을 가지고 봤을 것으로 생각된다.

이상의 사실로 볼 때, 원광은 진에서나 수에서나 일반민들을 불교에 접하게 하는 방법으로 점찰법회가 유용하다는 것을 생각하였을 것이고, 특히 불교를 잘 모르는 일반민들과 전쟁에 시달리고 있던 이들

---

43) 박미선, 2005, 위의 논문, 184~187쪽.
44) 신종원, 위의 논문, 163~164쪽.

을 위로하는 차원에서 점찰법회를 시행하였다고 생각된다.

그런데, 원광이 귀국 직후에 왕경과 떨어진 가슬갑사로 내려온 것과 그 곳에서 지방민을 대상으로 점찰법회를 시행하였다는 사실을 놓고 엇갈린 해석이 나와 있다.

하나는 원광이 왕경에 머무르지 못하고 지방에서 살았다는 것은 출신기반의 한계 내지는 왕실로부터 인정을 받지 못했거나, 왕실에 대한 저항의식이 있어서라고 하는 견해이다.[45]

또 하나는 원광이 가슬갑사에서 점찰법회를 개최한 것은 7세기 백제와의 전쟁이 임박하여 5갑사의 중요성이 부각되자, 이를 맡길 인물로 원광을 지목하고 그에게 운영을 맡기게 하였는데, 그는 국가가 필요로 하는 여러 활동을 전개하는 동시에 많은 중생을 구제하기 위해 시행한 것이라는 견해이다.[46]

이 점에 대해서는 앞서도 언급하였지만, 원광이 귀국 후 지방으로 내려온 것은, 왕과 왕실이 그의 능력을 제대로 이해하지 못하였기 때문이었다. 이에 원광은 지방에 있으면서 그의 명성을 듣고 찾아오는 이에게 설법도 해주고 세속오계와 같은 계도 설해준 것이다.

마지막으로 원광과 가서갑에 관한 것으로 문제가 되는 점을 두 가지 언급하고자 한다.

하나는 원광이 가서갑에서 머물 당시 관련된 사적이 운문산의 개조 보양 이목과 관련된 사적과 섞여 착종되어 있다는 점이다. 이 문제는 일연이 『삼국유사』「원광서학」조에서 복잡한 관계를 잘 정리해 놓았다. 즉 원광은 가서갑의 가슬사와 관련된 것이고, 운문사는 보양 이목이 운문사의 개창조라는 사실로 일목요연하게 정리하였으므로 이를 따르면 될 것이다.

---

45) 이기백, 위의 책, 102~103쪽 ; 최연식, 위의 논문, 26~27쪽 ; 박미선, 위의 논문, 47쪽.
46) 박광연, 위의 논문, 127쪽.

또 하나는 현재 가서갑이 있는 산이 호거산虎踞山으로 명명되어 있
는 점이다. 이 명칭은 1718년『호거산운문사사적』에 보이는 명칭이며,
후삼국 말에는 견성犬城으로 표기되어 있다.[47] 그런데 호거라는 명칭
은 중국의 삼국시대에 오의 수도인 건업(양의 건강, 진의 금릉으로 현
재의 남경)을 호거용반虎踞龍盤으로 불린 것에서 비롯된 것이다.[48] 이러
한 사실들을 종합해 볼 때, 후대인들이 원광이 진의 금릉에 유학하고
돌아와 이곳에 머물렀던 것을 두고, 견성을 호거로 고쳐 호거산으로
한 것이 아닌가 한다.

4) 진평왕과의 관계와 왕경에서의 활약

원광은 명성이 높아져 가자, 진평왕은 그를 불러「걸사표」를 쓰게
하는 등 외교관계 일들을 맡겼으므로, 그는 왕경의 황룡사에 거주하
게 되었다.[49]『삼국사기』에는 원광이 왕경에 주석하여 있을 때의 상
황을 두 번 전하고 있다.

> 5) (진평왕) 30년에 왕은 고구려가 자주 신라의 강역을 침범함을 불
> 쾌히 여겨, 수隋나라 병사를 청하여 고구려를 치려고 원광에게 걸사표
> 乞師表를 지으라 하였다. 원광이 말하기를, "자기가 살려고 남을 멸하는
> 것은 승려의 할 짓이 아니나, 빈도貧道가 대왕의 나라에 있어 대왕의 수
> 초를 먹으면서 어찌 감히 명령을 좇지 아니하오리까" 하고, 곧 글을 지
> 어 바쳤다. ○2월에 고구려가 북경을 침략하여 8,000명을 사로잡아 갔
> 다. ○4월에 고구려가 우명산성牛鳴山城을 쳐 빼앗았다.

---

47)『삼국유사』권4「원광서학」조.
48)『太平御覽』권1 五六引晉張勃『吳彔』"鍾山龍蟠 石頭虎踞 帝王之宅也"
49) 그가 왕경에 머물면서 거주하던 사찰은 황룡사와 황룡사의 두 가지 기록
    이 나오고 있어 논자에 따라 각기 서술하고 있다. 여기서는 그가 황룡사
    에서 백고좌법회를 상수로 진행한 사실을 중시하여 황룡사에서 거주한
    것으로 본 일연의 견해를 따랐다.

○33년에 왕이 수나라에 사신을 보내어 글월로써 출사出師를 청하니 수 양제가 이를 허락하고 군사를 일으켰다. 그 사실은 고구려본기 영양왕 22년 및 23년에 적혀 있다. ○10월에 백제 군사가 와서 가잠성假岑城을 100일 동안이나 에워싸므로, 현령 찬덕讚德이 굳게 지키다가 힘이 다하여 죽으니 성도 함락되었다.50)

6) (진평왕) 35년 봄에 가뭄이 있었다. 7월에 수나라의 사신 왕세의王世儀가 황룡사에 와서 백고좌百高座를 마련하고 원광 등의 법사를 청하여 불경을 강론하였다.51)

5)는 걸사표의 작성에 관한 내용이다. 진평왕 30년인 608년에 왕은 오랜 유학생활에서 닦인 그의 문장력을 인정하여「걸사표」를 작성하도록 하였다.

이 해 2월에 고구려가 침입하여 8,000명의 백성을 잡아가고, 4월에 다시 고구려에게 우명산성을 빼앗긴 신라의 상황을 알고 있던 원광으로서는 이를 거절하기가 어려웠을 것이다. 그런데 군사를 청하는 글을 쓰는 것이 승려로서 계율에 어긋나는 일이었음에도 불구하고, "자신의 생존을 위하여 남을 없애려는 것은 중이 할 바가 못되지만, 왕의 땅에 살면서 그 물과 풀을 먹고 있으니 어찌 감히 명을 받들지 않으리요" 하면서 임금의 청에 응하고 있다.

이렇게 원광으로 하여금 군사를 요청하는 글을 쓰게 한 것은, 당시 그만큼 신라에 외교문서를 능통하게 작성할만한 학자가 배출되지 못하였다는 것을 의미하는 것이었다. 특히나 원광은 불경 뿐 아니라 유교경전과 제자, 역사서 등의 고전에도 밝았으므로, 승려임에도 불구하고 적격자로 천거된 것이라 생각된다.

진평왕 30년인 608년부터 33년인 611년까지 계속해서 그는「걸사표」등 수에 보내는 외교문서를 작성하였을 것이라 생각된다. 그것은

---

50)『삼국사기』권4「진평왕」30년, 33년.
51)『삼국사기』권4「진평왕」35년 7월.

"나라의 명으로 주고 받는 전牋, 표表, 계啓, 서書가 모두 그의 가슴 속에서 나왔다"52)고 하였기 때문이다.

이에 그는 외교문서를 전담할 인재의 필요성을 느끼고 이를 진평왕에게 건의하여, 상문사詳文師의 설치와 같은 결실로 나타났다고 생각된다. 즉 법흥왕 대부터 중국과의 통교를 시작한 신라는 외교문서의 작성이 지극히 어려운 문제였다. 이러한 어려움을 극복하기 위해 진평왕은 정식으로 상문사를 설치하였다. 상문사는 신라 최초의 문한관직文翰官職으로 외교문서를 전담하여 작성하는 직이었다.

그런데 진평왕 대에 이렇게 정식으로 상문사가 설치되기 바로 전에 원광이 수나라에 보내는 「걸사표」 등을 초하여 외교문서 작성의 소임을 해 낸 것이었다. 때문에 원광은 진평왕 대에 이루어진 상문사 설치의 산파역을 해 낸 것으로 평가받고 있다.53) 즉 삼국이 서로 항쟁하는 상황에서 점차 늘어나는 대 중국과의 외교관계를 위해 원광은 문한관의 양성이 중요함을 역설하였을 것이기 때문이다. 원광이 조정의 자문으로서의 역할을 한 것은 이때부터 시작되었다고 생각된다.

6)은 신라 최초의 백고좌법회의 개설에 관한 내용으로, 『삼국유사』에는 다음과 같이 『삼국사기』와 같은 내용이 전하고 있다.

> 7) 또 건복建福 30년 계유【즉 진평왕 즉위 35년】 가을에 수의 사신 왕세의가 와서 황룡사에서 백좌도량을 개설하고 여러 고승들을 청하여 경을 강설할 때 원광이 최상위에 앉았었다.54)

이 백고좌법회는 진평왕 35년인 613년 7월에 수나라의 사신 왕세의가 왔을 때를 맞추어 베풀어진 것으로, 그를 상수上首에 앉게 하는 등 외교사절로서 활약하게 하였다. 그것은 그가 수나라 유학파라는 사실

---

52) 『속고승전』 권13 「신라 황룡사 석원광」전.
53) 이문기, 1996.12, 「신라의 문한기구와 문한관」 『역사교육논집』 21.
54) 『삼국유사』 권4 「원광서학」조.

과 유창한 중국어가 그 배경이었을 것이다.

당시 수나라는 613년 1월에 양제가 고구려 원정을 위해 총동원령을 내리고 있고, 6월에 예부상서 양현감이 개봉에서 반란을 일으키고 있어 수 양제로서는 고구려를 치는데 배후에 있던 신라의 적극적인 협조가 필요한 상황이었기 때문에 사신을 보내어 협조를 구한 상황이었다고 생각된다. 이 때 신라는 왕세의를 맞으면서 황룡사에 백고좌회를 개설하였는데, 원광은 여러 승려 가운데 가장 수석으로 참석하였다.

신라에서 베풀어진 백고좌회는 이미 선학에 의해 밝혀진 바와 같이 황룡사에서 열린 호국법회로서 인왕경을 강하였다.[55] 또한 이 법회는 신라에서 『인왕경』신앙의 최초의 집회로서, 그 의식은 『인왕반야경』을 강하고 7일 밤(夜) 동안 1000개의 등을 밝혔을 것으로 추정하고 있다. 또한 이에 대해 "당대의 대성 원광이 새로 도입한 가장 참신한 그리고 가장 고마운 의식이며 사상이며 신앙이라고 신라인들에게 받아들여졌을 것을 의심할 필요가 없다"고까지 언급하고 있다.[56]

그런데 이 백고좌법회에서의 『인왕경』의 강경의식은 원광을 상수로 하면서 안함이 크게 역할을 했을 것으로 생각된다.

원광은 금릉에 있으면서 지의에 의한 최초의 『인왕경』강경에 대한 내용을 접했을 것이다. 즉 원광이 금릉에 머물러 있을 무렵인 진나라 지덕 3년(585) 봄에 지의는 천태산에서 금릉으로 와서 왕실의 간청으로 법화문구를 강의하였다. 지의는 5년 동안 영요사靈曜寺, 태극전太極殿, 광택사光宅寺에 머무르면서 『대지도론』, 『인왕반야경』, 『법화경』을 강의하였는데, 그의 제자 관정灌頂이 강연록에 의거하여 『법화문구』를 편찬하였다. 특히 천태 지의는 궁내의 태극전과 광택사에서 그 해 9월과 12월에 두 차례에 걸쳐 『인왕경』을 강하였다. 이로 인해 이후 천태

---

55) 이기백, 1986, 「황룡사와 그 창건」『신라사상사연구』, 52~55쪽.
56) 이기영, 위의 논문, 511쪽.

지의는 『인왕경』신앙의 최대 고취자가 되었고, 최초의 주소가註疏家가 되었다고 보고 있다.[57]

원광은 금릉에 머물면서 직, 간접으로 이러한 경전들을 접했을 것으로 생각되며, 귀국 후 국사에 관여하면서 호국경에 관심이 컸을 것이다. 특히 613년 황룡사에서 개설된 백고좌 호국법회에서 『인왕반야경』을 강설한 것은 이 때 지의(중국)의 영향을 받은 것이 아닐까 추정된다.

또한 안함은 601년부터 605년까지 수나라에 유학한 인물로, 신라에서 인재를 선발하여 중국에 보내었는데 이 때 뽑힌 인물이 인함이다.[58] 그는 수에 있으면서 10승의 관법과 천태지의의 가르침인 『법화현의』의 깊은 의미를 꿰뚫을 정도로 천태지의의 영향을 받은 인물이었다.[59] 그러므로 그 역시 국비 유학승으로 『인왕경』의 호국경으로서의 기능에 대해 관심을 가지고 수학하였을 것이다. 그리고 신라에 귀국하여 613년의 법회에 호국경으로서의 『인왕경』의 강경의식에 원광과 함께 가장 크게 역할을 하였을 것으로 생각된다.

마지막으로 원광의 만년의 행보와 입적에 관한 내용이다.

> 8) 나이가 이미 많아 수레를 타고 대궐에 들어가니, 당시의 여러 현사로 덕과 의가 그보다 뛰어난 사람이 없었고, 문장이 넉넉하여 일국이 그에게 기울일 정도였다.[60]

---

57) 이기영, 위의 논문, 511쪽.
58) 『해동고승전』 권2 「안함전」에 의하면, 안함이 혜공과 중국에 유학하려다 실패를 한 그 이듬해(601)에 (임금이) 교지를 내려 법기를 이룰만한 자를 뽑아 중국에 파견하여 학문을 닦게 하고자 하였을 때, 마침내 (안함)법사가 명을 받들어 가게 되었으므로, 이에 신라 사신과 동행하여 배를 타고 바다를 건너 멀리 중국의 조정으로 간 것으로 되어 있다(明年有旨 簡差堪成法器者 入朝學問 遂命法師 允當行矣 乃與聘國使 同舟涉海 遠赴天庭).
59) 『해동고승전』 권2 「안함전」.
60) 『삼국유사』 권4 「원광서학」조.

그는 중국에서 수학한 많은 경전을 궁중에서 강의하였다. 이에 그의 실력을 알게 된 왕이 직접 그를 대접하는 것이 복이 된다고 느끼고 혼자서 하려했다는 것이다. 이는 그가 만년에 왕경에 주석하고 있었음을 알려 주는 내용이다.

그가 입적하자 온 나라가 슬퍼하고 왕을 장사지내는 것과 같은 정도로 예를 하였다고 한 것은 그의 생전의 행적이 컸다는 것을 알려주는 것이다.

원광은 입적 후 삼기산 금곡사에서 장사지내고 이 곳에 부도를 세웠다 한다. 『고본수이전』에 전하는 원광의 행적에는 이 곳의 신神과의 내용이 자세히 적혀져 있다. 즉 원광법사는 30세부터 4년동안 이 절에서 수행하였고, 산신의 권유에 따라 중국에 유학하였는데, 귀국한 뒤에 이 곳을 방문하였고, 입적 이후 교외에서 장사지내고 이 곳에 부도를 세웠다 한다.[61] 현재 이 곳에 있는 수리된 탑이 그의 부도라는 전언도 있다.

그런데 그의 임종연대에 여러 기록이 남아 있어 혼선을 빚고 있다. 『속고승전』에는 원광이 건복建福 58년인 99세에 임종하였는데 곧 당 태종 정관 4년(630)의 일이라고 전하고 있다.[62] 건복은 53년이 끝이므로 58년은 선덕여왕 5년인 636년이 된다. 또한 『고본수이전』에는 84세설을 내놓고 있다. 그러나 99세의 입적 기록을 무시할 수 없으므로, 그 출생을 진흥왕 3년(542)으로 보는 견해도 있고, 이외에 진흥왕 15년인 554년, 26년인 565년 등 여러 주장이 있다.

이러한 여러 주장들을 도표로 정리해서 나타내면 다음과 같다.[63]

---

61) 『삼국유사』 권4 「원광서학」조.
62) 『속고승전』 권13 「신라 황룡사 석원광」전.
63) 신종원의 표(위의 논문, 154쪽)와 최연식의 표(위의 논문, 18쪽), 박미선의 표(1998, 위의 논문, 20~21쪽)를 참조함.

〈원광의 행적에 관한 제 견해〉

	속고승전	수이전	해동고승전	이기백	신종원	최연식	김복순
속성	박씨	설씨	설(박)씨	설씨(박씨)			
출생년도	523·542	554		553	541	550년경	
출가시기	진 유학 후	30세 이전(583)	13세	30세 신라	진 유학 후	진 유학 후 곧	진 유학 후
중국유학시기	25세(556)	진평왕 11(589)	진평왕 12(590)	589년 36세 진에 유학	진흥왕 37(576) 35세로 진에 유학	진흥왕대인 575년경 25세	진흥왕대인 25세
수학내용	성실론, 열반경, 열반경, 아함경, 반야경, 섭론	삼장, 유학	성실론, 열반경	성실론, 열반경, 아함경, 반야경, 섭론	성실론, 열반경, 아함경, 반야경, 섭론	성실론, 삼장과 수론, 열반경, 아함경, 반야경, 섭론	성실론, 삼장과 수론, 열반경, 아함경, 반야경, 섭론
입산수도		583(30세)~589(36세)			30~36세 삼기산	진 유학 후 호구산	진 유학 후 30~36세(580~586)	
수나라로이동	589년		589년		589년	589년	589년
귀국시기	진평왕대로 70세 혹 60세	진평왕 22(600) 47세	진평왕22(600)	진평왕 22(600)	진평왕 22(600)	진평왕 22(600), 50세 경	진평왕 22(600)
가슬사주석				만 년		귀국 초 세속오계의 수계	600~608 세속오계의 수계와 점찰보 설치
왕경주석	귀국 후			귀국 후 바로	귀국 후 바로	수와의 외교관계에 간여	608년 후 황룡사에 주석

입적 시기	99세 건복 58 (636), 정관 4(630)	84세	99세 정관 4 (630)	84세 선덕왕 6 (637)	89세 진평왕 52 (630) 정관 4	하면서 부터 80~90세 사이인 (630~640)	

이상과 같이 원광의 일대기를 연구한 여러 견해들을 분석하여 그의 생애를 재구성해 보면 다음과 같다.

원광의 성씨는 설씨 내지는 박씨로, 출입이 있기는 하지만 550년을 전후하여 신라의 왕경에서 출생하였다. 그는 신라에서 유교와 노장학을 배우고, 25세 경에 진에 유학하였다.

유학 시기에 대해서는 이견이 많으나, 이 역시 진으로의 유학을 대개 인정하고 있기 때문에 25세설이 진실에 가깝다고 생각된다.

출가시기에 대해서는 신라에서 13세에 출가한 설부터 30세설, 진 유학 후의 설이 있으나, 진으로 유학을 기정사실로 봤을 때, 25세에 진나라로 유학을 간 지 얼마 안 되어 곧 출가한 것으로 생각할 수 있다.

수학내용은 진에서는 성실학자인 승민계 지탈에게 성실론, 열반경, 반야경 등을 수학하고, 호구에 들어가 아함경과 8정을 닦은 것이 알려져 있다. 진의 멸망 후인 589년에는 수로 옮겨가서 『섭대승론』 등을 연구하고 대승교학가로 활동하였다.

그의 귀국은 진평왕 22년인 600년에는 거의 의견이 일치하고 있으나, 당시 나이는 50세에서 70세까지의 다양한 견해가 있다. 그것은 그의 입적이 99세와, 84세, 89세 등으로 일정하지 않은데 있기 때문이다.

귀국 후 곧 왕경에 주석한 것으로 본 견해도 있으나, 가슬사에서 주석하면서 세속오계의 수계가 600년에서 602년 사이의 역사적 사실로서 나오고 있고, 점찰보의 설치와 같은 행적을 남기고 있어, 608년 이전에는 가슬사에 주석한 것으로 생각된다.

608년 이후에는 진평왕에 의해 발탁되어, 왕경의 황룡사에 머물면서 걸사표의 작성, 613년 백고좌회의 강설과 같은 활동을 하였다.

입적시기는 99세 641년 설, 84세 637년 설, 89세 630년 설, 630~640년 설 등이 있으나, 쉽게 정하기 어려우므로 대개 630년에서 640년 사이에 입적하였다고 추정된다.

그는 삼기산 금곡사에서 장사지내졌고 부도가 세워졌다.

5) 맺음말

원광법사는 중국유학승으로 신라사회에 큰 영향을 끼친 인물로 역사서에 기록된 인물이다. 신라사회에 불교가 공인되고 왕권강화를 원하는 왕실이 불교를 적극적으로 수용하면서 불교의 홍포에 노력하였다. 또 외교적으로 중국과의 관계가 잦아지고 관리의 수가 늘어나면서, 양과 진에 유학하는 이가 생겨나면서 중국 유학승들의 행보가 중요성을 띠게 되었다. 이들은 사신의 왕래와 동반하면서 불교를 통해 중국의 선진문화를 받아들이면서 또한 중국과의 외교관계도 함께 해결하고자 한 경우가 많았다. 서학은 개인으로서는 수학의 한 방편이었지만, 좀 더 넓은 의미에서 본다면, 그것은 곧 사회가 그러한 인물을 요구하였기 때문이었다.

원광은 중국으로 유학하여 오랜 세월 보내었으나 신라로 돌아와 생을 마쳤다. 원광은 귀국하면서 바로 가슬갑으로 나아가 머물면서 신라인들을 교화하였다. 귀산과 추항은 그의 문하에 들어와 스승으로 모시고 세속오계를 지침으로 받아 실천함으로써 화랑들의 모범이 되었고 세속오계가 화랑들의 행동지침으로 보편화되게 하였다. 또한 가슬갑의 전략적 중요성은 여러 학자들에 의해 강조되고 있으며, 화랑들의 유오지로서 도의를 연마하고 신체를 단련하던 장소로서 화랑도 이념이 배출된 산실로 여겨졌던 곳이다. 뿐만 아니라 점찰보를 두어 점찰법회가 열릴 수 있도록 하여 일반민들을 교화한 곳이기도 하다. 이렇게 원광은 신라로 돌아 온 후 신라인들의 사유를 불교적인 사유로 바꾸기 위해 노력하였다.

원광은 국가에서 그를 필요로 하자 왕경으로 나아가 활동하면서, 진평왕의 자문역으로 외교와 강경 등에 힘썼다. 즉 「걸사표」의 작성, 백고좌법회의 신라 정착과 같은 일들로서, 이러한 그의 노력은 신라 불교의 특징을 호국불교로 자리 잡게 한 역사적 의의가 있다고 하겠다. 또한 그는 대승불교를 깊이 연구하고 그것을 신라에서 강의한 최초의 학승이며 여래장 사상가로서, 신라불교교학 발전에 초석을 놓은 인물로도 평가할 수 있다.

2. 선덕여왕과 자장법사

1) 머리말

자장의 생애와 율사로서의 위상은 선학들의 연구에 의해 어느 정도 구축되어 있다.[64] 오히려 도출되어 있는 이견들을 종합해서 합리적으로 이해해야 하는 시점에 서 있다고도 할 수 있다. 여기서는 그의 생애를 구성해 나감에 있어, 이견을 보이는 두 문제 즉, '입당연도'의 문제와 '몰년沒年'에 대한 내용을 집중적으로 살펴보려고 한다. 그것은 이 문제를 풀어 나가다 보면 선덕여왕대의 역사적 인물로서의 자장을 만날 수 있을 뿐 아니라, 그가 율사로서 지니고 있는 신라사상사 내지 한국불교사에서의 위치를 확인할 수 있을 것이기 때문이다.

그런데 자장을 역사적 인물로서 고찰하기 위해서는 그의 전기와 관련하여 서로 다르게 기록한 사료를 어떻게 선택하고 취합하여 재구성할 것인가의 난제가 있다.

---

64) 김영수, 1931, 「오교양종에 대하야」『진단학보』8, 진단학회 ; 안계현, 1965, 「자장-호국이념의 율사」『한국의 인간상』3 ; 채인환, 1977, 『新羅佛敎戒律思想硏究』, 國書刊行會 ; 신종원, 1982, 「자장의 불교사상에 대한 재검토-신라불교 초기계율의 의의-」『한국사연구』39, 한국사연구회 ; 남동신, 1992, 「자장의 불교사상과 불교치국책」『한국사연구』76, 한국사연구회 ; 남동신, 1995, 「자장과 사분율」『불교문화연구』4, 영축불교문화연구원 ; 남동신, 2001, 「신라 중고기 불교치국책과 황룡사」『신라문화제학술논문집-황룡사의 재조명-』22, 경주시 신라문화선양회 ; 정병조, 1987, 「자장과 문수신행」『신라문화』3·4합집, 동국대학교 신라문화연구소 ; 김두진, 1989, 「자장의 문수신앙과 계율」『한국학논총』12, 국민대 국사학과 ; 이기백, 1978, 「황룡사와 그 창건」『신라의 국가불교와 유교』(『신라사상사연구』, 1986) ; 신선혜, 2006, 「신라 중고기 불교계의 동향과 僧政」『한국사학보』25, 고려사학회.

자장에 관한 기록으로는, 「황룡사찰주본기」의 기록과 『속고승전』 「자장전」, 그리고 『삼국유사』 권4의 「자장정률」조와 권3의 「황룡사구층탑」, 「가섭불연좌석」의 내용이 주로 쓰여지고 있다. 「황룡사찰주본기」와 『속고승전』은 초기 기록에 속한다고 할 수 있고, 『삼국유사』 「자장전」 등의 내용은 여러 자료를 다 섭렵한 뒤에 쓰여진 것이다.

이 「자장전」은 『삼국유사』 권3 「가섭불연좌석」조와 권4의 「자장정률」조에 나오는 내용이 현전하는 전부이다. 때문에 원효가 저술하였다는 설도 있지만, 누가 언제 저술하였는지 잘 알려져 있지 않다. 다만, 이 전기가 만들어진 시기는 그의 입당연대를 기록한 각각의 사료들을 일별해 볼 때, 「황룡사찰주본기」가 기록된 872년 이후부터 『삼국사기』가 수찬된 1145년 사이로 생각된다. 그것은 638년의 입당 기록이 636년으로 바뀌는 것이 『삼국사기』에서부터 이기 때문이다. 따라서 「황룡사찰주본기」와 『속고승전』의 기록이 보다 역사적 진실에 가까운 내용이라고 하겠다.

본 글은 자장의 생애에 보이는 이 두 난제를 중심으로 제기되어 있는 몇 가지 문제, 특히 문수신앙과 오대산에 관련된 문제를 다루어 보고 그의 생애를 구성해 보고자 한다. 다음으로 그의 율사로서의 위상을 그의 사상적 배경과 선덕여왕 대에 대국통으로 활약한 내용을 신라 당대의 상황과 연관하여 살펴보도록 하겠다.

2) 자장의 생애와 두 가지 난제

(1) 생애의 개괄

자장은 신라 진평왕 대(579~631)에 소판 무림공의 아들로 태어났다.[65] 그에 관한 가장 초기 기록이라 할 수 있는 「황룡사찰주본기」의

---

65) 자장이 태어난 해에 대해서는 진평왕 30년(608)에서 36년(614) 사이로 보

관련 부분을 적시해 보면 다음과 같다.

皇龍寺刹柱本記

侍讀 右軍大監 兼省公臣 朴居勿 奉敎撰

詳夫 皇龍寺九層塔者 善德大王代之所建也

　1) 昔有善宗郎 眞骨貴人也 少好殺生 放鷹摯雉 雉出淚而泣 感此發心 請出家入道 法號慈藏

　2) 大王 卽位七年 大唐 貞觀 十二年 我國 仁平五年 戊戌歲 隨我使神通 入於西國

　3) 王之十二年 癸卯歲 欲歸本國 頂辭南山 圓香禪師

　4) 禪師謂曰 吾以觀心 觀公之國 皇龍寺建九層窣堵波 海東諸國 渾降汝國 慈藏持語而還 以聞 乃命 監君 伊干 龍樹 大匠 (百)濟阿(非)等 率小匠二百人 造斯塔焉 鐫字僧聰惠 其十四年歲次乙巳 始構建 四月 □□ 立刹柱 明年乃畢功 鐵盤已上 高七步 已下 高三十步三尺 果合三韓以爲□□ 君臣安樂 至今賴之66)

　황룡사 9층탑은 당 유학을 끝내고 643년에 귀국한 자장이 선덕여왕에게 건의하여 645년에 완성한 탑으로, 위의 인용문은 사리내함의 6면에 걸쳐 음각한 쌍구체雙鉤體로 된 내용의 처음부분이다. 경문왕이 왕 12년인 872년에 황룡사탑을 중수하면서 창건 당시의 봉안유물을 확인하고 내함을 만들어 넣으면서 탑과 관련된 기사를 남기려고 조성한 내용이다. 때문에 자장에 관한 여러 기록 가운데 가장 역사적인 사실과 근접해 있는 내용이라 할 수 있다.

　1)에 의하면, 자장은 선종랑으로 불리었던 진골귀족의 자제로서 사냥을 즐기었던 일반적인 지배계층의 일원이었다. 국선 구참공의 예에

고 있다. 남동신, 위의 논문, 1992, 8쪽 참조.

66) 황수영, 1981, 『한국금석유문』, 일지사 ; 허흥식, 1983, 『한국금석전문』 1, 아세아문화사 ; 국립중앙박물관, 1991, 『불사리장엄』 ; 한국고대사회연구소, 1992, 『역주 한국고대금석문』 3 ; 국립경주박물관, 2002, 『문자로 본 신라』 등에 원문과 해석, 주석 등이 실려 있다.

서 볼 수 있듯이[67] 당시 지배층은 사냥을 즐기던 풍속이 있었기 때문이다. 그러한 그가 어린 시절에 매를 놓아 꿩 사냥을 하다가 꿩이 눈물을 흘리며 우는 것을 보고 느낀 바가 있어 청하여 출가한 것이다.[68]

그의 출가는 처자가 있었다는 기록과 출사령出仕令이 내려진 상황으로 추정해 볼 때 25세를 전후한 시기로 생각되는데,[69] 당시인들이 12~13세에 출가하였던 것과 비교해 본다면 늦은 나이였다고 할 수 있다.

그런데 『삼국유사』 자장정률 조에는 그가 일찍이 부모를 여의고 세속의 번거로움을 싫어해서 처자를 버리고 출가한 것으로 되어 있다. 하지만 진덕여왕 대(647~653)에 그의 아버지 무림(호림)공의 존재가 뚜렷이 보이고 있다.

> 5) (진덕)왕의 시대에 알천공, 임종공, 술종공, 호림공(자장의 아버지), 염장공, 유신공이 있었는데, 그들은 남산 오지암에 모여서 나랏일을 의논했다. 이 때 큰 호랑이가 자리에 뛰어드니 여러 공들이 놀라 일어 났으나, 알천공은 조금도 움직이지 않고 태연히 담소하면서 호랑이의 꼬리를 붙잡아 땅에 메어쳐 죽였다. 알천공의 완력이 이와 같았으므로 수석에 앉았으나 그래도 여러 공들은 모두 유신공의 위엄에 복종하였다.[70]

이 사료는 자장의 아버지인 무림공이 진덕여왕 대에 6인의 대신회의 일원으로 남산 우지암에서 국사를 의논하고 있는 내용으로, 선덕, 진덕 두 여왕의 정체성을 설명할 때 매우 중요시되는 자료이다. 그것

---

67) 『삼국유사』 권4 이혜동진.
68) 이에 대해 신라승들의 출가동기가 비슷한 것이 여럿임을 들어 그저 가져다 붙인 이야기 정도로 이해하기도 한다.
69) 민지가 1307년에 찬술한 「봉안사리개건사암제1조사전기」, 『오대산월정사사적』에 나오는 내용에 의거하여 추정한 나이이다. 신종원, 위의 책, 255쪽과 남동신, 1992, 위의 논문, 8쪽을 참조.
70) 『삼국유사』 권1 진덕왕조.

은 선덕여왕와 진덕여왕의 즉위문제가 '이찬 칠숙과 아찬 석품의 반란'과 '상대등 비담의 반란'과 연결되어 있고, 중고체제가 새로운 체제로 변화되는 중요한 시기로 인식되어 논고가 양산되어 있기 때문이다. 특히 이 6인의 대신회의는 매우 중요한 사료로 취급되고 있다.71) 진덕여왕 대에 그의 아버지가 건재해 있었다는 것은 조실부모했다는 사료가 윤색된 것임을 알려주고 있다. 그는 중국에서 신라 왕자로 불릴 정도로72) 진골귀족 집안의 귀한 아들로 성장한 것이다.

선덕여왕은 그가 조정에 출사하여 자신을 도와주기를 바랐으나, 그의 완강한 고집으로 출가를 허락하였다. 일단 발심을 하게 되자 자장은 맹렬히 수도하게 되었고, 여러 가지 신이한 기록들이 전해지고 있다. 그리고 그의 뛰어난 자질은 결국 중국으로 유학을 가게까지 하였다.

2)에 나오는 바와 같이 자장은 선덕여왕 즉위 7년, 인평 5년인 638년에 당으로 가는 사신 신통을 따라 당나라의 장안에 도착하였다. 그는 곧 장안 홍화방의 공관사에서 법상(567~645)으로부터 보살계를 받고 사사하였다. 그리고 3년 동안이나 종남산 운제사 동벽에 머물면서 수도하였는데, 이 때 도선과도 어느 정도 교류가 있었을 것으로 추정되고 있다.73)

5~6년 간 중국에 머물고 있던 자장은 국내 정세의 영향으로 귀국

---

71) 주보돈, 1994, 「비담의 난과 선덕왕대 정치운영」『(이기백선생고희기념)한국사학논총』상, 206~234쪽 ; 정용숙, 1994, 「신라 선덕왕 대의 정국동향과 비담의 난」『(이기백선생고희기념)한국사학논총』상, 235~266쪽 ; 박용국, 2000, 「선덕왕대 초의 정치적 실상」『경북사학』23, 245~273쪽.

72) 중국 서안(장안)의 종남산에는 자장이 머물던 곳에 신라 왕자대의 흔적이 남아 있는 것으로 보고되고 있다.

73) 이에 대해 초기의 연구자들은 자장의 나이가 도선보다 연장일 것으로 보아 부정적으로 생각하였으나, 근래에는 거의 전 연구자들이 교류사실을 인정하고 있는데, 그것은 종남산에 3년씩이나 함께 있었을 뿐 아니라 도선이 운제사에 있었던 기록에 의거한 때문이다.

하게 되었고, 당 황실에서 많은 예우를 해 주었다. 이에 자장은 대장경과 부처님 사리 등 신라의 불사佛事에 필요한 물품들을 가져오게 되었다.

귀국하면서 곧 대국통에 임명된 자장은 신라의 문제점을 파악하고 여러 활동을 펼치었다. 그의 활동에 있어 가장 중요한 점은 그가 유입한 선진문물이 국왕과 대신들에 의해 수용이 되면서 그대로 국가정책에 현실적인 면모로 반영되었다는 점이다. 즉 승니들의 지계持戒를 국가차원에서 단속하였을 뿐 아니라, 전략적으로 중요한 곳에 불사리탑을 세워 신라인들에게 부처님이 진호해 주는 국가라는 개념을 확산시킨 것이다. 이에 더하여 황룡사 9층탑의 건립을 추진하면서 주변의 오랑캐라고 할 수 있는 9개국이 모두 조복해 온다는 믿음을 심어주었다는 사실이다.

이렇게 선덕여왕 대에 활동한 그였기에 여왕의 사후 그의 활동은 위축된 면이 있었을 것으로 추정되고 있다. 하지만 무엇보다도 그에게 타격을 주었을 것은 당나라에서 현장의 귀환 이후 새로운 역경사업이 펼쳐지면서 그에 따른 신유식 계통의 교학서들이 쏟아져 신라로 유입되는 상황이었을 것이다. 이러한 사태가 벌어지면서 자장에게 많은 혼란을 주었을 것으로 보이는데, 그의 만년의 행보는 이러한 점과도 관련이 있을 것으로 추정된다.

그러나 자장과 깊은 관계를 보이고 있는 원효나 명랑이 조정과 지속적으로 연계해서 활동을 하고 있는 상황이라는 점을 생각하면, 대국통으로서의 그의 위상은 그대로 유지되어 있었을 것이라 생각된다.

(2) 선덕여왕 대 자장의 유학

자장이 당에 유학한 년도에 대해서는 636년과 638년의 두 설이 나와 있다. 모두 선덕여왕대(632~646)의 사실이다.

가장 오래된 기록이라고 할 수 있는 신라시대의 기록인 「황룡사찰주본기」에는 그가 선덕여왕 즉위 7년, 대당 정관 12년, 선덕여왕 인평 5년, 무술년인 638년에 사신을 따라 당에 들어갔다고 되어 있다. 그리고 선덕여왕 12년인 계묘년 643년에 귀국하였다고 하여 5년 간 중국에 머문 것으로 나와 있다. 또한 중국의『속고승전』에도 "정관 12년에 문인인 승실 등 10여 명을 거느리고 동쪽나라를 떠나 서울에 이르렀다"고 하여 638년에 입당한 것으로 기록하고 있다.

그런데『삼국사기』에는 그의 입당이 636년으로 되어 있고,[74]『삼국유사』에는 신라 제27대 선덕왕 즉위 5년인 정관 10년 병신년인 636년에 자장법사가 서쪽으로 유학하여 오대에서 문수에게 감응하여 법을 받은 것으로 나오고 있다.[75] 그리고 이 사실은 본전에 상세하게 보인다고 세주까지 달아 놓고 있다.

이렇게 자장의 입당연대는 638년과 636년의 차이가 있는데, 일연은 「황룡사찰주본기」의 기록을 보았을 것임도 불구하고,[76] 본전이라 쓴 「자장전」의 내용을 채택하여 2년 먼저 중국에 들어가 오대산에 가서 문수보살에게 감응을 받은 것으로 기록하고 있다.

이 가운데 자장이 636년에 당에 유학하였다고 보는 입장에 서면, 그가 오대산에 가서 문수보살을 만나고 638년에 장안으로 간 것이 된다. 이에 대해 자장이 장안에 먼저 갔다가 오대산으로 간 것으로 이해한 견해가 있기도 하다.[77]

그렇지만 2)에 나오는 바와 같이 공식적인 신라사신 신통神通의 행렬과 함께 움직인 자장이 장안에 가기도 전에 오대산으로 향했다는 것은 거의 가능성이 있어보이지 않는다. 그렇다면 왜 이러한 현상이

---

74)『삼국사기』권4, 선덕여왕 5년조.

75)『삼국유사』권3, 황룡사 9층탑조.

76)『삼국유사』권3, 황룡사 9층탑조에서 "寺中記云 於終南山圓香禪師處 受建塔因由"라고 주기하고 있는데, 이 寺中記의 기록은 「황룡사찰주본기」의 내용에 따른 것이다.

77) 김두진, 위의 논문, 9쪽.

일어난 것일까. 일연은 자장이 이 일을 숨겨 놓고 이야기 하지 않아 뒤늦게 알려진 것이라고 부연해서 설명하고 있지만,[78] 「황룡사찰주본기」에도 나오지 않던 내용을 갑자기 고려 후기에 알 수 있었는지 의문이 간다.

결국 문제는 자장이 중국의 오대산에 가서 문수보살과 만났다고 하는 사실을 어떻게 볼 것인가에 관건이 있다고 생각된다.

> 6) 신라 제27대 선덕왕 즉위 5년 정관 10년 병신에 자장법사가 서학하여 이미 오대에서 문수에 감응하여 법을 받았다. 상세한 것은 본전에 보인다. 문수가 또 이르기를 "너의 나라 왕은 천축의 찰리종왕으로 이미 불기를 받았으므로 별도의 인연이 있으니 동이 오랑캐족과 같지 않다"고 하였다.[79]

> 7) 뒤에 대덕 자장이 중국으로 유학하여 오대산에 이르렀더니 문수보살이 현신해서 감응하여 비결을 주면서 그에게 부탁하였다. "너희 나라의 황룡사는 바로 석가와 가섭불이 강연하던 곳으로 연좌석이 아직도 있다. 그런 때문에 인도의 연우왕이 황철 몇 근을 모아서 바다에 띄었으니, 1천3백여 년이 지난 뒤에야 너희 나라에 이르러서…[80]

> 8) 처음에 법사가 중국 오대산 문수보살의 진신을 보고자 하여 신라 선덕왕 때인 정관 10년 병신(636)에 당나라에 갔다. 처음에 중국 태화지가에 돌부처 문수보살이 있는 곳에 이르러 공손히 7일 동안 기도하였더니 꿈에 갑자기 부처가 4구의 게를 주는 것이었다. 꿈에서 깨어서도 그 4구의 글을 기억할 수 있었으나 모두 범어여서 그 뜻을 전혀 풀 수가 없었다. 이튿날 아침에 갑자기 승 한 사람이 붉은 비단에 금색의 점이 있는 가사 한 벌과 부처의 바리대 하나와 부처의 머리뼈 한 조각을 가지고 법사의 곁으로 와서는 어찌하여 무료하게 있는가를 물었다. 이에 법사는 말하였다. "꿈에 4구의 게를 받았으나 범어여서 풀지 못하는

---

78) 『삼국유사』 권4, 자장정률조에는 "藏公初匿之 故唐僧傳不載"로 주기하고 있다.
79) 『삼국유사』 권3, 황룡사 9층탑조.
80) 『삼국유사』 권3, 황룡사 9층탑조.

때문입니다"고 하니, 승이 번역하여 말하였다. "『아라파좌낭阿囉婆佐曩』이라는 것은 일체의 법을 요지了知하였다는 말이요, 『달예치구야達嚟哆佉野』라는 것은 자성이 가진바 없다는 말이요, 『낭가사가낭曩伽呬伽曩』이라 함은 법성을 이렇게 해석한다 하는 말이요, 『달예노사나達嚟盧舍那』라 함은 노사나를 곧 본다는 말이다"라 하고, 이어 그가 가졌던 가사 등 물건을 법사에게 주면서 부탁하기를 "이것은 본시 본사 석가의 도구이니 네가 잘 호지하라" 하였다. 또 가로되 "그대의 본국 동북방 명주 경계에 오대산이 있는데 1만 문수가 항상 그 곳에 거주하니 그대는 가서 보라"고 말을 마치자 보이지 않았다.[81]

　9) 인평仁平 3년 병신세(즉 정관 10년)에 조칙을 받아 문인 승 실 등 10여 인과 더불어 서쪽 당에 가서 청량산淸凉山에 갔었다. 산에는 문수 대성의 소상이 있어, 그 나라 사람들이 서로 전하기를 제석천이 공장을 데리고 와서 조각한 것이라고 하였다. 자장이 불상 앞에 가서 기도 명상하고 있을 때, 꿈에 불상이 머리를 만지며 범게梵偈를 주었는데 깨어 보니 알 수가 없었다. 이튿날 아침에 이상한 중이 와서 해석하여 주고 (이미 황룡사탑 편에 나왔다), 또 이르기를 "비록 만 가지 가르침을 배운다 해도 아직 이보다 나은 글이 없다"하고 또 가사와 사리 등을 주고 사라졌다(자장공이 처음에 이것을 숨기고 말하지 않았으므로 당승唐僧傳에는 실리지 않았다). 자장이 이미 성인의 기별을 받은 것으로 알고, 이어 북대로 내려와 태화지에 다달아 당경唐京에 들어갔다.[82]

　10) 「산중고전山中古傳」에 의하면, 이 산을 진성(문수)이 거주한 곳이라고 한 것은 자장법사로부터 시작되었다고 한다.[83]

　이 사료들은 오대산신앙과 관련한 기록들로 많이 인용되고 있는 자료들이다. 이를 근거로 하여 자장의 문수신앙에 관한 여러 견해들이 도출되어 있다.

　먼저 문수신앙의 측면에서 본 견해로, 자장을 우리나라에 문수신앙을 최초로 도입한 인물로 보고, 문수의 예지가 가진 함축성을 비극적

---

81) 『삼국유사』 권3 대산오만진신조.
82) 『삼국유사』 권4 자장정률조.
83) 『삼국유사』 권3 대산오만진신조.

최후로써 웅변하는 대변자로 보고 있다. 따라서 7세기 초반의 신라적 산악숭배에는 이미 문수주처라는 아이디어가 도입될 기반이 마련되어 있어 오대산신앙을 통하여 신비화, 구체화되어 갔다는 것이다.[84] 또 자장의 문수신앙을 계율과 연계하여 살펴 본 논고도 있다.[85] 그리고 이곳에 나오는 화엄게로서 자장을 해동화엄초조로 본 견해까지 나온 바 있다.[86]

이러한 사실들은 모두 자장이 오대산에 가서 문수대성을 만난 것으로부터 시작해서 여러 관련사들이 언급되고 있다는 사실이다. 그런데 위의 사건들을 자장이 638년에 입당한 것으로 본다면, 전체 내용이 후대에 윤색된 것으로 정리되는 것이다. 따라서 638년의 입당은 매우 중요한 역사적 사실로서 이해해야 하는 사건이라고 할 수 있다.

이에 대해 자장의 실제 유학기간에 앞서 청량산에 머물렀던 기간을 설정하기 위해 636년 입당설이 나오게 되었다고 본 견해[87]와『삼국사기』와『삼국유사』에서 인평 5년을 선덕왕 5년으로 착각한 것이 아닌가 하는 의견도 있다.[88]

필자는 자장의 오대산 관련 사실에 대해서는 이미 여러 번 견해를 밝힌 바 있듯이[89] 이사료에 나오는 화엄게는 80화엄에 나오는 귀절로서 신라 하대에 화엄 승들에 의해서 윤색되어진 내용으로 생각되므로, 자장은 638년에 입당하였다고 생각된다.

이에 더하여 당시의 정황으로 그 이유를 설명해 보면, 그 첫 번째는

---

84) 정병조, 위의 논문, 149쪽.
85) 김두진, 위의 논문, 18~22쪽.
86) 이행구, 1995, 「한국 화엄의 초조고」『불교문화연구』4, 영축불교문화연구원, 27쪽.
87) 신종원, 위의 책, 258쪽.
88) 남동신, 위의 논문, 10쪽.
89) 김복순, 1988, 「신라 하대 화엄의 일예 - 오대산사적을 중심으로 - 」『사총』33 ; 1996, 「신라 오대산사적의 형성」『강원불교사연구』, 한림대 과학원, 194~199쪽.

자장이 중국에서 만난 이는 신인 내지 문수대성이 아니라 종남산의
원향선사였다는 사실이다. 자장이 입당한 638년은 당이 건국한 지 30
년 밖에 안 된 시점으로, 당시까지도 수나라 대에 실시하였던 불교정
책이 그대로 유효한 시기였다. 그는 수대의 영향력있는 승려였을 가
능성이 있다고 생각되는데, 그것은 「황룡사찰주본기」 이후의 기록에
서는 원향선사의 이름이 나오지 않고 다만 신인神人이라고만 표기되고
있다는 사실이다. 당의 치세 하에서 수의 승려를 내세우기가 쉽지 않
았을 것이다.

그런데 이러한 사실에서 한 걸음 더 나아가 자장이 만난 신인이
"황룡사 9층탑을 세우고 팔관회를 열어 죄인을 용서하면 외적이 침입
하지 못할 것"이라고 한 말을 자장 스스로가 자신에게 한 말을 신인
의 입을 빌려 한 것으로 보기도 한다. 하지만, 이미 안함의『동도성립
기』가 있었던 것으로 볼 때, 자장의 의견이라기보다는 수나라와 관련
이 있는 원향선사를 신인으로 보는 것이 타당하리라 생각된다. 그것
은 황룡사에 9층 목탑을 세우고자 했던 것은 이미 안함에 의해 계획
이 있었던 것으로, 수나라 문제의 불교치국책을 본뜬 것이라는 사실
이 지적된 바 있다.[90]

두 번째 이유는 자장이 귀국하면서 가져온 불교경전이 구역경전이
었다는 점이다. 자장은 신라에 없던 불전을 채우고자 643년에 귀국하
면서 대장경을 가져 온 것이었지만, 현장玄奘이 인도에서 돌아오기 2
년 전이었다. 이는 그가 가져온 불경들이 구역에 의한 경전들로서 수
대 불교의 연장에 있었음을 알려주고 있다. 특히 자장 이전 원광 대부
터 들어왔을 것으로 추정되는『섭대승론』과『인왕경』, 8권본『금광명
경』은 신라에서 강설되거나 법회에서 강경한 불전들인데, 이들은 수

---

90) 신종원, 1992, 「안홍과 신라불국토설」『신라초기불교사연구』, 244~245쪽
; 남동신, 2001, 「신라 중고기 불교치국책과 황룡사」『신라문화제학술논
문집』22, 26쪽.

나라와 관련이 깊은 경전들이다. 그리고 김부식에 의해서 기록된 자장의 입당연대는, 안함의 예로 볼 때 두찬杜撰일 가능성이 크기 때문이다.[91]

(3) 자장의 沒年 문제

자장의 만년에 대해서는 여러 이견이 있으나, 기존에 정리된 내용에 의거해 볼 때 80세 장수설과 영휘 년간의 입적설의 두 가지로 좁혀서 살펴볼 수 있다.

먼저 자장의 나이와 관련된 내용으로는『속고승전』에 나오는 80세 장수설이 있다. 그리고 그에게 출사령이 떨어진 나이가 25세라고 한 기록을 80세 장수설과 함께 합쳐서 산출해 본다면 608(~614)년부터 688(~694)년까지 산 것이 된다.

이와는 달리 도세의『법원주림』에는 분명하게 영휘 년간(650~655)에 졸卒했다고 그의 몰년에 대해서 나와 있어, 이를 취신할 경우 그의 생애는 매우 짧아서 40여 세 정도를 산 것이 된다.

이 두 견해는 사실상 다 취하기가 어려운 상황이라고 할 수 있다. 전자는 만년의 행적이 분명하지가 않아 취하기가 어렵고, 후자의 경우 영휘 년간에 졸했다고 하는 것도 그의 아버지 무림공이 영휘 연호를 처음 신라에 사용한 진덕왕 대(647~653)에 활동하고 있어, 그의 졸년을 영휘 년간(650~655)으로 잡는다면 너무 갑작스러운 일이 되기 때문이다.

따라서 자장의 몰년에 대해서는 도세의『법원주림』의 언급이 있기는 하지만, 654년을 전후하여 입적했다고 보기에는 무리가 있어 보인다.

이와 관련하여 진덕왕 3년(649)의 중국 복식의 착용과 4년(650)에 중

---

91) 김복순, 2006, 「수당의 교체정국과 신라 불교계의 추이」『한국고대사연구』 43, 190쪽.

국의 정삭과 연호의 사용을 놓고 이를 주도한 인물을 『삼국사기』 등
에서는 김춘추가, 『삼국유사』 등에서는 자장으로 각기 나뉘어 기술된
사실에 주목할 필요가 있다.

이에 대해 김춘추의 유교치국책이 자장의 불교치국책을 누르고 중
대 왕실을 개창한 것으로 이해하면서, 이로 인해 자장이 오대산으로
물러났다가 곧 바로 입적한 것으로 본 유력한 견해가 있다.[92] 즉 자장
이 만년에 왕경에 머무르지 못하고 오대산과 태백산에서 문수보살을
친견하고자 헤매다가 쓸쓸한 최후를 마친 것으로 전하고 있는 기사를
김춘추와의 정쟁에서 밀린 상황을 묘사한 것으로 보고 있다. 그 이유
는 그가 행한 불교 치국책이 김춘추의 유교정책과 다른 측면임을 들
고 있다.

그러나 태종 무열왕 대에 불교식 왕명이 유교식 시호로 바뀌었다고
해서 신라에 유교정책이 실시됐다고 보기에는 시기적으로 빠르다고
생각된다. 신문왕도 "五戒應世 十善御民 治定功成"하였다 하여 불교를
널리 편 임금으로 나오고 있으며,[93] 특히 정책의 경우 왕과 신하가 함
께 입안하고 정책을 시행해야 하기 때문이다. 신라의 유학자인 설총
과 녹진, 최치원으로 이어지는 인재등용의 주장이 고려의 최승로에
이르러 정책으로 채택된 사실을 감안한다면, 갑자기 국가정책으로 유
교치국책이 시행되었다고 보기는 어렵다고 생각된다.

김춘추는 김유신과 함께 신흥귀족으로서 선덕여왕과 행보를 같이
한 인물이었다. 김춘추가 당에 가서 청병외교를 하려고 하였을 때, 자
장이 이를 주선하고 도와주었을 가능성이 매우 크다고 생각된다. 때
문에 자장이 시행하려고 하였던 당의 공복제나 영휘 연호의 사용의
주장을 김춘추가 그대로 이어받아 신라에서 실시하였던 것이, 김춘추
가 왕위에 오르면서 김춘추 위주의 사실로 서술된 것이 아닌가 한다.

---

92) 남동신, 1992, 위의 논문, 42쪽.
93) 황수영 편, 1985, 「신라황복사석탑금동사리함명」『한국금석유문』, 140쪽.

3) 선덕여왕과 대국통, 율사로서의 자장의 위상

자장을 역사적 인물로서 신라불교사 속에서 평가하자면, 율사로서의 위상이 가장 크게 부각될 수 있을 것이나, 기존의 평가는 매우 다양한 면을 보이고 있다.

① 5교9산 가운데 계율종조의 종조로서 평가되었을 때는 그의 율사로서의 위치가 계율종의 초조로서 크게 부각되었고, 신라에 최초로 계단을 설치한 인물로 부각되기도 하였다. 특히 ② 재래 무속 신앙의 신념체계에서 불교적 신념체계로 변화하는데 가장 큰 역할을 한 것으로 평가되기도 하였다. 이후 ③ 그는 화엄사상에 기반을 둔 문수신앙을 선양한 인물로, 또는 ④ 화엄가로서 신라 화엄초조로 보아야 한다는 견해까지 나온 바 있다. 그리고 ⑤『불설문수사리반열반경』을 자장의 문수신앙과 연결하여 보고, 그의 활동을 불교치국책이라고 평가한 견해도 있다. 근래 ⑥ 자장은 소승계율과 보살계 등 대승율전을 모두 섭렵하고 이를 홍보하였는데, 그 근본이 되는 이념은『섭대승론』등 대승경전과 유가보살계사상이었을 것으로 보는 견해도 있다.[94]

이러한 내용들은 그의 자료에 나오는 내용들을 가지고 언급한 것이므로, 전체적으로 자장에게 나타난 일면을 포괄하는 것이라고 할 수 있다. 그러나 그를 역사적 인물로서 신라불교사와 관련지어 평가하자면 율사로서의 위상이 가장 큰 비중을 차지하고 있으므로, 여기서는 자장의 율사로서의 위상을 사상적 배경과 대국통으로서의 활약상이라는 두 측면에서 고찰해 보고자 한다.

---

94) ①은 김영수, 채인환, ②는 신종원, ③은 김두진, ④는 이행구, ⑤는 남동신, ⑥은 이만에 의해 각기 견해가 도출되었다. 주64)의 논문 참조.

(1) 계행의 사상적 배경

자장은 살생을 좋아하였던 것을 뉘우치고 출가하게 되었다는 출가 동기에서부터 불살생 계율과 관련을 보이고 있다. 또한 죽이려고까지 하면서 그의 출가를 만류하는 선덕여왕에게 계를 지키면서 하루를 살지언정 파계를 하면서 백년을 살고 싶지 않다고 선언하고 있어, 스스로 계를 지키면서 율사로서의 위상을 자신이 만들어 가고 있다.

자장은 중국에 유학해 있으면서도 계를 받고 계를 준 기록이 있으며, 법상(567~645)으로부터 보살계를 받고 있고, 종남산의 도선과도 어느 정도 교류가 있었다고 보고 있다.

뿐만 아니라 당 태종의 호의로 광덕방의 승광별원에 머물면서 도둑에게 계를 주어 개과시키기도 하고 장님을 눈뜨게 하는 등의 이적을 보여 명성을 얻었으므로 그에게 수계를 받는 이가 하루에도 수천인이었다고 한다. 더욱이 그가 종남산 운제사의 동악에 거주하자 인신이 그로부터 계를 받고 있다.

그리고 귀국 이후 황룡사에서 여러 대중들에게 『보살계본』을 7일 밤낮으로 강연하였더니, 하늘에서 단비가 내리고 구름과 안개가 자욱히 껴 강당을 덮었다고 한다.

이러한 내용을 그의 『사분률갈마사기』와 『십송률목차기』 등의 저술과 관련시켜 이해해 본다면, 그는 『사분률』 계통의 소승율을 스스로 수행하면서 철저히 체득하였고, 법상을 만나 대승보살계를 받았으며, 이를 바탕으로 신라에 돌아와 『보살계본』을 강연하였으며, 『사분률』을 중심으로 교단을 정비하였던 것이다. 또한 『화엄경』만게를 강연하기도 하였다.

이러한 활동을 폈던 자장의 율사로서의 사상적 배경으로 『사분률』을 채용해서 썼을 것이라는 점은 연구자들이 대개 합의하고 있는 상황이나, 그가 펼쳤던 대승보살계에 대해서는 범망계 내지 유가계로 보기도 하여 의견이 갈리고 있다. 먼저 범망계로 보는 입장은 그와 함께 율부를 펴는데 도와주었던 원승이『범망경』관련 저술이 있고, 그 자신이 화엄과 관련한 문수보살 신봉자로서의 사적이 있는 것을 그 이유로 들고 있다.[95] 다음으로 유가계였을 것으로 보는 입장은『섭대 승론』에 주목하고 있다. 여기서는 그의 보살계를 유가계였을 것으로 보고 이와 관련된『섭대승론』[96]에 대해 살펴 보도록 하겠다.

신라에서『섭대승론』은 원광에 의해 최초로 강설되었다. 섭론 내지 양론梁論[97]으로 불리우는『섭대승론』은 원광이 수나라의 장안에서 11 년 동안 연구 강설한 주요 교재였다. 원광은 후학을 양성하면서『섭대 승론』을 강설하였을 것으로 추정되는데, 그것은 이 섭론이 대승불교 사상을 모두 포함하고 있는 개론서적인 성격의 논서論書로, 이 논에 의 거해서 후학들이 불교교학의 체계를 세울 수 있었기 때문이다. 이 강 론을 들은 많은 신라 승들은 다양하고 깊이있는 불교 교학을 배우기 위해 중국과 인도로 구법을 위해 유학을 떠날 정도였다.

우선 천축국 인도로 구법 유학을 한 신라인들은『섭대승론』의 범본 梵本 불경이 제일 큰 관심사였다. 이는 신라 승 혜업이 정관 년간(627～ 649)에 나란다사에서『양론』, 즉『섭대승론』을 필사하여 고국으로 가 져오려다가 뜻을 이루지 못하고 인도에서 입적한 사실을 통해 알 수 있다. 당나라의 의정이 나란다사에 머물면서 불서를 조사하다가 "불 치목佛齒木 아래에서 신라승 혜업이 필사한다"라고 적혀있는『양론(섭 대승론)』이 소장되어 있는 것을 보고, 그의『대당서역구법고승전』권 상「신라혜업법사전」에 이 사실을 밝혀 놓으므로써 알려진 것이다.

---

95) 채인환, 1994,「신라불교계율사상연구」3『불교학보』31, 51쪽.
96)『섭대승론』은 진제에 의해 번역되면서 逐字的인 해석이 아닌 대승의 10 가지 수승한 의미를 논증하여 대승이 부처님의 진의를 드러낸 것으로, 1. 阿賴耶識, 2. 三種自性 3. 唯識教, 4. 六婆羅蜜, 5. 菩薩十地, 6. 戒, 7. 定, 8. 無分別智, 9. 無住處涅槃, 10. 三種佛身의 내용이다.
97) 중국 양 무제의 초청에 의해 546년 남경에 온 진제가 번역을 했기 때문에 붙여진 명칭.

다음으로 중국에 유학한 자장과 원측 등이 당의 법상에게서『섭대
승론』을 사사하였다는 점이다. 자장은 원광으로부터의 강설을 접한
후 다시 당의 법상에게 사사받은 것이다. 때문에 원광과 자장의 교학
체계는 바로『섭대승론』에 있다고 생각된다. 또한 자장이 저술한『관
행법』은 위파사나로 번역되는 관觀을 행하는 방법에 대한 내용으로
생각되는데,『섭대승론』과 관련되는 내용이 아닐까 한다. 유식학파의
수행법으로 지와 관이 보이며, 5도道, 6바라밀, 10지地 등의 계위에 따
라 수행하는 내용이 있다. 이 가운데 관觀은 제법諸法의 실상實相을 있
는 그대로 관조하는 것으로, 오상五相과 오과五果의 양상을 언급하고
있다.98)『섭대승론』의 이러한 수행은『유가사지론』,『해심밀경』등으
로 이어져 유가행으로써 지관이 계속 추구되고 있다.99)

그런데 신라에서의『섭대승론』강경은 분황사승들에 의해 계속되
어진 면모가 보이고 있다. 자장과 원효가 분황사승으로 주석하였던
것은 널리 알려진 일이다. 이미 언급한 바와 같이 자장은『섭대승론』
을 강경한 바 있고, 원효는 섭론을 소疏, 초鈔, 약기略記 등100) 3종의 주
석서를 내고 있다. 또한 현륭은 분황사승으로『섭대승론』에 관해서
혜휴慧休의 설을 인용하여 연구하였는데, 말년에는 일본에 있었다고
한다. 이는 현륭이 670년을 전후한 시기에 일본에 보낸 신라 사절의
일원으로『섭대승론』등 신라 구유식의 내용을 일본에 전해 준 것을
알려주고 있다. 신라에는 자장-원효-현륭으로 이어지는 분황사승의
『섭대승론』강의가 왕경에서 계속되어졌고, 일본에까지 전해진 것이
다.101)

---

98) 이지수, 2001,「유식학파의 수행법-무착의『섭대승론』을 중심으로」『가
    산학보』9, 71쪽.
99) 김치온, 2003,「유가행파의 지관과 관련심소법에 대하여」『불교학보』40,
    233~241쪽.
100)『섭대승론소』4권,『양섭론소초』4권,『섭대승론세친석론약기』4권.
101) 이만, 2001,「신라불교에 있어서『섭대승론』의 영향」『한국불교학』30집,

이상의 내용으로 볼 때, 자장의 『보살계본』은 범망계의 요소도 있었겠지만, 『섭대승론』으로 대표되는 구유식의 유가계였을 것이다.

그런데 『섭대승론』과 아미타신앙과의 관계에 대해 이를 부정적으로 보는 시각이 있다. 즉 자장이 『아미타경소』와 『아미타경의기』를 저술한 것을 정토신앙에 제동을 걸기 위한 목적에서 이루어진 것이 아닌가 하는 견해가 있다.[102] 그러나 의상도 귀국 후 부석사에 좌우보처도 없는 아미타불만을 모셨으므로 지금까지 부석사 무량수전에는 아미타불만이 모셔져 있을 뿐인 것을 감안해 본다면 이를 부정적으로 볼 필요는 없다고 생각된다.[103]

(2) 대국통으로서 활약

자장이 율사로서의 면모를 유감없이 발휘한 것은 첫 번째로 대국통으로서 신라 승니僧尼들의 지계持戒를 엄격히 체계화하였다는 점이다.

> 11) 그가 돌아오자 온 나라가 환영하였다. 왕이 명하여 분황사에 살게 하고 급여와 호위를 극진히 하였다 … 자장을 대국통으로 삼아 승니의 모든 규범을 승통에게 위임하여 주관하게 하였다.[104]

298~315.

102) 이기백, 1986, 「신라 정토신앙의 기원」『신라사상사연구』, 127쪽.

103) 『섭대승론』은 신라의 화엄종과 밀교에도 그 영향을 끼친 것이 나타나고 있다. 먼저 화엄종에 끼친 영향을 보면, 의상이 처음 중국에 유학하고자 하였던 의도가 신유식을 배우고자 한 것이었으므로, 신라에 있으면서 구유식인 『섭대승론』을 익혔을 것이다. 더구나 중국에 유학한 이후에도 의상은 그 영향을 받았을 것으로 보인다. 즉, 그의 스승인 중국 화엄종의 2조 지엄이 섭론종사인 보광사의 법상에게 『섭대승론』을 배웠을 뿐 아니라, 無性의 석론도 주석하여 『무성석론소』4권을 저술하였기 때문이다. 따라서 신라의 화엄종은 일정부분 구유식의 영향이 있었다고 하겠다. 이만, 2001, 위의 논문, 305~306쪽.

104) 『삼국유사』 권4 자장정률조.

12) 왕은 자장이 대국에서 경앙받고 정교正敎를 널리 유지하였으므로, 그와 같은 강리가 아니고서는 숙청할 수 없다고 하여 자장을 대국통으로 명하고 왕분사에 거주하도록 하였다.105)

13) 조정에서 의논하기를 "불교가 동쪽으로 퍼져서 들어온 지 백천년이 되었지만, 주지에 관한 제도와 질서가 없으니 법규로서 다스리지 않으면 규율을 확립할 수 없다"고 하여 자장을 대국통으로 명하고 무릇 승려들의 일체 규정을 승통에게 맡겨 이것을 주관하게 할 것을 아뢰었다. 자장이 이런 좋은 기회를 만나 용기를 내어 불법을 널리 전하였다. 영令을 내려 승니僧尼 5부에 각각의 구학舊學을 더하게 하고 보름마다 계를 설하고 겨울·봄에 시험하여 지계持戒와 범계犯戒를 알게 하고 관원을 두어 관리하고 유지하게 하였다. 또 순행하는 사자를 보내어 지방의 사찰을 돌아다니면서 점검하여 승려의 과오를 경계하고 독려하며, 불경과 불상을 엄숙히 장식할 것을 떳떳한 규례로 삼으니 한 시대의 불법수호가 이 때에 와서 융성하였다. 공자가 위衛에서 노魯에 돌아와 악樂에 아송雅頌을 바르게 하여 그 마땅함을 얻게 한 것과 같았다. 이 때를 당하여 국내 사람으로 계를 받고 불법을 믿는 이가 열 집 중에 여덟 아홉 집이 되었다. 머리 깎고 승이 되기를 원하는 이가 해마다 달마다 늘어났다. 이에 통도사를 창건하고 계단을 쌓고 사방에서 오는 자를 받았다.106)

자장이 귀국 이후 분황사와 황룡사에 머물면서 대국통으로써 비구와 비구니의 숙정과 계율의 확립을 위해 힘쓴 상황이 잘 그려져 있는 사료들이다.

그런데 그는 삼국의 항쟁 속에 있으면서 왜 신라 승니들의 계율을 확고히 하려 한 것인가 하는 점이다. 이에 대해서는 불교를 통한 국가적 통제를 강화하려는 뜻을 나타내는 것으로 황룡사가 그 중심이었다고 보기도 하고,107) 승려의 역할과 영향력이 중시되는 분위기에 비례

---

105) 『속고승전』 「자장전」.
106) 『삼국유사』 권4 자장정률조.
107) 이기백, 1978, 「황룡사와 그 창건」 『신라의 국가불교와 유교』(1986, 『신라사상사연구』, 62쪽).

하여 지배층이 이들에 대한 국가적 통제의 필요성을 인식하고, 승정 기능을 강화하려는 분위기와도 상통하는 것으로 보기도 하고,108) 신라 불교교단의 이상적인 존재모습을 석가모니 당시의 청정한 교단에서 찾고자 한 것으로 본 견해109)가 있다. 이러한 점들은 모두 그 이유가 될 수 있다고 생각된다. 이와 함께 자장이 행한 여러 활동이 당시 신라의 정황과 관련하여 볼 때 어떠한 의미가 있는 것인지를 찾아보고자 한다.

율은 도덕적인 측면을 가진 것이므로, 자장은 지율持律을 통해 당시 신라 승려들의 도덕성을 제고하고자 하는 측면이 있었다는 점이다. 그는 교단통제를 위해서 구체적인 규제가 필요했으므로, 출가자 위주의 계율이라 할 수 있는『사분율』을 적극적으로 활용하였다. 이는 출가자 개개인의 죄악을 미연에 방지한다는 금제적 측면과 교단을 규율한다는 타율적 측면이 두드러진다.

그런데 삼국시대에는 승니들이 세작細作으로 많이 활동하였다.110) 특히 장수왕이 보낸 승僧 도림道琳에 의해 백제는 수많은 토목공사를 일으켜 국력이 고갈됨으로써111) 고구려의 공격을 극복하지 못하고 웅진으로 천도까지 하였다. 고구려와 백제에 비해 신라의 불교공인이 늦은 이유도 이러한 승려들의 세작으로서의 활동이 부정적 영향을 주었을 것이다. 실제 고구려에서 신라로 온 전도승인 정방, 멸구비 등이 신라에서 죽임을 당한 것도112) 이들이 세작인 것으로 오해받은 측면이 있었을 것이다.

---

108) 채상식, 1995,「자장의 교단정비와 승관제」『불교문화연구』4, 영축불교문화연구원, 78쪽.

109) 남동신, 1995, 위의 논문, 100쪽.

110) 김복순, 1992,「삼국의 첩보전과 승려」『가산이지관스님화갑기념논총 한국불교문화사상사』, 144~163쪽.

111)『삼국사기』권25, 백제본기 제3 개로왕 21년조.

112)『해동고승전』권1 석아도전.

더구나 신라가 백제와 고구려에게 계속 몰리고 있던 위기의 상황에서,[113) 자장은 승니들, 특히 지방에 거주하는 이들을 순사巡使를 통해 지속적으로 단속하여 국가기밀의 유지와 보안에 힘을 기울인 것이다. 또한 승니들은 주변인들에게 영향을 끼칠 수 있는 위치에 있었으므로, 이들에게 불교적 윤리를 확립시킴으로써 국민적 단합을 이끌어 내어 신라불교가 호국불교로 가는 바탕을 마련하였다.

자장이 율사로서의 진면목을 보인 두 번째 점은 통도사에 계단을 쌓음으로써 신라 승들이 여법하게 수계를 받을 수 있는 관단을 설치한 것이다. 신라 중고기 불교교단의 체제를 정비하고 확립하는데 이보다 더 중요한 일은 없으며, 이는 곧 형식을 중시하고 출가자 위주의 입장에 서 있었던 관계로, 『사분률』과 같은 소승계가 유용하였다고 보고 있다.[114)

또한 자장은 이를 위해 강관綱管을 갱치更置하였는데,[115) 이는 대국통, 대도유나, 대서성 등의 증치기사로 나타났다고 보고 있기도 하다. 이와 관련하여 당의 10대덕제와 일본의 10사제와는 다른, 신라 계단을 유지하는 형태의 10인의 강관이 두어졌을 것으로 추정되고 있다.[116) 그런데 신라 하대의 기사이기는 하지만, 신라에서도 구족계를 받을 때 10사師의 존재가 보인다는 점이다.[117) 10사란 구족계를 줄 때 계단에 오르는 승려들로, 전계화상, 갈마아사리, 교수아사리의 3사와 그 좌우에 앉아 수계를 증명하는 7증사證師를 말한다. 혹 자장에 의해

---

113) 『삼국사기』 권5, 신라본기 제5 선덕왕 11년 조에 의하면, 자장이 귀국하기 전 해인 642년에 신라는 당항성의 위기와 대야성의 함락으로 전선이 경산으로까지 후퇴해 있던 상황이었다.

114) 최원식, 1999, 『신라보살계사상사연구』, 민족사, 54쪽.

115) 『삼국사기』 권40 잡지9 직관 하.

116) 신선혜, 위의 논문, 108~112쪽.

117) 이지관 편, 1994, 「곡성 대안사 적인선사 조륜청정탑비문」 『역대고승비문-신라편』, 75쪽. "泊二十二 受大戒也 … 十師謂曰 此沙彌感應 奇之于 奇也"

증치되었다는 대국통, 대도유나, 대서성 등이 3사로서 7증사와 함께 10사를 이루어 관단에서 구족계를 준 것이 아닐까 추정되는데, 승려가 되려는 이가 날로 늘어나서 통도사계단을 쌓아 계를 받으러 오는 이들에게 수계하기 위해서는 매우 시급한 일이었을 것이다. 자장의 통도사 계단 축조에 대해서 여러 의문들이 도출되어 있으나, 자장이 당에 있으면서 도선을 비롯한 서역승들과 교류가 있었다는 것은 계단 축조에 대한 지식을 얻을 수 있는 기회가 있었을 것으로 보고 있다.[118] 따라서 그는 신라에 최초로 관단을 설치하여, 사미, 사미니 등 출가승에게 구족계를 주어 여법如法한 승니僧尼를 배출시킬 수 있는 초석을 놓은 것이다.

이상과 같은 내용으로 볼 때 그의 율사로서의 위상은 신라사회를 불교사회로 만드는데 가장 중요한 승가의 역할을 확고히 한 점에 그 의의가 있다고 하겠다. 즉 원광이 신라를 지키는 최전선에 있던 화랑들에게 세속오계를 주었다면, 자장은 그 범위를 넓혀 주변인들에게 정신적으로 영향을 끼칠 수 있는 승려들의 계율생활을 확립시킴으로써 주로 지배층과 지식층을 중심으로 불교를 확산시킬 수 있었던 것이다. 이러한 양상은 원효의 포교에 이어 진표에 의한 일반민과 천민에 이르기까지 계를 받아 지닐 수 있는 바탕을 확실하게 정립해 놓은 것이다.

4) 맺음말

자장의 생애를 그의 입당 연대와 입적한 해에 관한 두 가지 난제에 초점을 맞추어 이제까지의 논의들을 정리해 보았다. 자장을 신라 중고기의 선덕여왕과 진덕여왕 대에 활약하였던 역사적 인물로 규명하

---

118) 채인환, 위의 논문, 59쪽.

여, 그의 당나라에서의 오대산행은 후대에 윤색된 것으로 이해하였다. 따라서 그의 문수신앙에 대한 연구는 『화엄경』에 기반을 둔 것이든 또는 『문수사리반열반경』에 기반을 둔 것이든 새롭게 조명하여야 할 것이다. 그의 입적 년도에 대한 이해는 정치적인 문제보다는 신역 불교의 유입에 따른 사상기반의 혼란 문제로 인해, 만년에 태백산과 오대산 등지를 유오하였을 것으로 생각해 보았고, 정확한 입적 년도에 대한 의견은 유보하였다.

그의 율사로서의 위상은 신라 승니僧尼 교단敎團의 정비와 확립에 있었다고 보고, 특히 통도사 계단의 창설은 최초의 관단官壇을 설치하여 여법如法하게 수계受戒를 받을 수 있게 한데 있다고 보았다. 이는 그가 고구려와 백제의 침입에 따른 신라의 위기 상황을 신라의 승니를 단속하는 것으로부터 시작하여 신라인들을 정신적으로 안정시키고, 불교적 신념으로 국민적 단합을 이끌어 내려고 한 때문이었다.

한편 그는 귀국하면서 중국에서 진신 사리를 모셔왔는데, 군사전략적으로 요충지에 사찰과 함께 불사리 탑을 세워 호국 불교의 원형을 만들어 내었고, 재래 안함 등에 의해 주창된 황룡사 9층탑의 건립을 통해 신라의 삼국통일에 대한 예언을 실행한 인물이기도 하다. 또한 중국식 연호의 사용과 공복의 착용을 주장하여 김춘추에 의해 실행이 되지만, 그는 신라사회가 개방을 통해 국제사회의 일원으로서의 면모를 갖출 것을 염원한 국제통의 실천적 승려였다고 하겠다.

제3장
신라 왕경불교와 왕권
-협조와 대립의 관계-

1. 문무왕대의 의상

1) 머리말

신라 승 의상은 진평왕 47년인 625년에 태어나서 성덕왕 원년인 702년까지 격동의 세월 속에서 살았다. 진평왕, 선덕왕, 진덕왕, 무열왕, 문무왕, 신문왕, 효소왕의 7조朝에 걸쳐 살면서, 백제와 고구려의 병합, 두 나라 부흥군의 정리, 당군 축출과 대동강·원산만 이남 지역의 확보와 같은 사건의 연속선상에 있었기 때문이다. 이런 와중에도 의상은 원효와 함께 도반으로 고구려승 보덕에게 나아가 경전도 배우고, 전국을 함께 유행遊行하며 수도修道하였고, 입당 유학도 시도한 바 있다. 그리고 그는 홀로 당 유학을 떠나 10여 년에 걸친 수학 끝에 문무왕대에 화엄종을 전교傳敎해 온 바 있다.

　의상의 생애를 보는 시각에는 상반된 두 가지의 견해가 있어 왔다. 하나는 그가 귀족 출신으로서 문무왕의 왕권과 밀착되어 화엄사상으로 왕권을 뒷받침한 것으로 보는 시각이고, 또 하나는 그의 화엄종 전교에 주안점을 두어 철저한 실천 수행을 한 승이었다고 보는 시각이다. 의상을 어떤 면에 주안을 두고 설명하는 가에 따라 이 같은 차이가 있어 왔다고 할 수 있다.

　본고는 후자의 입장을 좀 더 보강하고, 그동안 방치되어 왔던 사료들을 이용한다는 측면에서 의상의 행적을 더듬어 보고자 의도된 것이다. 그의 활동상을 알려주는 보조 자료로서 각 사찰에서 전하는 사지寺志와 『신증동국여지승람』 등에 나오는 내용을 참고할 수 있다. 의상이 창건한 것으로 전해지는 사찰들을 살펴보면, 그 수에 있어 원효에 비견될 정도로 제법 많이 찾아진다. 흔히들 한국의 고찰古刹치고 원효나 의상이 창건하지 않은 곳이 있는가 하고 대개 후대에 가져다 붙인 사실로 여겨 믿지 않는 경향이 있으나 확실한 내용파악도 하지 않고 부정하는 것도 바람직한 것이라고 할 수는 없다. 때문에 사찰창건 연혁 자체에 설화가 다수 섞여 있다는 자료상의 한계가 있기는 하지만, 이를 적극 활용해 본다면, 그의 활동상과 활동영역을 추구해 나가는 데 일부 도움이 되지 않을까 한다.

　이러한 분석은 두 가지 의미를 가질 수 있다고 생각되어지는데, 하나는 그의 행적을 보다 면밀히 파악하여 바른 행보를 밝힐 수 있다는 점과 또 하나는 의상의 생애를 연구함에 있어 그 범위를 좀 더 넓힐 수 있다는 점에서이다.

(1) 출가에서 유학까지(640년경 ~ 660년)의 행적

　의상의 생애를 일목요연하게 정리해서 알려주고 있는 사료로서 「부석본비」가 있는데, 다음과 같이 『삼국유사』에 실려 있다.

1) 「부석본비」에 의하면, 의상은 무덕武德 8년(625)에 태어나서 소년 시절에 출가하였다. 영휘永徽 원년(650)에 원효와 함께 서西로 당에 유학 가려고 고구려 지역에 이르렀는데 장애가 생겨서 되돌아 왔다. 용삭龍朔 원년(661)에 당에 건너가서 지엄에게 나아가 배우게 되었다. 총장總章 원년(668)에 지엄이 입적하자, 의상은 함형咸亨 2년(671)에 신라로 돌아 왔다. 장안長安 2년(702)에 입적하니, 이 때 그의 나이가 78세였다.1)

의상은 「부석본비」에 나오는 행적과 관련하여 ① 소년 시절 출가해서 원효와 함께 두 번이나 유학하려 했던 시기(640년경~660)와 ② 유학해서 지엄의 문하에서 수학하던 시기(661~671), 그리고 ③ 귀국 이후 입적하기까지의 시기(671~702)로 나누어 볼 수 있다. 이 장에서는 첫 번째로 의상이 출가해서 중국으로 유학을 떠나기 전까지의 시기에 대해서 살펴보도록 하겠다.

이 시기는 의상이 어린 나이인 15세 전후에 출가하여 원효와 함께 당에 유학가려다가 1차로 실패하고 2차로 유학을 준비하면서 국내를 유행하였던 때이다. 그가 1차로 당나라에 가려고 시도하였던 것은 신라 진덕여왕 4년인 영휘 원년 650년이다. 의상의 입당入唐에 관한 기록 가운데 가장 신빙성이 있다고 보는 것이 「부석본비」이므로, 그의 1차 입당은 650년으로 확정할 수 있는데, 원효와 함께 입당하려고 고구려 지역에 이르렀으나, 장애가 생겨서 돌아왔다는 것이다. 이 때 그의 나이가 약관이었다 하므로, 20세라 할 수 있지만, 그의 출생 년도를 625년이라 할 때 실제로는 25세 무렵이었다고 할 수 있다.

이렇게 650년은 의상의 입당 이전의 시기에 있어 매우 중요한 기점이 되고 있다. 따라서 650년 이전의 행적을 살펴봄으로써 그의 입당 배경을 규명하고자 한다. 그의 행적을 통하여 본 입당 배경은 다음의 두 가지로 생각된다.

첫째는 당시 신라의 분위기라고 할 수 있다. 그가 출가를 한 무렵인

---

1) 『삼국유사』 권3 「전후소장사리」조.

640년은 안함이 9월 23일에 62세로 만선도량에서 입적한 해이다. 그는 출가하면서 안함의 행적에 대해 누누이 들었을 것이고, 특히 서역 삼장 3인과 중국승려 2인이 함께 입국하여 불경佛經을 역출해 낸 사실도 알았을 것이다. 또한 650년은 신라 진덕여왕 4년으로, 왕은 6월에 당나라에 김법민 등을 사신으로 보내 백제의 공격을 물리치고 오언태평송五言太平頌을 지어 보낸 사실이 보인다. 이에 당 고종은 김법민을 태부경으로 삼아 돌려보내었고, 신라는 이 해부터 중국의 영휘 연호를 사용하였다. 신라와 당이 매우 긴밀한 관계 하에서 당의 문물이 대폭 수용되고 있음을 알 수 있다. 이미 당에 들어가 있던 신라승 신방, 지인, 원측이 현장의 역경사업에 참여하여 활약하고 있다는 소식은 이들의 입당의욕을 자극하였을 것으로 생각된다.[2] 이러한 신라의 분위기는 그의 입당을 자극케 하는 가장 큰 기반이 되었을 것이다.

둘째로 의상이 원효와 함께 보덕화상에게 가서 『열반경』과 『유마경』을 전수받은 일이라 할 수 있다.[3] 그 시기에 대해 대체로 보덕이 고구려에서 완산주의 고대산으로 암자를 옮긴 650년 이전이라는 것과 의상의 나이로 볼 때 645년을 전후한 시기에 그에게 나아가 수학하였을 것으로 보인다. 당시 고구려는 당과의 문화교류가 매우 활발하였으므로, 보덕은 도교의 수입과 함께 당의 불교계에 대한 소식도 접할 수 있었을 것으로 생각된다. 즉 이미 현장의 귀환에 따른 교종의 성황을 보덕은 알고 있었다고 할 수 있다. 따라서 이들의 입당의 배경에는 당의 불교계 소식을 알고 있던 보덕의 권유가 있었을 것이라고 생각된다.

---

2) 陳景富, 2000, 「三國時期新羅請益僧對中國佛敎譯經事業及唯識學的貢獻」『신라문화』 17·18합집, 201~202쪽 참조.

3) 『대각국사문집』 권19의 "飛房靈迹瞻南地 舊隱遺蹤禮此間 浮石芬皇曾問道 泫然長想未知還", 『대각국사문집』 권17의 涅槃方等教 傳授自吾師 兩聖橫經日(元曉義湘嘗在講下 親稟涅槃維摩等經), 『동국승니록』 대각국사조의 "元曉義湘 受涅槃維摩於師"를 통해 대개 사실로 인정받고 있다.

그러나 입당계획이 수포로 돌아가면서 그 후의 행적에 대해서는 사지 등에 단편적으로 보이고 있다. 이에 대해 다음의 사료는 650년 이후의 행적을 이해하는데 도움을 줄 것으로 생각된다.

> 2) 그리하여 (대사는) 참된 선지식과 오래된 사적을 빼놓지 않고 반드시 찾아가 보리라 하고 떠나려 인사를 드리는데, 대덕화상이 말씀하시기를 "옛 노인들 사이에 전해오는 말에 따르면 향성산鄕城山 안에 절터가 있는데, 옛날 원효보살과 의상대덕이 함께 머무르며 쉬던 곳이라 한다"고 하였다. 대사가 "이미 성적聖跡에 대하여 들었으니 내 어찌 그곳 현기玄基에 나아가서 수도하지 않으랴" 하고 마침내 그 구허舊墟에 초막을 짓고 … 수 년을 지냈다. 당시 부근 사람들이 성사미聖沙彌라고 일컬었다.[4]

> 3) 선사는 곧 속으로 … 발분하여 그윽한 진리를 찾으려고 직산樴山에 이르러 …에 우거하였는데, (그 곳은) 곧 신승神僧 원효가 도를 깨달은 곳이었다. 석달 동안 선정을 닦은 후에 광종대사에게 귀의하여 …[5]

법인국사가 사미 시절 수도하던 곳이 바로 원효와 의상이 함께 머물던 곳으로 그 옛터에 초가를 짓고 수행한 사실을 기록한 것이다. 즉, 이들이 머물다 간 뒤 다른 이들에 의해 이 곳에 절이 세워졌고 시간이 흐르면서 폐해진 장소에 법인국사가 사미로서 초가집을 짓고 수 년 동안 수행을 한 사실을 전하고 있는 것이다. 원효와 의상이 머물던 곳을 현기玄基라고 하여 후대인들이 높이 평가하고 있을 뿐 아니라 그 곳에 절이 들어섰다는 사실이다. 그리고 폐해졌음에도 그 고사故事가 계속 전해지고 있고, 이를 숭앙한 후대 승려가 다시 초가를 짓고 수행에 전력하였다는 사실이다.

---

4) 「보원사 법인국사비문」, 이지관 편, 교감역주 『역대고승비문』 고려편2, 1995, 90~91쪽.

5) 「월광사 원랑선사비문」, 이지관편, 교감역주 『역대고승비문』 신라편, 1994, 221쪽.

다시 말하자면 원효와 의상이 머물었다는 사실 하나만으로 그 곳은 후대에 사찰이 세워졌고, 그 고사가 계속해서 전해지고 있다는 사실이다. 또한 원랑선사가 원효가 도를 깨친 감분에서 수행을 한 사실을 적기하고 있다. 즉, 원효가 도를 깨우쳤다는 장소가 신라 하대에까지 계속 사람들에게 회자되고 있고, 그 곳에 머물면서 여러 달 동안 수행하는 이들이 있다는 사실이다.

의상의 행적과 관련하여 이 사료들은 매우 큰 의미를 지닌다. 그것은 본 글에서 살펴보려는 의상의 행적에 대한 보조적 사료로서의 의미가 있는 것이기 때문이다. 그것은 그가 창건했다고 전하는 사찰을 모두 허구로 돌려서는 안된다고 생각된다. 그가 창건했다는 구전 내지 설화에는 어떤 형태로든 그 장소에 머물렀거나 초막이라도 짓고 수행을 한 것이 전해진 것으로 생각되기 때문이다. 당시 사암寺庵의 창건은 왕실이나 귀족의 재력으로 이루어지거나, 또는 노힐부득과 달달박박과 같이 뛰어난 수행이 세상에 알려져, 이로 인해 왕명으로 그들의 수행처에 사암이 세워지는 형태,[6] 또는 관기와 도성과 같이 숨어서 수행을 하였으나, 그들을 이은 고승들의 수행이 전해져 그들이 머물던 굴 아래에 절을 짓는 것과 같은 형태[7]로서 이해할 수 있을 것이기 때문이다. 따라서 그가 창건했다고 역사적 기록으로 전해지는 사암들은 대개 그가 머물면서 수행한 곳으로 보아 의상의 행적을 추적해 보고자 한다.

원효와 의상과 관련되어 나타나는 사적은 많이 있으나, 이들의 행

---

6) 『삼국유사』 권3 「남백월 이성 노힐부득 달달박박」조에 의하면, 경덕왕이 즉위하여 이 일을 듣고, 정유년(757)에 사자를 보내어 큰 절을 세우고 이름을 백월산 남사라고 하였다. 764년에 절이 완성되자, 미륵존상을 금당에 모시고 「현신성도미륵지전」이라 하고, 또 아미불상을 만들어 강당에 모시고 「현신성도무량수전」이라고 하였다는 기록이 전하고 있다.

7) 『삼국유사』 권5 「포산이성」조에 의하면, 신라 때의 두 성사인 관기와 도성이 포산에 살면서 영이를 나타내자, 당시 두 성사의 이름으로 그 터를 명명하고 후인들이 그 굴 아래에 절을 지었다 한다.

적이 함께 나오는 것은 대개 입당入唐 이전의 내용으로 파악된다. 그것
은 의상의 귀국 이후 이들은 각기 행보를 달리하고 있기 때문이다.『신
증동국여지승람』,『동문선』,『동여비고』,『산중일기』,『호산록』 등에
나오는 다음의 예들은 의상이 원효와 함께 유행하면서 수행을 하였던
기록으로 생각된다.

> 4) 운점사雲岾寺: 성적산聖迹山에 있다. 신라 진평왕이 중수하였으니 승
> 원효의 도량이었다. 남북쪽에 만향점이 있는데 원효와 의상이 이 곳에
> 서 강법하였다. 이상한 향기가 풍기어 붙인 이름이다.
> 팔공암八功菴: 성적산聖迹山에 있다. 의상이 중건하였다(『신증동국여지
> 승람』 권39 남원도호부 장수현조).

> 5) 의상암: 신라 승 의상이 살던 곳이다. 김극기시에 "기묘한 일만겹
> 바위 높은 하늘에 비껴 있어 위로 구름 끝까지 올라가니 길이 비로소
> 궁하구나. 홀연히 의상대사의 여운 있음이 기쁘구나 하늘에 닿은 옛 잣
> 나무 어둠 속 바람에 읊조린다"고 하였다.
> 원효방: 신라 때 승 원효가 거처하던 곳인데, 방장은 지금도 남아 있
> 다.
> 부사의방장: 신라 때 승 진표가 붙여 살던 곳인데 1백 척 높이의 나
> 무 사다리가 있다(『신증동국여지승람』 권34 여산군礪山郡 부안현扶安縣).

운점사는 원효가 창건한 사찰로 진평왕이 중수한 사찰인데, 의상이
원효와 함께 이 곳에 머물면서 설법을 한 흔적을 남기고 있다. 그는
또한 성적산에 팔공암이라는 암자를 창건했다고 하므로 그가 수행을
한 곳이 대개 그 곳이었을 것으로 추정해 본다. 그리고 부사의방으로
유명한 전라북도 부안에 의상암과 원효방이 있었음을 알 수 있다. 의
상암은 김극기의 시로 봐서 그 위치가 매우 높은 곳에 있었음을 알 수
있다.[8]

---

8) 숙종에서 영조대에 완성된 것으로 알려진『동여비고』(경북대출판부 고전
총서3, 1998) 69A3에 부안 변산의 원효방, 의상암, 부사의방장이 표기되어

6) 산 동쪽에 암자가 있어 이를 규암圭菴이라 하고 그 곁에 서석瑞石이 겹겹이 서 있어 우러러 보는 자, 굽어보는 자, 누은 자, 일어난 자가 있고 또 무더기로 있는 자와 혼자 섰는 자가 있어 높이가 수백 척이나 되고 사면이 옥을 깎은 듯 하다. 그 서석이니 규봉이니 한 것은 뜻이 대개 이것을 취한 것이리라. 물이 잔잔하게 돌 눈에서 쏟아져 나와 비록 가물어도 마르지 않는다. 옛날 의상대사가 이를 보고 기이하게 여겨 비로소 정사精舍를 세웠고, 계속하여 보조와 진각이 공부하여 도를 얻어서 그 꽃다운 자취가 아직도 남아 있다.9)

7) 상주 산양현 북쪽에 산이 있으니, 봉우리는 자못 높고 겹겹이 솟아있다. 동쪽으로는 죽령에 이어지고 남쪽으로는 화장산에 닿아 있는 이 곳의 이름은 사불산이라 하며 혹은 공덕산이라고도 한다. 신라고기에 의하면 진평왕 건원 5년 즉 수나라 개황 8년 무신(588)에 갑자기 4면에 4방불이 새겨져 있는 사방 한 길쯤되는 한 덩어리의 바위가 오색 구름에 싸여 있다가 하늘로부터 날아와서 다른 봉우리에 자리잡았다. 왕은 이 소식을 듣고 매우 이상하게 여겨 그 곳에 행차하여 이를 증험하고 공경하여 마지않았다. 이에 그 옆에 절을 짓고 대승사라 하고 법화경을 독송하도록 하였다 … 산의 남쪽에 옛 절이 있는데 미면, 또는 백련사라고도 한다. 대개 의상법사가 머물면서 강론하였을 때에 용녀가 늘 시중을 들었다. 뜰 가운데 좌우에 있던 우물에서 날마다 한 곳에서 쌀이 나오고, 다른 곳에서는 국수가 나왔는데 날마다 한결 같았다. 아무리 많은 대중에게 공양을 해도 오히려 모자르지 않았으므로 이로부터 다시 탁발하거나 경작하지 않았다고 한다. 그래서 이런 이름이 생겨났고, 지금도 둘 다 그대로 있다. 또한 의상대사 설법대도 있고, 종려삿갓과 주석지팡이가 남아있다. … 이어서 백련사의 유래를 물으니 그 곳 사람들의 말이 원효 성인이 이 곳에 거처하면서 법화경을 강론하자 흰 연꽃이 땅 속에서 솟아나 이름을 백련이라 했다고 한다.10)

광주 무등산에는 원효사에서 정상으로 가는 골짜기를 넘은 곳에 의상대라는 바위 봉우리가 있고, 그 아래에는 의상 토굴이 있다. 또한

있다.
9) 『신증동국여지승람』 권40 순천도호부 화순현, 『동여비고』 71 C3에도 광주 무등산 원효사와 규봉사가 나오고 있다.
10) 「游四佛山記」 『湖山錄』 권4.

무등산에 있는 규봉사圭峰寺에 대해서는 도선이 은신대에 앉아서 송광
산 산세를 보아 이 절을 지었다고 하고, 산 동쪽에 있는 규암은 의상
이 세운 정사라고 하는데, 보조와 진각이 이 곳에서 공부하여 도를 얻
었다고 하였으므로, 의상이 수행하던 곳이라고 하겠다.

또한 현재 미면사와 관련된 내용을 진정은 또한 뜰 좌우에 미면정
이 있고 의상이 설법하던 대臺가 있는데, 종려 삿갓과 주석 지팡이가
있었다 하고, 원효가 법화경을 강의하자 흰 연꽃이 땅 속에서 솟아나
서 백련사라 하였다는 것이다. 이는『신증동국여지승람』에서 다시 고
종 29년에 최자가 상주목사로 나와서 찾아보니 옛 궁전에 원효와 의
상의 진용이 있고, 소위 삿갓과 지팡이도 아직 탈이 없었다고 부연해
서 설명되고 있다.11)

영변 약산에는 심적사, 의상사, 원효사가 있다.12) 경북 문경군 청화
산에는 의상암과 원효대가 있었다.13) 또한 거제현 우두산에는 원효,
의상, 자명의 3대사의 유적이 있었다고 한다.14)

다음은 사지에만 나타나는 유적으로, 울진 지역에 있는 불영사이다.
「천축산 불영사기天竺山 佛影寺記」에는 651년에 의상이 불영사를 창건
하였다고 기록되어 있다. 이 사지는 1370년(공민왕 19) 류백유柳伯儒가
지었는데, 651년인 진덕여왕 5년에 의상義湘이 창건한 사찰이라는 사
실을 밝히고 있다.15)

---

11)『신증동국여지승람』권28 상주목 사불산조.
12)『신증동국여지승람』권54 영변대도호부,『동여비고』109 C2 참조.
13) 정시한 저, 김성찬 역주, 1999,『산중일기』, 292~293쪽.
14)『동문선』권75「거제현우두산견암선사중수기」.
15)「불영사사적기」에 의하면, 의상이 경주로부터 해안을 따라 丹霞洞에 들어
   가서 海運峰에 올라 북쪽을 바라보니 서역의 천축산을 옮겨온 듯한 지세
   가 있었다. 또 맑은 냇물 위에서 다섯 부처님 영상이 떠오르는 모습을 보
   고 기이하게 여겨 내려가서 살펴보니 毒龍이 살고 있는 큰 폭포가 있었
   다. 의상은 독룡에게 法을 설하며 그곳에다 절을 지으려 하였으나, 독룡
   이 말을 듣지 않았으므로 신비로운 주문을 외워 독룡을 쫓은 뒤 龍池를

이상의 내용을 정리해 보면, 650년을 전후하여 보덕에게 나아가 수학을 하다가 서학西學이 불가능하게 되자 다시 보덕이 옮겨온 완산주 고대산과 부안, 남원, 광주 무등산 등을 유행하며 수행하였을 것으로 추정되며, 왕경으로 돌아온 후에는 동해안의 불영 계곡에 머물면서, 원효의 도량으로 알려진 백련사(미면사) 등 여러 곳에 머물면서 강경과 수행을 하였을 것으로 추정해 보았다.

3) 당나라 유학 시기(661~671)의 행적

이 시기에 의상이 중국에 들어가 머물던 곳으로 나오는 곳은 양주와 장안의 종남산, 산동 등이다. 그가 중국에 유학하여 귀국할 때까지의 행적이다.

의상은 문무왕 1년인 661년에 당에 갈 수 있었다. 의상은 신라가 백제를 병합하고 서해안의 뱃길이 열린 661년에 당나라 사신이 타고 가는 배에 편승하여 갈 수 있었다. 의상이 편승한 중국 사신의 배는 10월 29일에 도착한 조문겸책봉사弔問兼册封使 일행이 타고 온 것으로,[16] 이 배를 타고 들어 간 것으로 추정된다. 사신 일행은 이듬해 정월까지 신라에 머물고 있었지만, 배는 그 해 겨울에 돌아갔을 것이기 때문이다.

의상의 중국 도착은 양주설과 산동반도설로 나뉜다. 그가 662년에 장안으로 들어 간 것을 감안하면 양주설이 보다 신빙성이 있어 보인

메워 절을 지었다. 동쪽에 靑蓮殿 3칸과 無影塔 1좌를 세우고 천축산 불영사라 하였다. 676년(문무왕 16)에 의상이 다시 불영사를 향해서 가다가 한 村에 이르렀는데, 한 노인이 "우리 부처님이 돌아오셨구나" 하면서 기뻐하였다. 그 뒤부터 마을 사람들은 불영사를 부처님이 돌아오신 곳이라 하여 佛歸寺라고 불렀다. 의상은 이 절에서 9년을 살았으며, 뒤에 원효도 이 곳에 와서 의상과 함께 수행하였다 한다.

16) 『삼국사기』 권6 문무왕 원년 冬10월 29일조.

다. 즉 겨울 동안 운하를 이용하여 장안에 갈 수 없었을 것이고, 날이 풀리기를 기다려 이듬해 봄에 출발하였을 것이다.[17] 그러므로, 여기서는 양주설을 택해서 살펴보고자 한다. 그가 도착하였을 때의 양주는 당대唐代의 도시로 불교가 매우 성한 도시였다. 그는 주장인 유지인의 존대를 받아 아문 내에 머물렀다고 한다. 당시『양주지』를 보면 그 곳의 주장들은 유씨 성을 가지고 있었음이 확인된다.

의상이 현장에게 가려던 발걸음을 화엄종으로 돌리게 된 것은 이곳 양주에서 한 겨울을 머물면서 마음을 바꾼 때문이 아닌가 생각된다.[18] 이 곳 양주는 신라방과 신라소 등 신라의 교민들이 많이 거주하고 있던 곳이었다. 때문에 중국으로 들어 온 이들이 중국 사정에 대한 정보를 얻을 수 있는 곳이기도 했다. 그의 중국행은 분명 현장의 문하에서 유가유식을 수학하려 한 것이었다. 그런데 그는 이 곳에서 현장의 휘하에 있던 신라 유학승들의 힘든 사정을 들었을 것으로 생각된다. 반면에 이 곳 양주는『화엄경』과 매우 밀접한 곳이었다. 현재의 양주 박물관인 천녕사天寧寺는 양주 방락상가邦樂上街 3호號에 위치해 있는데, 이 곳이 바로 동진東晉 때『화엄경』을 역출譯出했던 사사공사謝司空寺였다. 동진의 태부太傅인 사안謝安의 별서別墅였던 곳인데, 385년에 희사하여 절로 하였다. 진나라 말엽에 서역의 고승 불타발타라佛陀拔陀羅가 이 곳에서『화엄경』을 번역하였고, 이로 인해 화엄을 일으켰다고 하여 이름을 흥엄사興嚴寺로 하였던 곳이다.[19] 이 사실은 이 곳 불교정

---

17) 일본의 王金林에 의하면 당시 장안으로 가는 길은 육로로 등주(래주)→청주→兗州→曹州→변주→낙양의 육로와 소주,명주 →양주→초주→변주→낙양, 장안의 뱃길이 있었다 한다.

18) 정병삼은 石井公成의 논문을 인용하여 661년에 당나라에 들어간 의상은 그동안 신라에서 익혔던 지론에 대한 관심의 연장에서 지론을 더욱 연마할 수 있는 기회를 가졌다고 하였으나, 구체적으로 어디에 머물면서 어떻게 연마하였는지에 대해서는 언급을 하지 않고 있다. 정병삼, 2000.12,「의상의 화엄사상과 통일기 신라사회」『불교학연구』창간호, 53쪽 참조.

19) 澄觀,『華嚴經演義鈔』,『大正藏』35, 523쪽 下.

서에 끼친 영향이 화엄종과 불가분의 관계를 형성하고 있음을 알려주는 것이라 생각된다.

의상은 이 곳에서 이루어진 『화엄경』의 초역 사실을 이 곳에 머무는 동안 충분히 느꼈을 것으로 생각된다. 그것은 사사공사인 흥엄사興嚴寺는 후에 측천무후에 의해 695년 증경사로 개명이 되는데, 이 사실은 동문수학했던 의상으로부터 이 곳의 중요성을 들은 현수법장이 측천에게 청하여 개사명改賜名하면서 사찰을 중건하였던 것이 아닐까 추측되기 때문이다.

또 이 곳 양주는 양梁의 소명태자昭明太子가 『문선文選』을 만들 때의 장소인 문선루文選樓 유지遺址가 있는 곳이다.[20] 의상은 양주에 머무는 동안 양의 소명태자가 머물었던 별원에 갔었을 것이고, 그 곳에서 소명태자가 『금강경』을 32편으로 나누어 이해하기 쉽게 만들었다는 사실도 알았을 것이다. 특히나 신라에 끼친 『문선』의 영향으로 볼 때, 이러한 가능성은 충분히 있다고 생각된다. 당대唐代에는 이선李善이 『문선』에 대한 주석을 붙이고 있어, 당대唐代에도 『문선』에 관한 관심은 대단했던 것으로 생각된다.

그런데 의상이 귀국하여 태백산에서 화엄대교를 펴고 있을 때, 문무왕은 그를 흠중欽重하여 전장田莊과 노복奴僕을 시주하려 한 일이 있었다. 의상은 이에 대해 "우리 불법佛法은 평등하여 고하高下가 공균共均하고 귀천貴賤이 동규同揆입니다 …" 라고 한 바가 있다. 여기서 나오는 "아법평등我法平等 고하공균高下共均"[21]은 『금강경』 제23 정심행선분淨心行善分에 "시법평등是法平等 무유고하無有高下"와 같은 말이다. 물론 스승인 지엄이 『금강경』에 대한 주석을 한 바 있으므로,[22] 이에 대해 수학

___

20) 양주시 仁邦里 旌忠巷 2호에 소재하고 있는 旌忠寺로서, 『嘉靖惟揚志』에 문선루 유지라고 되어 있는 곳이다. 陳代에 절을 세워 寂照禪院이라고 했는데, 그 후 수 양제가 이 곳에서 친히 智操대사의 설법을 듣기도 했다. 그 후 南宋 咸淳 연간에 旌忠寺로 賜名받아 현재에 이르고 있다.

21) 『송고승전』 권4 의상전.

을 하였을 것이나, 처음 중국으로 가서 여러 달을 머문 곳이 양주였으므로 그는 어떠한 형태로든지 소명태자와 문선루와『금강경』에 대한 영향을 받았을 것으로 생각된다.

662년 종남산으로 가게 된 의상은 지상사에서 지엄화상에게『화엄경』을 배우는 한편, 지금은 정업사로 되어 있는 도선율사의 절에 왕래하면서 7년 여에 걸친 교류가 있었다. 이는 지엄이 청선사淸禪寺의 반야원般若院에서 입적할 때까지의 교류로 생각된다.

8) 의상이 스승 지엄의 문하에서 화엄을 공부할 때다. 꿈 속에 형상이 매우 기이한 신인이 나타나 상공에게 "너 자신이 깨달은 바를 저술하여 사람들에게 베풀어 줌이 마땅하다"고 하였다. 또 꿈에 선재가 총명약 십여제를 주었다. 그리고 또 꿈에 청의동자가 세번째로 비결을 주었다. 스승 지엄이 이를 듣고 '신인이 신령스러움을 줌이 나에게는 한 번이었는데 너에게는 세 번이구나. 널리 수행하여 그 통보를 곧 표현하도록 하라'고 하였다.23)

9) 옛적에 의상법사가 입당하여 종남산 지상사 지엄존자에게 가서 수업할 때, 이웃에 도선율사가 있어 항상 천공을 받고 재를 올릴 때마다 하늘의 주방에서 음식을 보내왔다. 하루는 도선율사가 의상을 청하여 재를 함에 의상이 가서 좌정한 지 오래도록 천공이 이르지 아니하였다. 의상이 헛되이 빈 발우로 돌아가자 그때에야 천사가 내려왔다. 율사가 어째서 늦었느냐고 물으니 온 동내에 신병이 가로막고 있었기 때문에 들어오지 못하였다고 대답하였다. 이에 도선율사는 의상에게 신의 호위가 있는 것을 알고 그 도의 수승함을 탄복하고, 천공을 그대로 두었다가 이튿날 다시 지엄과 의상 양사兩師를 재에 청하고 자세히 그 사유를 말하였다.24)

의상이 당에서 수학할 당시의 모습을 보여주는 일화들이다. 앞의

---

22)『금강반야경문기』 2권,『금강반야경소』 1권(「신편제종교장총록」 권1,『한국불교전서』 4, 686쪽).
23)『화엄일승법계도기』.
24)『삼국유사』 권3 전후소장사리조.

사료에서는 그가 지엄의 문하에서 수학을 하다가 드디어 오도하고, 「화
엄일승법계도기」를 짓게 된 배경이야기로, 지엄이 한 번 받은 비결을
의상은 세 번을 받았음을 말하고 있고, 뒤의 사료에서는 의상의 주변
에 항상 신병이 호위하고 있어 도선이 감탄할 정도였음을 말하고 있
다. 이렇게 이 두 사료는 의상의 도道가 스승 지엄이나 도선보다 더 수
승하다는 사실을 은연 중에 나타내 주는 내용들이다. 또한 도선율사
가 있던 곳으로 알려져 있는 현재의 서안시 교외에 있는 종남산 정업
사는 의상이 머물던 지상사와는 자오곡을 사이에 두고 이웃하고 있
다. 그러나, 정업사와 지상사가 잠시 다녀올 가까운 거리가 아닌데 이
웃집 다니듯이 쉽게 다녔다는 것은 그가 종남산에 있으면서 주변의
고승들과 교류하는 등 활발히 수행하던 일면을 보여주는 사실이라고
하겠다.

　의상은 스승 지엄이 668년에 입적한 후 귀국하기까지 3년 여 동안
중국에 더 머물러 있었다. 의상은 스승의 입적 후 스승을 이어 화엄종
을 어떻게 선양할 것인가에 대한 고민이 있었을 것이다. 그런데 그가
경쟁자도 없는 상태에서 중국 화엄종의 제3조가 되지 못한 것은 그가
신라인이었기 때문으로 생각된다. 당시는 신라와 당의 관계가 전쟁
중이었던 때로, 원측이 종남산 운제사에서도 30리나 더 떨어진 한 암
자에서 8년 가까이 은거 수행하고 있었을 정도였기 때문이다.[25] 또한
믿고 의지하던 스승의 입적은 그로 하여금 중국 전역을 유행하게 하
였던 것으로 생각된다.

　　10) 오래지 않아 서당西堂이 입적하였다. 이에 빈 배에 (더 이상) 머물
　　이유가 없어 외로운 구름처럼 홀로 떠나 여기저기를 돌아다니니 몸에
　　그림자만이 따랐다. 순력巡歷한 이름난 산과 신령스러운 경계는 생략하
　　고 싶지 않았다. 서주西州 부사사浮沙寺에 이르러 대장경을 열람하는데

25) 남무희, 2002, 「원측의 생애복원과 그의 정치적 입장」 『한국고대사연구』
　　28, 120쪽.

아침 저녁으로 오로지 정진하였고 잠시도 그만 두지 않았다. 눕지도 않으며 자리도 펴지 않고 3년에 이르니, 경문의 오묘함을 궁구하지 못한 것이 없었고 이치는 음미하되 통달하지 않음이 없었다. 혹은 묵묵히 문장과 구절을 생각하여 깊이깊이 마음에 새겨 두었다. 고국을 떠난 지 오래되었고 법을 선양하고자 하는 마음이 깊어져 드디어 군자의 나라(신라)로 돌아가리라 하고 신기루같은 파도를 가로질러 개성 4년(838) 봄 2월에 귀국하였다.26)

11) 머물은 지 얼마 안되어 스승이 열반에 드셨다. 검은 수건을 머리에서 벗고 "뗏목을 이미 버렸는데 배를 어디에다 매려 하는가"라고 말하였다. 이로부터 유랑함이 바람에 나부끼듯이 하였는데 그 기세를 막을 수 없었으며 그 뜻을 뺏을 수 없었다. 분수汾水를 건너고 향산享山을 오름에 있어 옛 자취는 반드시 찾아보고 진실한 승려는 반드시 만나 보았다. 무릇 머무는 곳은 사람과 떨어져 있으면서 가장 중요시한 것은 마음의 위태로움을 편안히 여기고 있었기 때문에 고생을 달게 여기는 것이었으므로 사체를 부르는 것을 종처럼 하되 마음을 임금처럼 받들었다.27)

12) 잠연히 법왕의 심인을 받았다. 그 후 영남과 하북에서 여섯 탑파를 순례하였으며, 호외와 강서 지방에서 여러 선지식들을 두루 참알하고, 드디어 북쪽으로는 항산과 대산을 돌아다니며, 찾아다니지 않은 곳이 없었고, 남으로는 형산과 여산에 이르러 찾아가지 않은 산이 없었다.28)

위의 예들은 시대는 달리하고 있지만, 신라에서 간 유학승들이 스승이 입적하자 머물던 곳을 떠나 전국을 유행하면서 선지식을 만나고 견문을 넓힌 사실을 보여주고 있다. 즉, 적인선사의 경우 서당西堂 지장地藏이 입적하자 유행을 다니고 있고, 무염화상 역시 그의 스승 마곡麻谷 보철寶澈이 입적하자 역시 유랑하고 있으며, 진철대사 역시 심인

---

26) 「대안사 적인선사비」, 이지관편, 위의 책(신라편), 86쪽.
27) 「성주사 낭혜화상비」, 이지관편, 위의 책(신라편), 186쪽.
28) 광조사 진철대사 보월승공탑비.

을 받고 전국을 유랑하고 있다. 의상도 이들의 예와 같이 스승이 심인을 전수하고 곧 입적하자 중국 전역을 유행하며 3년 동안 이름난 사찰과 승려들을 탐방하였을 것으로 생각된다.

다시 장안으로 돌아 온 의상은 김인문이 옥에 갇혔다는 소식을 듣고 그를 찾아가 본 것으로 되어 있다. 이 때 김인문은 의상에게 당이 50만 군사를 조련하여 설방薛邦을 대장으로 삼아 신라를 치려한다는 사실을 일러 주고, 이 사실을 신라에 조속히 알려주기를 원하였으므로 드디어 의상은 귀국을 결심하게 되었다고 생각된다.

4) 귀국 이후 입적까지(671~702)의 행적

의상이 당 유학을 접고 신라로 귀국하겠다고 결심한 것은 매우 어려운 결정이었다. 물론 당의 침입이라는 급보를 전해야 하는 상황이기는 하였지만 쉽지 않은 결정이었다고 생각된다. 국내외적으로 그에게 유리할 것이 없는 상황이었기 때문이다.

먼저 중국에서의 상황부터 보면, 의상은 661년에 당에 건너가 662년부터 668년 지엄이 입적하기까지 그의 문하에 있으면서 매우 두각을 나타내었다. 뒤에 중국 화엄종의 제3조가 되는 법장과는 의지義持와 문지文持라는 별호가 붙을 정도였기 때문이다. 따라서 지엄이 입적한 후에도 3년간이나 그를 계속 당에 머물게 한 것은 지엄을 이어 중국 화엄종의 제3 조사가 될 수 있을 것이라는 기대가 작용했을 것이다. 그것은 당시 현수법장이 아직은 거사로 있던 상태였으므로 가능성이 컸던 일이었다. 그러나 668년에 고구려가 멸망하고 신라와 당의 관계가 악화되면서 당에서의 그의 입지가 매우 곤란해졌으리라 생각된다. 결국 그는 원측과는 달리 김흠순 등의 권유를 받아들여[29] 당에

---

29) 『삼국유사』 권4 의상전교조.

서의 기반을 포기하고 신라로 귀국하기로 결정하고 급보를 가지고 돌아 온 것이다.

다음으로 귀국 후 신라에서의 정황을 보면, 의상은 당의 침입이라는 정보를 가지고 돌아오기는 하였으나, 정작 그가 수학해 온 화엄종에 대해 잘 알지 못하였던 신라인들로부터 '동가구東家丘'의 대접을 받고,[30] 홀로 5~6년 간 전국을 유행하고 다닐 수밖에 없었다. 왕경의 불교계가 신·구유식을 비롯한 다양한 교학불교의 장으로서 이론불교가 만연해 있어, 그의 요약된 화엄교학이 이들에게는 이해되기가 어려웠던 상황이었다.[31] 의상은 귀국 후 곧 낙산으로 나아갔는데, 이는 거의 은거의 수준으로서 낙산은 왕경과 동떨어진 궁벽한 곳으로, 진전사와는 약 4Km 정도의 거리에 있다. 이미 알려져 있는 바와 같이 진전사는 도의선사가 821년에 처음 선종을 전래해 왔을 때, 왕경인들에게 마어魔語를 한다는 배척을 받고 은거해 버린 곳으로[32] 신라 하대에도 이런 정도였다면 중대 초에는 더욱 한적한 곳이었을 것이다. 의상은 이 곳에서 은거해 버릴 것인가, 아니면 화엄종을 전교할 것인가를 놓고 고심을 했을 것이다.

그는 이 상황을 극복하기 위해 왕경을 벗어나 제일 먼저 동해안을 찾아갔다.

> 13) 옛적에 의상법사가 처음 당에서 돌아와서 대비관음진신이 이 해변굴 안에 산다는 말을 듣고 인하여 낙산이라고 이름하였으니 대개 서역에 보타락가산이 있는 까닭이다. 이것을 소백화라고 하는 것은 백의대白衣大士의 진신이 머물러 있는 곳이므로 이것을 빌어 이름지은 것이다. 의상이 재계한 지 7일 만에 좌구座具를 신수晨水 위에 띄웠더니 용천팔부시종이 굴 속으로 인도하였다. 공중을 향하여 참례하니 수정염주 한 꾸러미를 내어주었다. 의상이 받아 가지고 물러나니 동해용이 또한

---

30) 최치원, 「법장화상전」(김복순, 1990, 『신라 화엄종연구』, 218쪽).
31) 김복순, 1988, 「신라 중대 화엄종과 왕권」『한국사연구』 63 참조.
32) 「봉암사 지증대사비」, 「보림사 보조선사비」.

여의보주 한 알을 바치었다. 의상이 받들고 나와 다시 재계하기 7일 만에 들어가 진신의 용모를 보았다. 진신이 이르기를 좌상座上 산정山頂에 쌍죽雙竹이 날 것이니 그 땅에 불전을 짓는 것이 마땅하다 하였다. 의상사가 듣고 굴을 나오니 과연 대가 솟아 나왔다. 이에 금당金堂을 짓고 소상塑像을 모시니 그 원만하고 고운 형상이 마치 천생한 것과 같았다. 그 대는 없어졌으므로 비로소 이곳이 바로 진신이 머무는 곳임을 알고 그 절을 낙산이라고 이름하고 의상은 받은 두 염주를 성전에 두고 떠났다.[33)]

의상은 어지러운 정국 속에서 어떻게 화엄종을 신라사회에 전교하여 국태민안國泰民安에 도움이 될 것인가에 대하여 고심하였을 것이고, 이에 대한 해답을 얻고자 낙산 앞 바다에 나아가 2×7일에 걸친 기도를 올린 것이다. 현재의 낙산사洛山寺의 관음굴觀音窟에서 관세음보살에게 기도를 드렸다. 진위 논란이 있기는 하지만 이때의 발원문인『백화도량발원문白花道場發願文』은 그의 관음신앙觀音信仰을 알게 하여주는 261자의 간결한 명문이다. 이 곳은 조선시대에도 계속해서 의상이 창건한 사찰로 기록에 나오고 있다.[34)]

이에 2×7일 간의 기도 끝에 관음진신을 뵙고, 수정염주까지 얻는 감응을 얻고 화엄종을 전교하기로 결심을 하고는 그 터전을 찾기 위해 5~6년 간 전국을 유행하였다. 이 시기에 그는 원효와 함께 다니지 않고 혼자서 유행하였는데, 아래의 사료는 이를 입증해 주는 자료이다.

> 14) 그 뒤를 이어 원효 법사가 와서 첨례瞻禮코자 하였다. 원효가 처음에 남교南郊에 이르니 논 가운데 흰 옷을 입은 여인이 벼를 베고 있었다. 법사가 희롱으로 벼를 달라고 하니, 여인도 희롱으로 벼가 흉작이

---

33)『삼국유사』권3 낙산이대성조.
34)『신증동국여지승람』권44 강원도 양양도호부의 낙산사조,『여지도서』양양부 고적조, 필사본 낙산사사적(불기 2952년 가을 한용운이 기록한 義湘臺記).

라고 답하였다. 법사가 또 가다가 다리아래 이르니 한 여자가 월수백月
水帛을 빨고 있었다. 법사가 물을 달라고 청하니 여자가 그 더러운 물을
떠서 주므로 법사가 버리고 다시 냇물을 떠 마시었다. 이때에 들 가운
데 서 있는 소나무 위에 파랑새 한마리가 있어 말하기를 "제호화상은
단념하라" 하고는 홀연히 숨어 보이지 않고 그 소나무 아래 짚신 한 짝
이 있었다. 법사가 절에 이르니 관음상 자리 밑에 또 전에 본 짚신 한
짝이 있으므로 비로소 전에 만났던 성녀가 관음의 산 형제임을 알았다.
그래서 그때 사람들이 그 소나무를 관음송이라고 하였다. 법사가 성굴
에 들어가 다시 관음의 참 모습을 보고자 하였으나 풍랑이 크게 일어
들어가 보지 못하고 떠나갔다.[35]

원효가 의상이 감응을 받았다는 소식을 듣고 동해안을 찾았으나,
관음 진신을 만났어도 알아보지 못하고 관음굴에는 들어가 보지도 못
한 것을 언급하고 있다. 이 때부터 의상은 화엄종의 전교를 위해 독자
행보를 한 것으로 사료된다.

의상의 행로는 전국에 걸쳤었겠지만, 그는 특히 소백산과 태백산을
중심으로 한 일대에 집중적으로 주석하였다고 생각된다. 그것은 그가
창건했다고 전해지는 사찰들의 분포가 주로 영주 부석사가 있는 봉황
산을 중심으로 영주, 안동, 의성, 상주에 분포되어 있고, 제천과 원주
에 여러 곳이 있고, 괴산에도 있기 때문이다. 화엄 10찰과는 달리, 소
박한 창건 사실과 함께 그에 따른 연기설화가 전하고 있다.[36]

---

35) 『삼국유사』 권3 낙산이대성조.
36) 봉황산, 학가산, 청량산 등 여주, 안동, 제천, 원주 등에 소재하고 있는 많
   은 사찰들이 비슷하게 그 설화를 전하고 있어, 이를 후대에 가탁된 거짓
   일 것으로 판단하고 있다. 그런데 한 두 사찰만이 그렇다면 이는 특별한
   사안이지만, 매우 많은 곳이 합리적이지 못한 사례를 전하고 있으므로,
   이를 정리할 필요가 있다고 생각된다. 각 사찰의 사지, 『삼국유사』, 『고려
   사』, 『신증동국여지승람』, 『조선불교통사』, 『조선사찰사료』 등에서 통일
   신라시기까지 창건된 사찰의 창건자와 중창자를 추출하여 정리해 본다면
   고대 사찰들의 성장모습을 보여 줄 것으로 판단된다. 이 문제는 별고에서
   상세히 살펴보고자 한다.

15) "花府之西 天燈之南 有刹曰 鳳停寺也 羅代古刹而 義湘法師之所占處 也"[37]

"安東府 西三十里許 天燈山 山之麓有寺曰 鳳停寺 寺則地勢有若鳳停故 號此名也 是寺者 昔祖師 能仁大德 新羅始創建"[38]

16) 학가산: … 산의 동쪽에 능인굴이 있다 ; 천등굴: 안동부 서쪽 25 리 천등산에 있다. 세전世傳에 의하면 "능인이 여기에 거하면서 도를 닦 았는데, 천등이 항상 여기에 달려 있었기에 이렇게 이름했다"고 한다. 굴 입구에 소암자가 있고, 굴 속에는 능인선사가 앉았던 선판禪板이 있 다. 능인굴 : 안동부의 서북쪽 30리 학가산 동각에 있다. 고승이 전하기 를 "신라 대덕승 능인이 인세를 절연하고 이 굴에 숨었다. 업경승業經僧 천여 명이 부석사에서 찾아 왔으나 끝내 그를 만나보지 못했는데, 떠날 때에 각각 돌을 모아서 탑을 만들었으니 그것을 이름하여 석탑이라고 했다.[39]

15)의 기록은 봉정사에서 1995년 10월 15일 만세루 마루 밑에서 출 토된 자료들이다. 봉정사는 현재 안동의 학가산과 천등산에 위치해 있다. 의상은 산 정상 가까운 (의상)굴에서 수도를 한 바 있었으므로, 의상법사가 점유하던 곳이라는 표현을 한 것이고, 그 후 그의 제자인 능인이 이 곳에 머물면서 도를 닦은 기록이 천등굴과 능인굴의 형태 로 전하고 있고, 봉정사는 그가 창건한 것으로 기록되어 있다.

이렇게 682년 봉정사를 능인能仁이 창건했다고도 전하는 것은 의상 이 귀국 후에 이 일대를 돌아보고 수도했던 곳이 10여 년 후에 그의 제자들이 머물게 된 것이 아닐까 생각된다.

또한 위의 자료에 나오는 석탑과 관련하여 석탑사가 있다.[40] 그리

---

37) 『慶尙左道 安東西岑 天燈山鳳停寺 大藏經鏤板 部數及 印出體例 規模記』 (1769), 『天燈山 鳳停寺 大藏經目錄 及 印經記』, 1998.4.2, 36쪽.
38) 봉정사 「記文藏處의 上樑文」, 천등산 봉정사.
39) 국역 『영가지』, 1991, 안동군, 89·115쪽.
40) 『삼국유사』 권4 의상전교조에 "오진이 일찍이 下柯山 骨巖寺에 살면서 팔 을 뻗쳐서 부석사 석등에 불을 켰다"는 기사와 관련이 있는 것으로 보기

고 학가산 또는 천등산 봉정사가 있는 곳에서 산을 넘어 가면 개목사
가 있고, 멀지 않은 곳에 광흥사가 있다. 그리고 석수암, 봉서사,[41] 영
봉사가 모두 의상과 관련된 설화를 가지고 있는 곳이다. 이 사찰들의
특징은 모두 그 위치가 매우 높아서 산 정상 가까이에 있고 매우 협소
한 자리를 차지하고 있으며, 한 눈에 아래의 전경이 들어온다는 특징
이 있다. 다시 말하자면, 의상이 전교를 시작한 초기에는 대개 수도를
위하여 굴이나 초가를 짓고 거처했을 것으로 추정된다는 것이다.

『신증동국여지승람』 권14 충청도 괴산군 조에는 의상암이 원성산元
城山에 있다고 했다.[42] 대구 비슬산 기슭에 있는 용천사는 의상이 창건
한 옥천사玉泉寺였고,[43] 적천사도 있었다고 한다.

17) 의상이 귀국한 뒤에 산천을 두루 다녔는데, 고구려 백제의 바람
과 마·소가 미치지 못할 곳에서 말하기를 "이 곳은 땅이 신령하고 산
이 빼어나서 진실로 법륜을 굴릴만한 곳이나, 권종 이부의 무리가 5백
가량되니 이를 어찌할까"라고 하였다. 의상은 대화엄교는 복선福善의
땅이 아니면 일으킬 수 없다"는 생각을 하고 있었다. 이 때 선묘용이
항상 따라다니며 보호하였는데, 은밀히 이 생각을 알고, 이에 공중에
대신大神으로 나타나서 큰 돌이 되니, 세로와 너비가 1리여서 가람의 위
를 덮고 떨어질 듯 말 듯한 모양을 하였다. 여러 승려들이 놀라서 갈
곳을 알지 못하고 사방으로 흩어져 달아났다. 의상이 드디어 절 안으로
들어갔다.[44]

위의 인용문에 이어 나오는 부분에는 의상이 부석산에 탁석卓錫하였
다고 되어 있는데, 탁석은 석장錫杖을 세운다는 뜻으로, 돌아다니던 승

도 하는데 석탑사의 동쪽산을 조골산이라 부르기 때문인 것으로 알려졌다.
41) 鳳棲寺에는 헌종 10년(1844)인 上之卽位十年甲辰六月上浣石樵散人權魯慶이
    撰書한 重修上樑文(大正 七年 重修)에는 "故義相師鳳棲庵"이라고 나와 있다.
42) 『동여비고』, 60 C2에도 나와 있다.
43) 『범우고』·『조선금석총람』·『신증동국여지승람』·『한국사찰전서』 등 참조.
44) 『송고승전』 권4 의상전.

려가 한 절에 오래 머무름을 이르는 말이다. 이는 그가 귀국 후 5~6
년 간 전국을 돌아다니다가, 대개 675년 내지 676년경에 부석산에 정
주하였음을 의미하는 용어로 쓰인 것이라 생각된다.

그렇다면 그는 귀국 후 왜 전국을 돌아다녔던 것일까. 그는 "화엄종
을 전교하기 위해서는 복선福善의 땅이 아니면 일으킬 수 없다"는 생각
에서 복선의 땅을 물색하기 위해 5~6년 간 유행하였다. 그는 귀국 후
자신을 알아주지 않는 신라인들을 원망하는 대신 낙산으로 나아가 기
도를 하면서 자신의 행로에 대해 진지하게 고민하였을 것이고, 감응을
얻은 후 화엄종 전교의 원을 세우고 알맞은 지역을 물색한 것이다.

신라의 사찰은 왕경에서 대국통이 거주한 국찰과 지방의 주통과 군
통이 거주한 지방사찰이 있었던 상황을 감안한다면, 자장 이후 거의
전국적으로 사찰이 세워져 있었다고 보아야 할 것이다. 또한 자장은
통도사와 태화사를 비롯하여 동해안을 따라 북상하면서 압류사, 간월
사, 정암사, 월정사, 수다사 등을 건립하였다. 특히 정암사, 월정사, 수
다사 등은 자장의 만년에 세워진 것이다.[45] 자장이 문수보살을 찾아
헤매던 갈반지는 대개 소도가 있었던 원시신앙의 성소로 이해되고 있
다.[46] 태백산 갈반지로 되어 있는 곳에는 정암사가 들어섰고 이 곳은
현재 강원도 정선군 고한읍에 해당되는 곳이다. 이 곳에서 멀리 떨어
져 있지 않은 소백산 부석산에는 권부이종의 무리가 500이나 있었다
고 한다.

이렇게 전국적으로 사찰이 건립되어 있던 상황에서 의상은 여타의
간섭을 받지 않고 화엄종을 전교할 곳을 찾아 다녔고, 고구려·백제
의 잔적이나 마우로 표현된 물리적 국가의 힘이 미치지 않으면서도
『화엄경』을 강경하고 실제적인 수도를 할 수 있는 장소로 부석산을

---

45) 『삼국유사』 권4 자장전교조.
46) 서영대, 1979, 「갈반지 소고-소도의 불교적 변용-」『종교학연구』2, 25
~43쪽.

결정한 것이다. 부석사가 위치해 있는 소백산은 주변에 태백산, 청량산, 학가산, 희양산 등 이른바 오룡쟁주의 산들이 함께 펼쳐져 있는 곳으로, 자장이 창건한 사찰이 있는 지역인 정선, 양양 쪽으로 나아가지 않고, 내륙의 안동, 의성, 원주, 제천, 상주로 뻗어나가 강경과 수행을 펼쳤는바, 이 일대에는 의상과 그의 제자들과 관련된 창건설화를 가진 사찰들이 집중적으로 분포되어 있어 이러한 사실을 입증해 주고 있다.47)

의상이 귀국은 하였지만 당과의 전쟁이 벌어지고 있는 상황에서 중국에 오래 머물다 돌아 온 유학승인 그에게 신라인들이 보내는 시선은 고운 것이 아니었다. 또한 그가 676년 이후 부석산에 정주한 후에도 계속 왕경으로 돌아오지 못한 것은, 왕경에서의 정치적 상황이 그에게 매우 불리하게 작용한 면이 있었다. 즉, 문무왕의 만년에는 승지의(신라)가 항상 곁에 있었을 뿐 아니라, 유언으로 유가계통의 승려인 경흥을 국사國師로 삼도록 하여, 신문왕대에 국로國老가 되고 있다. 그리고 681년 7월 1일 문무왕이 죽고, 7월 7일에 신문왕이 즉위한 지 한달 여 만인 8월 8일에 왕경에는 김흠돌의 반란이라는 소용돌이가 일어난 것이다. 이는 신문왕이 즉위하면서 단행한 친당세력의 축출이 김흠돌의 반란을 일으키게 된 계기가 되었고, 반란의 가담자는 철저히 숙청되었다.48) 이렇게 당과 관련된 이들이 처형되는 등 반당적 풍조가 만연한 가운데 당유학파인 의상은 당에서와 마찬가지로 신라에서도 적극적으로 그를 수용해 줄 수 있는 자리는 없었다.

때문에 의상과 황복사와의 관계는 『삼국유사』의 탑돌이 기사에 연연해서 그가 왕경에 머문 것으로 이해하기 보다는49) 「신라황복사석탑금동사리함명」에 나오는 승려들의 명단에 의상과 그의 제자들의 이름

---

47) 김복순, 2004, 「안동문화의 형성과 화엄불교」 『안동학연구』 3, 228쪽.
48) 『삼국사기』 권7 신문왕 즉위조-2년조.
49) 김두진, 1992, 「의상의 생애와 정치적 입장」 『한국학논총』 14, 5~37쪽.

이 전혀 보이지 않는다는 점에 유의해서 황복사를 의상의 출가 사찰 정도로 보는 것이 타당하리라 생각된다.[50]

신라의 화엄종은 의상이 부석산에서 제자를 길러 내면서 서서히 태동되어 갔다고 할 수 있다.

의상 이전에 신라에서의 『화엄경』에 대한 이해는 자장과 원효의 행적에 이미 보이고 있다. 자장은 자기가 살던 집을 희사하여 원녕사로 삼고 그 낙성식 때 화엄게송 1만게를 연설하였는데, 많은 신이가 나타났다고 한다.[51] 원효는 『화엄경소』를 지었는데, 제4 10회향품에 이르러 그쳤다 하고,[52] 그가 지은 무애가 즉, "일체무애인 일도출생사"는 60『화엄경』 명난품 현수게에 나오는 것을 원용한 것으로 원효의 『화엄경』 이해를 웅변해 주는 것이다. 그러나 의상의 『화엄경』에 대한 이해는 이러한 강연이나 주석에 머문 것이 아니고, 「화엄일승법계도」라고 하는 7언言 30구句 210자字의 반시槃詩를 지어 화엄교지를 요약하고, 자리自利와 이타利他, 행문行文을 드러내 실천을 중시한 것이라고 할 수 있다. 이러한 그의 경향은 귀국 후의 행보에서 잘 드러나고 있다. 즉 낙산에 나아가 2.7일 간의 기도 끝에 감응을 얻고, 부석산에서 『화엄경』을 강하면서 제자를 양성하였으며, 아미타불만을 모시고 수행에 전력하였던 것이다.

의상이 제자들에게 행한 교화의 방법은 두 방면에서 행해졌다. 하나는 불교의 교설로 『화엄경』을 강설한 것이고, 또 하나는 화엄관과 같은 관법의 수행이었다. 먼저 『화엄경』의 강설부터 보면, 그는 자신이 지은 『화엄일승법계도기』(권1)와 『입법계품초기』(권1)를 중심으로 『화엄경』을 우리말로 쉽게 풀이해 주고 제자들이 의문이 나는 점을

---

50) 김복순, 1996, 「의상과 황복사」 『신라문화제학술발표회논문집 – 신라와 낭산』 17, 145~160쪽.
51) 『삼국유사』 권4 자장정률조.
52) 『삼국유사』 권4 원효불기조.

묻게 해서 그 의문을 말끔히 해소시켜주는 방법으로 제자들을 육성하였다.[53] 이 때 그가 제자들과 하였던 문답의 내용이 그의 제자인 도신과 지통이 정리하여 「도신장」, 일명 「일승문답」과 「추혈문답」, 일명 「요의문답」 등으로 남아 있다. 「추혈문답」은 「요의문답」 외에도 「화엄경문답」으로도 불려졌음이 밝혀졌는데, 그 전해지는 내용에 있어서도 역시 문답식으로 『화엄경』의 내용을 요약하여 설하고 있다.[54] 그 형식은 이두의 형식으로, 어려운 중국의 한자 대신에 우리 글로 쓰이던 이두를 가지고 『화엄경』의 어려운 내용을 문답식으로 풀어서 기재한 것이다.

의상은 『화엄경』을 수학하고자 찾아온 이들을 신분의 고하를 따지지 않고 제자를 받아들여 불교의 평등한 모습을 실제 실행한 것으로 유명한데, 하급 군인 출신의 진정사[55]나 이량공댁의 종이었던 지통[56]과 같이 다양한 계층의 인물들이었다. 이렇게 교화대상을 가리지 않았기 때문에 교화를 위한 방편으로 비상한 방법을 써야 했으므로, 비교적 신분이 낮은 이들을 기준으로 하여 강경하였다. 즉, 제자와 문답을 통해 의심이 남지 않도록 성실히 우리말로 답변해 주었던 것이다. 그리고 그 내용이 제자들에 의해 향언 즉 이두로 기록되었는데, 그 형태는 토가 붙은 석독구결의 형태일 것으로 보고 있다.[57]

의천의 『신편제종교장총록』에 의하면, 『송고승전』의 내용을 인용하면서 의상의 『화엄경』 강의를 기록한 『요의문답』(추혈문답) 2권과 『일승문답』(도신장) 2권에는 우리말이 섞여 있어 문체가 아름답지 못하다고까지 하였다.[58] 이를 되짚어 말한다면, 의상은 중국 유학까지

---

53) 『송고승전』 4 의상전.
54) 김상현, 1996, 「추동기와 그 이본 화엄경문답」 『한국학보』 84.
55) 『삼국유사』 권5 진정사 효선쌍미조.
56) 『삼국유사』 권5 낭지승운 보현수.
57) 남풍현, 1988, 「석독구결의 기원에 대하여」 『국어국문학』 100, 236~239쪽.
58) 要義問答 2卷 僧傳云 錐穴問答是 智通述 一乘問答 2卷 僧傳云 道身章是 道

한 지성인이었지만, 그의 제자들은 제대로 배우지 못한 이들이 많았으므로, 의상은 되도록이면 쉽게 우리말로 풀어서 강의하였을 것이고, 이를 정리한 내용이 향찰이 섞여서 정리된 것으로 생각된다. 근래 의상계 화엄학파의 문헌적 특징으로 구전성口傳性과 비의성秘義性이 언급된 바 있다.59) 그러나 이는 후대의 문헌에 나타난 내용을 정리한 데지나지 않는다. 그러나 의상 문도의 비의성 등이 언급되는 것은 그만큼 당시로서는 일반 불교계에서는 소외되어 있었다는 것을 보여주는 사실이라고 하겠다.

현재 이두로 된 문장 가운데 「감산사아미타여래조상기(720)」의 내용이 연대상 가장 빠른 것으로 보고 있다. 그러나 의상이 702년에 입적한 사실을 감안할 때, 가장 빠른 석독구결의 형태가 의상과 그의 문도 사이에 행해졌음을 알 수 있다. 이러한 의상의 강의형태는 의상의 문도에게는 하나의 전통이 되어 내려갔음을 고려 초 균여에게서 보아알 수 있다. 즉 균여의 기석記釋들은 균여가 부분적으로는 직접 쓴 것도 있으나, 대부분 그 문인들이 균여의 강론을 기록한 형태인 것이다.60) 의상계 화엄승려였던 그는 많은 화엄관계 장소章疏들을 저술하였는데, 그 문장이 모두 방언方言, 고훈古訓, 가초歌草로 되어 있었다는 사실이 전하고 있기 때문이다.61)

身述 [安大宋僧史義湘傳云 或執筆書紳 懷鉛札葉 抄如結集 錄似載言 如是義門 隨弟子爲目 如云道身章是也 或以處爲名 如云錐穴問答等 云云 但以當時集者 未善文體 遂致章句鄙野 雜以方言 或是大敎濫觴 務在隨機耳 將來君子 宜加潤色].

59) 佐藤 厚, 2001, 「의상계 화엄학파의 사상과 신라불교에서의 위상」『보조사상』 16, 130~132쪽.

60) 남풍현, 위의 논문, 236쪽. 균여의 시대에 고승의 강론을 방언을 섞어 기록하는 것이 극히 보편화되어 있음을 말하는 것이라고 보고 있는데, 이러한 전통은 의상에게서부터 유래된 것으로, 균여의 시대엔 고려 초까지 잘 지켜져 내려왔음을 알 수 있다.

61) 균여, 『십구장원통기』하.

이렇게 의상이 중국으로부터 들여온 새로운 불교사조인 『화엄경』
에 대한 강설을 우리말로 쉽게 풀어서 설명해 주었을 뿐 아니라, 그
강설내용을 제자들이 석독구결釋讀口訣 즉, 한문에 토를 달아 그 한문
을 우리말로 새겨서 읽는 방법으로 기록하여 전수한 사실은, 당시 일
반민들에게는 대단한 반향을 일으켰을 것으로 생각된다. 그것은 진정
사의 예에서 볼 수 있다. 즉 그가 군대에 있을 때 남들이 의상법사가
태백산에서 불법을 풀이하여 사람을 이롭게 한다는 말을 듣고 그리워
하는 마음이 생겼다는 사실인데,[62] 이는 어려운 한문으로 된 불교교
리에 능통한 왕경의 승려들에게서는 찾아 볼 수 없는 것이었기 때문
으로 생각된다. 왕경의 이론불교적인 경향과는 다른 모습이 강조된
것을 알 수 있다.

그런데 원효는 백고좌회 강연, 기밀문서의 풀이, 요석공주와의 관계
등 국가와 관련된 행동을 하면서도, 항상 주변적인 인물로서 활동하였
다는 점이 원광이나 자장 그리고 왕경의 교학승들과 다른 점이라고 할
수 있다. 반면에 파계 후 소성거사로서의 생활과 수많은 불경의 주석
서를 저술하였지만, 고선사나 분황사에서의 주석에서 보이듯이 그는
종신토록 왕경의 사찰에 거주한 왕경인이었다. 670년경에 의상이 귀국
하여 낙산으로 나아갔다가 감응을 얻었다는 소문이 왕경까지 들리게
되자, 원효도 낙산으로 왔으나 여러 정황과 여건이 맞지 않아 그대로
돌아간 일이 있었다. 이 때 그는 제호醍醐화상으로 불리었는데,[63] 이는
그의 교학이 최상승임을 간접적으로 나타내는 표현으로, 다만 실수적
인 측면에서 의상에 미치지 못했음을 나타낸 것이라 하겠다.

하지만 의상이 676년 이후 부석산에 정주하여 일반민들을 상대로
화엄교학을 쉽게 풀이해 교화하자, 왕경에 있던 사람들이 그의 명성
을 듣고 부석산까지 찾아가는 사태에 직면하면서, 원효 역시 고차원

---

62) 『삼국유사』 권5 진정사 효선쌍미조.
63) 『삼국유사』 권3 낙산이대성 관음 정취 조신.

적인 교학불교보다는 일반민중에게 다가갈 수 있는 불교를 생각했을 것이다. 원효가 일반민중으로 교화대상을 삼은 다음, 이들이 불교의 한문으로 된 어려운 교리를 이해할 수 없을 것이라는 사실이 그를 자극했을 것으로 생각된다. 이에 그는 이들이 쉽게 불교를 이해할 수 있도록 하기 위해 방편을 써서 활동하였다. 즉, "일체 무애인은 한 길로 생사를 벗어난다"는 『화엄경』의 문구를 따서 무애가를 지어 이를 알렸다. 특히 그는 광대들이 놀리는 큰 박으로 만든 도구를 가지고 많은 촌락에서 노래하고 춤추며 교화하고 음영하여 돌아왔으므로, 가난하고 무지몽매한 무리들까지도 모두 부처님의 명호를 알게 되었고 다 나무아미타불을 부르게 될 정도로 그의 법화法化는 대단하였다고 평가되고 있다.[64]

다음으로 의상은 『화엄경』의 강설과 함께 제자들에게 관법 수행도 병행하게 하였다. 그는 경을 설하는 것처럼 실행을 하는 것도 귀하게 여겨, 강의를 하는 일 외에는 수련을 부지런히 하였다고 전하며, 또한 언제나 의정義淨의 세예법洗穢法을 좇아 실행하여 어떤 종류의 수건도 쓰지 않았으며, 시간이 되어 그냥 마르도록 내버려두었다 한다. 그리고 의복과 병과 발우의 세 가지 외에는 아무 것도 몸에 간직하지 않았다고 할 정도였으므로,[65] 경의 주석에 힘쓰기 보다는 실천을 더욱 중시하였다. 이러한 그의 태도는 제자들의 수행태도에서도 다음과 같이 잘 나타나고 있다.

그리고 그는 일불승—佛乘을 닦기 위해 아미타불만을 모시고 노력하였는데, 『소아미타경의기』(1권)를 지은 바도 있다. 그는 굴에서 주로 관법 수행을 하였는데, 의상굴로 전하는 곳도 남아 있다. 청량산의 의상봉은 의상굴이 그 아래에 있기 때문에 그렇게 불렀다는 곳이기도

---

64) 『삼국유사』 권4 원효불기조 설총에 의한 이두의 완성은 이러한 원효의 행동에 자극받아 이루어진 산물로 생각된다.
65) 『송고승전』 권4 의상전.

하다.66) 때문에 그가 행적을 남긴 장소들의 형태가 산 정상 가까이에 토굴이나 암자의 형식으로 남아 있다는 사실이다. 그리고 이러한 그의 수행 방법이 그대로 제자들에게 전해져 같은 형태로서 수행을 한 모습이 보이고 있다.

그의 제자 지통智通이 태백산 미리암굴에서 화엄관을 닦으며 정성을 다하여 예불을 드리고 있는 모습은 널리 알려져 있다. 의상이 지은 것으로 알려져 있는 「투사례投師禮」를 하면서 예불을 하고, 관법을 닦았을 것이다. 이렇게 의상과 그의 제자들은 화엄관을 닦았는데, 이는 140원願, 10회향원, 초지원, 성기원 등을 이루기 위한 것이었다 한다.67) 그의 저술 가운데 유독 발원문이 많은 것은 이러한 그의 수행태도와도 관련이 있다고 생각된다. 뿐만 아니라 그릇이 완성된 제자에게는 법계도인을 주어 스승과 제자 사이에 사자상승하는 모습을 보이고 있다.68)

의상은 문무왕이 하사한 전장과 노비를 『열반경』의 내용을 들어 거부하였다.69) 흔히 이적이 나타나거나 수행이 뛰어난 것이 보고 되면 왕실에서 불러들여 조정과 관련을 맺은 무수한 예에서 나타나듯이, 문무왕은 그에게 전장과 노비를 하사하고 일정하게 조정과 관계를 유지하려 했을 것으로 추측된다. 그러나, 의상은 이를 거부함으로써 조정에 예속되지 않았다. 때문에 의상과 왕권과의 문제는 당시 왕경불

---

66) 『국역 영가지』, 1991, 안동군, 96쪽.

67) 전해주, 1992, 「의상화상 발원문 연구」, 『불교학보』 29, 330~334쪽.

68) 『법계도기총수록』 권上之一(『대정장』 45, 723쪽 중) "하루는 갑자기 큰 멧돼지가 굴 앞을 지나갔다. 그 때 지통은 평상시와 같이 목각존상 앞에 정성을 다하여 예불을 드리고 있었다. 그 목각불상이 지통을 보고 이렇게 말하는 것이었다. '굴 앞을 지나간 멧돼지는 네 과거의 몸이다. 나는 네가 미래에 받을 과보로서의 부처가 되리라.' 지통은 이 말을 듣고 곧 삼세가 一際라는 뜻을 깨달았다. 훗날 스승 의상에게 이 말을 하였더니 의상은 지통의 그릇이 이미 완성되었음을 알고 법계도인을 그에게 주었다."

69) 『송고승전』 권4 의상전.

교계의 상황과 의상의 수행태도를 감안해 볼 때, 쉽게 관계지을 수 없다고 생각된다. 의상은 오로지 『화엄경』의 가르침을 신라에 전교하는 데에 전력하였다. 또한 그는 의복과 병과 발우의 세 가지 외에는 아무것도 몸에 간직하지 않았다고 하는데, 그것은 그가 귀족의 신분도 버리고 오로지 사문沙門으로서 부처님의 수행을 따르고자 한 데서 나온 결과로 생각된다. 때문에 그는 '금산 보개', 즉 부처님의 화신이라는 별칭을 얻게 되었다고 생각된다.[70]

4) 맺음말

의상의 수행은 익히 알려져 있었다. 그런데 그의 행적과 관련하여 좀 더 상세히 살펴보기 위해 여러 사적에 나타나는 예를 살펴 구체적으로 살펴보았다. 자료상의 한계로 애초보다는 그의 행적을 언급한 범위가 축소된 경향이 있으나, 확실하게 문헌으로 고증할 수 있는 유적에 한정시켜 살펴보았다. 하지만 그의 행적은 앞으로 봉정사의 예와 같이 신출자료들이 나오게 된다면 훨씬 더 정확하게 알 수 있으리라 생각된다. 그의 행적과 수행에 관한 논의들을 정리하는 것으로 맺음말을 대신하고자 한다.

의상의 행적을 중국 유학 이전 시기와 유학시기 그리고 귀국 이후의 세 시기로 나누어 살펴보았다. 640년경부터 660년까지로 한정한 첫 번째 시기에 의상은 원효와 함께 보덕에게 나아가 수학을 한 사실과 650년 입당이 좌절된 이후에는 완산주를 비롯하여 부안, 남원, 광주 무등산 등을 유행하며 수행하고 다시 왕경으로 돌아와 동해안의 불영계곡에 머물면서 수행을 한 바 있고, 원효와 함께 상주, 문경 등에서 수행을 한 것으로 생각해 보았다. 661년부터 670년까지의 두 번

---

70) 『삼국유사』 권3 원종흥법 염촉멸신조.

째 시기는 중국에 유학하여 양주에 머물다가 이듬해인 662년에 종남산의 지엄에게 나아간 것으로 보고, 양주에 머무는 동안 화엄종으로 갈 것을 결심한 것으로 추정해 보았다. 또한 매우 열심히 정진하여 그 도가 스승 지엄이나, 도선율사보다도 더욱 수승하였으나, 신라인이어서 지엄을 이어 중국 화엄종의 제3조가 되지 못하고 3년 간 전국을 유행하다가 장안에 돌아와 옥에 갇힌 김인문으로부터 당의 신라침공 소식을 듣고 귀국을 결심한 것으로 보았다. 671년 이후의 세 번째 시기에는 부석사에 정주하기 이전에 5~6년간 전국을 다니면서 화엄종을 홍포할 곳을 물색하다가 소백산과 태백산 지역에 자리를 잡은 후, 귀족의 신분에 연연하지 않고 제자들을 길러 냄으로써 당시 사람들로부터 금산 보개의 화신이라는 추앙을 받게 된 것으로 보았다. 특히 신라하대의 선사들이 왕실과 연관되는 정황을 금석문으로부터 추출하여 살펴보고, 의상과 중앙정부와의 관계를 비교해 보았다.

의상은 사문沙門으로써 철저하게 수행에 힘썼던 보기 드문 고승이었다. 때문에 그에게는 해동 화엄초조라고 하는 별칭이 늘 함께 하였고, 그의 「화엄일승법계도」는 「법성게」라는 약칭으로 오늘날까지 애송되고 있다고 생각된다.

2. 신문왕의 천도계획과 칠처가람설의 정립
-신라 중대 왕경불교의 특성을 중심으로-

1) 머리말

신라는 태종무열왕과 문무왕의 통일전쟁기를 지나면서 고구려와 백제의 불교는 물론이고, 중국과 인도의 종파성을 띤 다양한 불교사상이 수용되었다. 때문에 신라 중대 전반부는 사상적으로는 다양한 논의가 표출된 시기였으며, 이를 종합적으로 이해할 필요가 있는 시기라고 할 수 있다. 그러나 다양한 논의의 표출에 대한 해명보다는 이에 대한 종합과 통불교적인 성격의 규명에만 관심을 집중해 온 경향이 있었다. 때문에 원효와 화엄종이 교학적인 측면과 왕권과의 관계 속에서 강조되어 왔다. 그러나 신라 중대 전기라 할 수 있는 문무왕, 신문왕, 효소왕 시기의 불교를 역사적으로 규명해 보지도 않고 이를 종합하여 통불교로 정리해 버리기에는 언급할 내용이 비교적 많이 있다고 생각된다.

신라는 전쟁이 끝나고 나라가 안정을 되찾으면서, 왕경은 삼국을 아우른 통일국가의 수도로서 여러 가지 면에서 그 면모를 일신하고자 하였다. 이에 왕경지역의 불교 역시 사찰의 창건과 함께 교학적인 측면에서 나름대로의 성격을 가지게 되었는데, 신라 중대 왕경불교의 성격은 의상의 귀국 직후 일어난 두 사건 즉, 명랑의 문두루비법의 실행에 따른 사천왕사의 창건과 671년 원효가 저술한 『판비량론』에서 분명하게 찾을 수 있다고 생각된다. 이에 본고는 통일 후 신라 사상계에 두드러지게 나타나고 있는 유가유식계통의 불교와 화엄종에 보이는 지역적인 특성과 사회사상으로서의 역할에 대해 당시의 상황과 관

련하여 살펴보고자 한다.71)

먼저 왕경에서의 사천왕사의 창건문제와 신문왕의 달구벌 천도계획이 좌절되는 상황을 '전불시대 칠처가람설'의 정립과 관련하여 언급하고자 한다. 이는 곧 신라 왕경불교의 틀이 확립되는 과정이라 할 수 있기 때문이다. 다음으로 원효의 『판비량론』저술과 교학불교의 번성에 대해 고구함으로써, 신라 중대 왕경불교의 특성을 드러내 보고자 한다.

2) 사천왕사의 창건과 '칠처가람설'의 정립

(1) 사천왕사의 창건과 왕경의 불교계

문무왕은 급거 귀국한 의상에 의해 당군의 침입 사실을 알게 되었고, 조정회의에서 김천존이 명랑을 천거하여 그에게 당군을 저지할 방책이 맡겨졌다. 이에 명랑은 신라 왕경의 마지막 전통무속의 성소라 할 수 있는 신유림에 단석을 마련하고 문두루비법을 행하였다. 그의 기도는 성공을 거두었고, 신라 조정은 이 곳에 사천왕사를 건립하여 당군을 축출하고 삼국을 통일한 기념비적인 사찰로 삼았다. 아래의 사료는 이러한 당시의 상황을 가장 잘 보여주고 있는 사료이다.

> 1) 이듬해에 당나라 고종이 김인문 등을 불러 들여 꾸짖었다. '그대들이 우리 군사를 청해 가지고 고구려를 멸망시켰는데 우리를 침해하다니 무슨 까닭이냐?' 이에 옥에 가두고 군사 50만 명을 교련하여 설방薛邦을 장수로 삼아 신라를 치려고 했다. 이 때 의상법사가 당에서 수학하고 있다가 인문을 찾아보니 인문이 그 사실을 알렸다. 의상은 이에 신라로 돌아와 임금께 아뢰니 매우 꺼리면서 여러 신하를 모아 방어책

---

71) 김복순, 1988, 「신라 중대 화엄종과 왕권」『한국사연구』63 ; 1992, 「8·9세기 신라 유가계 불교」『한국고대사연구』6에서 신라 중대에는 화엄종 뿐 아니라 유가계 불교도 역사적으로 관심을 필요함을 언급하였다.

을 물었다. 각간 김천존金天尊이 '요사이 명랑 법사가 용궁에 들어가서 비법을 배워 왔으니 그를 불러 물어 보시기 바랍니다'고 하였다. 명랑이 아뢰기를 '낭산 남쪽에 신유림이 있으니 그 곳에 사천왕사를 세우고 도량을 열면 좋겠습니다'고 하였다. 그 때 정주貞州에서 사람이 달려와서 보고했다. '당나라 군사가 헤아릴 수 없이 많이 국경에 다가와서 바다 위를 순회하고 있습니다.' 왕은 또 명랑을 불러 물었다. '일이 이미 급박했으니 어찌하면 좋겠소?' '채백彩帛으로써 절을 임시로 만들면 될 것입니다.' 이에 채백으로써 절을 짓고 풀로써 오방五方의 신상神像을 만들고 유가瑜珈의 명승明僧 12분으로써 명랑을 우두머리로 삼아 문두루 文豆婁의 비밀법을 지었다. 그 때 당나라 군사와 신라 군사가 아직 접전하기도 전에 바람과 물결이 사납게 일어나서 당나라 배가 모두 물에 침몰되었다. 그 후에 절을 고쳐 짓고 이름을 사천왕사라 하니 지금까지 단석壇石이 없어지지 않았다.[72]

이 사료는 자장을 이은 왕경불교의 전통이 그대로 사천왕사 창건에 투영된 것을 잘 보여주고 있다. 즉 신라는 고구려에서의 불교전래에 이어 중국에서 직접 불교를 받아들이게 되었으나, 대개 불교를 장식하는 측면이 강하였다. 즉, 사찰의 건립, 탑과 불상의 조성, 불사리 봉안, 팔관회와 연등회 실시, 백고좌회와 도승과 같은 형태로서이다. 그것은 신라 왕경에 존재하는 사찰들이 대개 왕이나 왕실과 깊은 관계를 가진 사찰들이기 때문이었다. 다시 말하자면 신라의 불교는 법흥왕과 진흥왕의 흥법 이래, 원광과 안함, 자장 등을 거치면서 진호국가적인 성격이 강하게 나타나고 있었다. 특히 자장은 대국통으로서 전국의 승니들을 관장하면서 신라 전역을 불교와 유관한 불국토를 만들고자 정치적으로나 군사적으로 중요한 지역에 사찰을 건립하였다. 또한 왕경에는 황룡사 9층탑을 조영하여 외적들의 침입을 방어하고자 한 바 있다. 황룡사의 2대사주로서 백좌강회와 간등을 베풀었으며, 전국의 불교계를 통괄하였다.

명랑은 자장의 누이 법승랑 남간부인의 셋째아들이었다. 즉 자장의

---

72)『삼국유사』권2 文虎王 法敏 조.

조카로서 그의 두 형인 국교대덕과 의안대서성은 모두 명랑과 함께 문무왕대에 활동하였는바, 이들을 대덕, 대서성이라 칭한 것에서 이미 그 성향이 잘 드러나 있다.[73]

명랑이 행한 문두루비법은 『관정경』 권7 복마봉인대신주경伏魔封印大 神呪經에 의거한 것이지만, 명랑이 유가명승 12인과 함께 문두루비법을 행한 것은 유가유식과 밀접한 관계가 있고, 사찰명을 사천왕사라 한 것은 호국경전이라 할 수 있는 『금광명경』의 사천왕품의 영향을 받은 내용이라 할 수 있다.[74] 신라에서의 『금광명경』에 대한 공식적인 기록은 성덕왕 2년(703) 7월에 사신으로 당나라에 갔던 아찬 김사양이 이듬해인 704년 3월에 돌아오면서 당의 의정이 번역한 『금광명최승왕경』을 가져온 것이다.[75] 그런데 그 전에 이미 신라에는 원효가 수대隋 代 보귀寶貴 등이 역출한 『합부금광명경』을 저본으로 삼아 『금광명경소』 권8의 주석서를 내고 있어, 명랑과 유가명승들은 이 수대에 역출된 『금광명경』의 내용을 참고하여 사찰명도 짓고 그에 따른 행사도 하였을 것이다. 이후 당과의 교섭이 재개된 성덕왕대에 사신이 의정의 신역 경전을 가져왔다는 것은 신라에서 신역 『금광명경』의 내용에 의거한 호국행사를 하겠다는 것으로, 이는 양국 간의 관계가 많이 해소된 것을 의미한다고 하겠다.

명랑을 상수上首로 한 유가명승 12인은 유가에 밝은 유가계통의 승려를 의미하는 것으로, 이들이 당시 왕경불교계를 주도하고 있었을 것이라 생각된다. 당시 신라에는 이른 바 '가항불교'를 내세웠던 혜숙, 혜공, 대안, 원효와 같은 이들에게 일반민들의 관심이 쏠렸을 것이다.[76] 그것은 전쟁에 따른 희생자 내지는 부역자들을 포함한 일반민

---

73) 『삼국사기』 권7 문무왕 14년조 ; 『삼국유사』 권2 문호왕 법민조, 권5 명랑 신인조.
74) 문명대, 1976, 「신라신인종연구」 『진단학보』 41 ; 조원영, 2001, 「신라 중 대 신인종의 성립과 그 미술」 『부산사학』 40·41합집 참조.
75) 『삼국사기』 권8 성덕왕 3년 3월조.

들은 일정하게 조정과는 거리가 있었을 것이기 때문이다. 그런데 명
랑이 신묘한 방책으로 당군을 물리치고 신라의 안정을 가져온 것이
다. 그 방책에는 무속신앙의 성소와 왕실불교 세력에 의한 실행이 포
함되어 있었으므로, 불교신앙 내에 무속신앙을 포용하면서 왕경불교
계를 장악하였을 것이라 생각된다. 그것은 사천왕사의 사격이 중대
성전사원 가운데 가장 격이 높은 사원이었다는 것이 이를 단적으로
보여주는 사실이라 하겠다. 이로 인해 기존 왕실불교세력은 더욱 힘
을 발할 수 있는 계기가 되었을 것으로 생각된다.

(2) 신문왕의 달구벌 천도의 좌절과 '칠처가람설'의 정립

　신라 중대 왕경불교의 틀을 더욱 확고하게 해 준 것은 '전불시대 7
처가람설'의 정립으로 생각된다. '전불시대 칠처가람설'은『삼국유사』
에 전하는 설화같은 이야기이지만, 그 내용을 자세히 뜯어보면, 그 안
에 신라 왕경불교의 특색이 그대로 들어있다고 생각된다. 즉, 신라에
는 흥륜사를 비롯한 7곳에 전불시대의 가람지가 있었던 것으로 다음
과 같이 전하고 있다.

　　　2) 제21대 비처왕 때에 아도화상이 시자3인과 함께 역시 모례의 집
　　으로 왔는데 … 중략 … 「아도본비」에 보면 이러하다. "아도는 고구려
　　사람이요, 그 어머니는 고도령이다 … 나이 열아홉에 다시 어머니에게
　　로 돌아왔다. 그 어머니가 그에게 말하기를, '이 나라에서는 여지껏 불
　　교이치를 몰랐으나 이후 3000여 달 만에 계림에 거룩한 임금이 나서
　　불교를 크게 일으킬 것이다. 그 곳 서울 안에 일곱 곳의 절터가 있으니,
　　첫째가 금교의 동쪽 천경림이요, 둘째는 삼천기요, 셋째는 용궁 남쪽이
　　요, 넷째는 용궁 북쪽이요, 다섯째는 사천미요 여섯째는 신유림이요,
　　칠곱째는 서청전이니 모두가 전세부처님 시대의 절터였던 곳이다. 불
　　교의 전통이 오래 유전되었던 땅이니 네가 그 곳에 가서 위대한 불교
　　를 전파하여 마땅히 부처님을 예배하는 전통에서 첫 자리를 차지해야

---

76) 남동신, 1995,『원효의 대중교화와 사상체계』, 서울대 박사학위논문.

한다'고 하였다. 아도가 교훈을 받들고 계림에 이르러 왕성 서쪽 동리
에 와서 머무니, 즉 지금의 엄장사요, 때는 바로 미추왕 즉위 2년 계미
였다.[77]

아도가 고구려로부터 신라로 온 것은 대개 눌지왕대의 일로 상정하
고, 미추왕 2년이라 나와 있는 연대는 맞지 않는 내용으로 보고 있
다.[78] 그렇다면 '전불시대 칠처가람설'은 왜 무엇 때문에, 어느 시기
에, 누가, 이러한 설을 만들었는가 하는 것이다.

이에 대한 답으로 신라 신문왕이 689년에 달구벌로 천도하고자 했
던 사건[79]을 상기해 볼 필요가 있다. 신라는 992년 동안 한 곳에 도읍
을 하고 있었던 까닭에 왕경 지역과 기타 지역과의 사이에는 여러 가
지 차이가 있었다. 특히 불교는 6세기 중엽에 공인이 되면서 기존의
왕경 사회에 커다란 변화를 주었다. 거대한 왕릉과 소도, 시조묘, 신궁
으로 상징되던 왕경이, 왕릉은 점차 산록으로 이동하고 왕경의 중심
에는 사찰들이 들어서게 된 것이다. 특히 중고기에는 많은 사찰들이
왕들과 관련하여 조영되면서 왕경의 변화된 모습을 나타내게 되었다.
그리고 삼국 간의 전쟁에 이어 당과의 전쟁도 끝낸 신라는 일통삼한一
統三韓의 새로운 왕경을 조영하였다. 그 과정에서 수도를 달구벌로 옮
기고자 논의되고 추진되었으나, 좌절되고 말았다.

그렇다면 신라인들은 왜 천도하고자 했으며, 어떻게 이러한 시도가
잠재워지게 되었는가 하는 점이다. 천도의 가장 큰 요인으로는 왕권
강화의 측면과 지역의 편재성, 지배집단의 달구벌 친연성 등이 언급
된 바 있다.[80]

---

77) 『삼국유사』 권3 아도기라조.
78) 신종원, 1977, 「신라 불교의 전래와 그 수용에 대한 재검토」, 『백산학보』
    22, 137~183쪽.
79) 『삼국사기』 권8 신문왕 9년조.
80) 이문기, 1995, 「신라의 삼국통일과 대구의 변화」, 『대구시사』 권1, 246~
    250쪽 ; 주보돈, 1999, 신라의 달구벌 천도 기도와 김씨 집단의 유래」 『백

신라의 천도가 거론되었을 때, 고구려가 평양으로 천도하기 전에 9사寺를 지어 지기를 누른 것과 같은 사건이 역사적 사실로서 언급되었을 것이다. 그리고 신라 역시 달구벌로 천도하기 전에 그 곳을 진호하는 국찰을 세워야 한다는 의논이 있었을 것으로 생각된다. 즉 사찰의 건립은 관부나 도로, 축성 등과 함께 왕도로서의 면모를 갖추기 위한 작업의 일환이었을 것이기 때문이다.

그러나 신문왕이 중대 왕실에 비판적인 전통적인 귀족세력의 굴레에서 벗어나 통일왕국으로서의 새로운 출발을 도모하고, 경주지역의 토착귀족세력을 약화시키려 달구벌로 천도하고자 한 사실에 대해,[81] 왕경을 달구벌로 옮기고 싶지 않았던 신라의 귀족들로서는 여러 가지 대책이 있었을 것이다. 그 가운데 하나가 '전불시대 칠처가람설'의 주창으로 생각된다.

즉, 서라벌은 전세 때부터 불교와 인연이 있었던 지역으로 초창가람인 흥륜사, 영흥사, 황룡사, 분황사, 영묘사, 담엄사, 사천왕사의 7가람은 전불시대부터 신라에 그 터가 있었던 곳이라고 하는 이른 바 '전불시대 칠처가람설'을 내세운 것이다. 이들 사찰에 대해서는 창건 연대와 창건연기가 제각각이어서 함께 이해하기가 어려운 점이 있지만, 대개 신라 무속신앙의 성소로서[82] 소도지역 내지는 제장이 있었던 곳[83]으로 알려져 있는 곳이다. 또한 이 사찰들은 신라의 호국 사찰로서 신라 말까지 중요한 역할을 해내고 있으며, 신라 왕경의 중심지에 위치해 있으면서 도성의 구획과 방위개념상 중요한 지역이었다.[84]

산학보』 52, 567~574쪽 ; 김영하, 2004, 「고대 천도의 역사적 의미」『한국고대사연구』 36, 14쪽 ; 이영호, 2004, 신라의 천도문제, 『한국고대사연구』 36, 67~72쪽.

81) 이영호, 2004.12, 위의 논문, 105쪽.

82) 이기백, 1954, 「삼국시대 불교전래와 그 사회적 성격」『역사학보』 6.

83) 최광식, 1995, 「신라 상대 왕경의 제장」『신라문화제학술발표회논문집』 16-신라왕경연구-, 71쪽.

다시 말하자면, 조정에서 왕경이 지역적으로 편협한 것을 문제삼아 천도가 거론되어 달구벌로 옮기고자 하는 의론이 성숙되었을 때, 전통적인 귀족들은 왕경지역이 전세의 부처님 때부터 불교와 유관한 지역이므로 옮길 수 없다는 주장을 하였을 것으로 생각된다. 즉 전세 때부터 깊은 불연을 지닌 이 곳 왕경은 이들 가람이 진호하고 있기 때문에 천도를 할 수 없다는 주장을 폈을 것이라는 점이다.

경주의 귀족들은 불경 속에서 과거 7불의 전불신앙을 발견하여,[85] 이 곳 성소들을 전불시대부터 불연이 깊은 곳으로 간주하고, 고도령의 예언을 내세워 '전불시대 칠처가람설'을 널리 퍼뜨려 신라의 어느 곳도 서라벌만한 지역이 없음을 강조하였을 것으로 생각된다. 실제 이 내용을 전하고 있는 「아도본비」는 신라로의 불교초전경로가 북중국→고구려→신라로 왔다는 인식 위에서 형성된 이야기로, 그 시기는 신라가 불교유연국토라는 인식이 일반화된 이후일 것으로 보고 있다.[86]

경주의 귀족들은 이러한 주장을 통해 왕경을 달구벌로 옮기는 것을 무산시키고, 왕경지역이 불국토라는 곳으로 인식시키기 위해 그 후에도 지속적으로 노력하였다고 생각된다. 그것은 낭산을 수미산으로 인

---

84) 김복순, 2002, 「흥륜사와 칠처가람」『신라문화』20(2002, 『한국고대불교사연구』, 43쪽).

85) 과거7불에 대해서는 과거6불－현재 석가불－미래 미륵불로 연결되는 세대계열신앙이 북위불교의 용문석굴의 불상조성에서 비롯되었다고 보고 있으나, 이미 『증일아함경』권1 서품(대정장2, p.551a.787b), 『출요경』권25 악행품(대정장4, p.741b), 『사분률비구계본』(대정장22, p.1022c.1040c) 등에 나오는 과거칠불에 대한 내용이 참조되었을 것이다. 즉, 석가모니불과 가섭불 등 과거 6불을 과거칠불이라 하는데, 과거7불이 공통으로 전하는 칠불통계게로 "諸惡莫作 衆善奉行 自淨其意 是諸佛教"가 있다. 최치원이 「난랑비서」(『삼국사기』권4 진흥왕 37년조)에서 쓴乾 태자의 가르침으로 "諸惡莫作 衆善奉行"을 기술하고 있어, 신라인들이 즐겨 언급하였음을 알 수 있다.

86) 신종원, 1992, 『신라초기불교사연구』, 143쪽.

식하여 사천왕천四天王天(사천왕사)과 도리천忉利天(선덕여왕릉)을 상정했던 일[87]과 아육왕 양식의 불상이 7세기 후반에서 8세기에 걸쳐 양산되었다는 사실[88]에서도 나타난다고 할 수 있다.

전자의 경우 선덕여왕 지기삼사의 하나로 알려진 도리천설화는 안함이 예언한 것으로 사천왕사가 창건됨으로써 신라인들에게 그 사실이 드러났다고 되어 있다. 그러나 그 시점이 사천왕사의 창건과 물려 있음을 볼 때, 이 사건 역시 칠처가람설이 유포되는 것과 비슷한 시기에 널리 알려졌을 가능성이 있다. 어쨌든 왕경에 수미산이 있고, 사천왕천과 도리천이 있음을 강조하여 더욱 왕경이 불국토가 구현된 곳임을 강조한 것이다.

또한 후자의 경우는 문잉림에서 주조된 황룡사의 장육존상이 신라 특유의 양식으로 주성된 것은 동축으로서의 인식에서 나온 것으로 보는데, 전금광사지傳金光寺址 출토 여래입상을 비롯한 아육왕계 불상이 7세기 후반 경에 유행하여다는 사실도 또한 '전불시대 칠처가람설'의 형성과 관계가 있지 않을까 한다.

이렇게 신라인들은 왕경을 불국토라고 인식하였을 뿐 아니라, 옛적부터 불연佛緣이 있던 곳이라 생각해 왔다. 전불시대의 7처가람터가 있고, 수미산과 사천왕천, 도리천이 있는 불국토라는 인식을 구체화시킨 것이다. 또한 신라인들은 『유가사지론』의 오명五明 가운데 하나인 공교명사상工巧明思想에 의거해 수많은 불적을 조성하여 왕경의 도처가 불국정토임을 증명하였다. 특히 경주 남산, 선도산, 단석산 등의 유적은 주로 석재였던 까닭에 그 유적이 오늘날까지 많이 남아 있다. 그리고 신라 중대의 왕경에는 성전사원이 확립되어 승정기구로서의 통제적 기능, 왕실의 봉사기능, 사원의 경제적 관리를 수행하였는데,[89] 이

---

87) 신종원, 1996, 「삼국유사 선덕여왕지기삼사조의 몇가지 문제」『신라문화제학술발표회논문집－신라와 낭산－』17, 54~63쪽.
88) 김리나, 1979, 「황룡사의 장육존상과 신라의 아육왕상계 불상」『진단학보』46·47합집, 207~208쪽.

는 왕경불교가 다른 지역의 불교와 더욱 차별화되어갔음을 의미하는
것이라 하겠다.

경덕왕대의 일이기는 하지만, 불국사와 석불사의 창건 역시 김문량
과 김대성으로 대표되는 왕경 귀족들의 이러한 생각이 반영된 불사로
생각된다. 즉, 원광 시기의『인왕경』, 명랑으로 대표되는 중대의『금
광명경』에 이은 호국 삼부경으로서의 신라 중대말 하대초의『법화경』
으로 관련지어 살펴 볼 필요가 있다고 생각된다. 이 부분은 3절에서
언급하고자 한다.

3)『판비량론』의 저술과 교학 불교의 번성

(1)『판비량론』의 저술

원효가 불교교학 전반에 대해 저술을 하였음은 널리 알려진 사실로
서, 최근에는 그의『금강삼매경』과『금강삼매경론』의 분석이 행해지
면서 신라 중대불교의 성립을 가져온 것을 논한 의견이 있었다.[90] 매
우 중요한 지적이라 생각되지만, 서두에서도 언급하였듯이 원효의 저
술로 중대 불교를 간단히 언급하기에는 다양한 교학불교의 번성이라
는 역사적 사실이 묻혀져 버리는 문제가 있다. 따라서 신라 중대 전기
에 나타나는 원효를 비롯한 여러 교학불교가에 대해 살펴보는 것이
순서라 생각된다.

원효는 '분황의 진나'로 불릴 정도로 인명관계 내지는 유식계통의
내용에 매우 밝았던 인물이었다. 100여 종 240여 권의 저술 가운데 유
식계통의 연구서가 42종 24권으로 가장 많고 인명론과 판비량론에 관
한 것이 3종 4권으로 되어 있다. 그러한 그가 671년에『판비량론』을

---

89) 이영호, 1983,「신라 중대 왕실사원의 관사적 기능」『한국사연구』43.
90) 남동신, 1998,「신라 중대불교의 성립에 관한 연구」『한국문화』21.

저술한 것이다. 이는 두 가지 점에서 큰 역사적 의의를 가지고 있다고 할 수 있다. 하나는 671년이라는 시점이고, 또 하나는 그 내용에서의 문제이다.

먼저 그 내용부터 살펴보면, 『판비량론』은 국제적으로 명성을 얻었던 진나의 신인명新因明의 인식논리학에서 말하는 오류론에 근거하여, 유식이나 인명 등과 관계된 다양한 논증식들을 비판적으로 검토한 저술이다. 비량은 논증식으로, 우리가 지식을 얻는 방법인 현량과 비량 가운데 하나이다. 현량은 우리의 감관으로 파악하는 직접 지각을 의미하고, 비량은 사유의 매개를 통해 파악하는 추리를 말한다.[91] 때문에 이 『판비량론』은 '추론함' 그 자체를 비판하기 위해 저술된 것이라기보다, 유식·인명·비담 등에서 발견되는 잘못된 추론을 비판하고 올바른 추론을 제시하기 위해 저술된 것이다. 원효는 이 『판비량론』에서 현장의 해석까지를 포함하는 모든 주석들의 내용을 나름대로 비판하고 새로운 인명학의 내용을 정리하였다.[92]

원래 원효는 중국 유학까지 결심하면서 배우려고 하였던 신역 불전佛典에 대해 관심을 놓지 않았다. 그의 저서 가운데 『미륵상생경종요』, 『열반경종요』, 『중변분별론』, 『범망경 보살계본사기』, 『무량수경종요』, 『판비량론』 등에는 현장의 역경 이후에 나온 불전들이 인용되고 있는 것[93]으로도 알 수 있다. 특히 그로써는 나름대로의 독특한 해석을 위해 매우 노력하였다. 그러한 결실이 바로 『판비량론』으로, 현장의 신유식 관계 저술들을 읽어 보고 자신의 주장이 그들보다 못할게

---

91) 김성철, 2003, 『원효의 판비량론 기초 연구』, 77쪽.
92) 김성철, 위의 책, 18~22쪽, 현장은 유식비량(만법유식을 증명하는 논증식)과 대승불설을 증명하는 논증식으로 인도 유학 중에 명성을 날린 바 있는데, 원효는 이 두 가지 논증식에 나오는 논리적 오류를 지적하며 현장을 비판하였다.
93) 福士慈稔, 2000, 『원효저술이 한·중·일 삼국불교에 미친 영향』, 원광대 박사학위논문, 184~185쪽.

없음을 알고, 그들의 주장을 비판하고 기롱하는『판비량론』이라는 저술을 내었던 것이다.

또 하나는 671년이라는 시점의 문제이다. 신라는 당의 침공을 받아 명랑의 방책으로 해로로 오는 당군을 물리치기는 하였지만, 신라인들이 가지고 있던 당에 대한 상국으로써의 신라간섭에 대한 반감은 극에 달해 있던 상태였다고 할 수 있다. 그런데 원효는 이 저술을 통해 신라인들에게 당을 극복할 수 있다는 자부심을 줄 수 있었던 것이다. 이미 원효는『금강삼매경』을 통해 반야공관의 구역불교를 소개하면서 현장의 신역불교에 대하여 대립적인 자세를 선명히 한 것이라면, 『금강삼매경론』은 신구유식 간의 대립 갈등을 일심사상으로 지양하였다고 한다. 그러나 671년의 시점에서 원효는 분명 이들 신·구유식의 내용 전체를 꿰뚫고 있으면서 현장의 신유식에서의 오류까지 짚어낸 것이다.

당시 중국에서의 현장법사에 대한 당 태종의 환대와 새로이 역출된 불전에 대한 높은 기대감은 신라인들에게도 부러움의 대상이 되었을 것이다. 그러한 때에 원효는『판비량론』이라는 하나의 저술을 통해, 현장을 비롯한 중국의 여러 불교학자들의 주장에서 나타나는 오류들을 명쾌히 지적해 내면서 해동 신라인의 자긍심을 높였던 것이다. 이로 인해 그는 후대에 '분황의 진나'라는 별칭까지 얻게 될 정도로, 그 칭송이 후대까지 전해진 것이다.[94]

원효는 의상이 신라로 귀국한 후 그가 배워 온 화엄학을 놓고 서로간에 논쟁을 하였을 것으로 생각되며, 이에 대한 기록도 약간 전하고 있다.[95] 그러나 교학적인 면에서는 수전법 등의 예로 볼 때 의상에게 뒤쳐지지 않았다고 생각된다. 더구나 의상의 귀국 직후 원효는『판비량론』을 내면서 기존의 신라 불교의 성과를 표출해 내었다. 이 저술은

---

94)『삼국유사』권3 원종흥법 염촉멸신조.
95) 김복순, 1990,『신라화엄종연구』, 61쪽.

신라 왕경의 불교교학 수준이 중국의 현장이 주도하는 신유식을 능가
하는 정도였음을 보여주는 사건이라고 할 수 있으며, 또한 당시 신라
의 유가유식불교가 왕경을 중심으로 상당히 높은 수준의 교학으로 올
라가 있었음을 의미하는 것이라고 하겠다.

(2) 교학불교의 번성

불교 공인 이후 신라 조정에서 본격적으로 불교를 확산시키고 교학
불교에 대한 연구를 위해 행한 일은 대장경의 유입과 유학승의 파견
이었다.

신라 왕경에는 명관이 565년 진陳으로부터 들여온 대장경 1,700여
권과 원광이 가져왔을 『섭대승론』96)과 안함(홍)이 들여온 『능가경』과
『승만경』,97) 또한 자장이 선덕여왕 12년인 643년에 당에서 싣고 온 대
장경 1부98)의 기록을 합해서 볼 때 이미 중고기 말에 구역대장경은
다 갖추어져 있었다. 여기에 더하여 645년 현장이 인도로부터 귀국하
여 새로이 경전을 역출해 내자 신라 승들의 구법열을 자극하였고, 이
신역경전들은 곧바로 신라로 유입되어 신라 승들에게 상당한 영향을
주어 여러 주석서들이 나오게 되었다.

「유가론」이라 언급되어 있는 『유가사지론』은 현장이 그 완본을 구
하고자 인도유학을 결심했을 정도로 중요한 논서論書로서, 이 번역본
이 신라에 유입되면서 이전에 신라에 유입되어 있던 구역과 함께 여

---

96) 원광은 수에 있을 때 『섭대승론』 연구에 진력한 바 있고, 자장도 궁중에
    서 『섭대승론』을 강연하였고, 원효도 『섭대승론세친석론약기』 4권의 주
    석서를 낸 바 있고, 도증과 태현의 주석서도 있으며, 인도로 유학한 아리
    나발마 등도 계현류의 유식과 『섭대승론』으로 추정되는 양론을 수학한
    바 있다. 구유식의 대표적 경전이라 할 『섭대승론』이 신라승들에게 숙지
    되고 있음을 보여주는 내용이라고 생각된다.
97) 『삼국사기』 권4 진흥왕 37년조.
98) 『삼국사기』 권5 선덕왕 12년조.

러 논의를 일으키면서 유가유식 계통의 불교가 크게 확산되는 계기가 되고 있다.[99]

이 『유가사지론』은 현장이 정관 20년(646) 7월에 번역을 시작하여 22년(648) 여름 5월 갑오甲午일에 끝냈는데, 당 태종이 이 경의 완역 소식을 듣고 관심을 가지고 읽어 본 후, 그 말뜻이 심원하여 지금까지 들어 본 것이 아니라며 9본을 필사시켜 9주에 유통시키고 있다.[100] 이 소식을 들은[101] 진덕여왕은 표를 보내 『유가사지론』을 보내 줄 것을 청하였던 것이다. 어쨌든 당 태종이 여름 궁전인 옥화궁에서 이 론을 읽고 9주에 유통시켰던 것으로 볼 때, 신라로 유입된 것은 진덕왕 2년(648) 겨울 내지는 3년 정초 사행使行(649) 때 가능하지 않았을까 한다. 김지성이 조성한 감산사불상에는 그가 『유가사지론』을 애독한 것이 잘 나타나 있는데,[102] 이는 왕경지식인들의 일반적인 양상이었을 것으로 생각된다.

유학생의 파견은 신라조정에서 국비유학생으로 보낸 안함[103] 이후 담육, 지명, 원측, 신방 의상 등 많은 이들이 중국으로 유학하여 다양한 불교교학에 접하게 되고, 귀국 후 많은 영향을 끼치었다.

이같은 유학승의 파견과 대장경의 유입으로 신라 왕경의 불교 교학은 중고기에 이미 그 틀이 완성되어 있었다고 하겠다. 다만 주로 구유식의 불교로서 신라 불교계를 이끌던 원광, 자장, 대안, 원효의 교학에

---

99) 「금산사 혜덕왕사 진응탑비문」에는 "과거 당나라 태종 문황제(627~649)가 신라왕이 표를 올려 청하므로 유가론 100권을 보내옴으로부터 … 점점 이 땅에 왕성하였다. 그리하여 원효법사가 앞에서 인도하였고 태현대통이 뒤를 따랐으며 등불을 잇고 세대를 이어 중흥하였다"고 나와 있다.

100) 『대당대자은사삼장법사전』 권6(동국대역경원, 한글대장경 『대당대자은사삼장법사전』, 162~171쪽.

101) 『유가사지론』의 번경에 참여했던 신방 내지는 사신들에 의해 신라에 알려졌을 것으로 생각된다.

102) 『삼국유사』 권3 남월산조.

103) 『해동고승전』 권2 안함전.

신유식이 도입되면서 상당한 혼란이 왔는데, 주로 9식설과 누구나 성 불할 수 있다고 믿는 입장에 있었다. 원측이 현장의 휘하에 있었으면 서도 서명학파라고 하는 독특한 입장을 견지한 것도 이미 구유식에 바탕을 두었기 때문이었다.

현장의 신유식에서는 오성각별적인 주장으로 일천제는 성불할 수 없다는 입장에 있었는데, 당시 신라에서는 경흥, 신방, 지의 등이 신유 식의 교학을 받아들여 새로운 견해를 피력하고 있었다. 경흥은 웅천 주 출신으로 백제에서 40세까지 활동하였을 것으로 추정할 때, 그가 가지고 있었던 교학의 경향은 오성각별설적인 입장에 있었다고 하겠 다. 이러한 경향은 문무왕의 측근에 있었던 지의법사(신라)와 그 맥을 같이하는 경향이 있다고 하겠다. 이들은 특히 왕의 주변에서 실세로 서 활동하였다는 특징을 보이고 있다.[104]

원효가『금강삼매경』을 강연하려고 준비한 내용이 없어져 사흘 만 에 다시 약소를 지어 강의했다는 사실은 이들 신·구 유식을 주장하 는 세력 사이에 흐르는 갈등 때문에 일어난 사건이라 생각된다. 때문 에 의영은『신구쟁新舊諍』20권을 지어 신·구 유식을 일일이 비교 검 토한 책을 발간하기도 하였다.

또한 현장의 신역 가운데『성유식론』에 대한 주석에 많은 이들이 주석을 달고 읽으므로써, 그 주석 내용이 그 당시는 물론이고 후대에 까지 이어져, 이들 가운데 중요한 이들은 약칭해서 부르는 용어까지 생겨날 정도였다. 예를 들면 유설은 규기, 유석은 원측, 유초는 보광, 유해는 혜관, 유운은 현범, 미상결은 의적, 화상은 현장, 요집은 도증, 폄량은 경흥 등이다.[105] 이러한 사실은 당시 신라 왕경의 불교계에 교 학불교가 서로 간의 논쟁을 통해 매우 번성하고 있었음을 알려 주고

---

104) 김복순, 1992, 위의 논문,『한국고대불교사연구』, 166~171쪽.

105) 이만, 1990~1992,「법상관계 논소와 신라인의 찬술서―산일본을 중심으 로―」1~3『불교학보』27~29 ; 1993,「신라인 찬술의『성유식론소』산일 본 복원」『불교학보』30.

있다. 신라의 법상유식가로 오늘날 그 이름이 전하고 있는 이로는 원측, 영인, 지인, 신방, 원효, 순경, 경흥, 둔륜, 승장, 의적, 행달, 명효, 현범, 도증, 태현 등이 있다. 때문에 이 무렵에 신라에 법상종이 성립되었을 것으로 보고 도증,[106) 신방,[107) 의적[108) 등이 그 종조宗祖였을 것이라는 논고도 나온 바 있다.

현재 이들의 저술이 제대로 전해지지 못하고 산일된 까닭에 일본 등에 산재해 있는 내용의 소개가 활발하였다.[109) 이는 당시 신라 왕경에 교학불교가 매우 번성하였음을 보여주는 사실이라고 하겠다.

(3) 法藏의 章疏와 화엄종의 성장

화엄종의 성장은 신라의 유가승들이 화엄교학에 대한 이해를 심화시켜 나가면서 이루어졌다고 생각된다.

> 3) 그러나 처음 의상이 이르렀을 때에는 그저 동가구東家丘와 같을 뿐이었는데, 법신法信(법장의 편지와 장소章疏)이 멀리 전하여지자 모든 의혹을 두루 깨닫게 되었다. 이는 실로 어두운 촉룡燭龍의 눈이 단번에 광명을 놓았고 화서火鼠의 털을 짜는데 더욱 기특함을 나타낸 것이다. 교화는 온 나라에 미쳤고 학은 온 산에 퍼지므로, 화엄이 신라에 빛나게 된 것은 대개 법장의 힘이다(최치원, 「법장화상전」).[110)

---

106) 문명대, 1974~1975, 「신라 법상종의 성립문제와 그 미술」 상·하『역사학보』 62, 63.

107) 김상현, 1993, 「신라 법상종의 성립과 순경」 『가산학보』 2.

108) 최연식, 2003.6, 「의적의 사상 경향과 해동 법상종에서의 위상」『불교학연구』 6, 59~65쪽. 그는 의적을 현장의 문인으로 보고 『성유식론』에 대한 주석서를 남겨 신라 법상종 형성에 중요한 역할을 하였고, 원효와 태현의 저술과 그 맥을 같이 하여 신라 법상종의 중심적 흐름과 긴밀하며, 금산사에 주석하여 진표의 법상종에 유식학적 측면에서 영향을 준 것으로 보고 있다.

109) 이만, 주 35)의 논문, 김상현, 1994, 「집일금광명경소」『동양학』 24, 259~284쪽 ; 「집일승만경소」『불교학보』, 444~462쪽.

110) 『대정장』 50, 285쪽.

의상이 귀국 한 후 20여 년이 지난 후인 692년 무렵 승전은 중국의 법장 문하에서 유학을 마치고 돌아오면서, 법장이 지은 여러 저술과 편지를 가져 왔다.[111] 이에 의상은 문을 닫고 며칠 동안이나 탐독을 하였다. 그리고 제자들에게도 읽도록 하였으며, 그 내용은 당연히 왕경의 유가승들에게도 알려졌을 것이다. 이론불교에 밝은 유가승들은 법장의 여러 장소들을 보고 나서 화엄교학에 대한 인식이 새로워지면서 불이 번지듯이 퍼져나가 신라 전역에 화엄대학이 선 것으로 최치원은 「법장화상전」에서 전하고 있다.[112]

법장의 서신와 함께 전해진 그의 저술들은 『탐현기』 20권(양권 미성未成), 『교분기』 3권, 『현의장등잡의』 1권, 『화엄범어』 1권, 『기신론소』 양권, 『십이문소』 1권, 『법계무차별론소』 1권 등이다. 그런데 이 전적들은 미완의 것들도 있으므로 의상은 편지를 주고받으면서 이에 대한 의견을 주었을 것으로 생각된다.

법장의 저술 가운데 『기신론소』는 해동소海東疏라 불리는 원효의 『대승기신론소』를 많이 참조하여 지은 것으로, 화엄종의 입장에서 해석한 것이다. 그러나 이때는 이미 원효가 입적(686)하고 난 이후였으므로, 의상은 이를 왕경에 보내어 원효의 제자들과 여러 유가승들에게 읽게 하였을 것이다. 이를 읽은 유가승들은 화엄교학에 대해서 새로이 이해를 하고, 의문이 나는 점을 알기 위해 의상을 찾아와 문답도 하고 그의 제자가 되기도 하였던 것이다. 오진吾眞[113]이나 의적義寂이 대표적인 인물로, 이들은 유가계통의 저술까지 있는데 뒤늦게 화엄교학에 대해 인식하면서 새로이 의상에게 와서 의문점을 풀었거나 그에게 배웠던 것이 아닌가 한다. 그리고 의상과 그의 문도들에 대한 평가

---

111) 『삼국유사』 권4 의상전교조, 승전촉루조.
112) 최치원, 「법장화상전」.
113) 오진의 저술로 『성유식론의원초』 3권, 『인명론비궐략초』 2권, 『법원의림집현초』 3권이 의천의 『신편제종교장총록』에 실려있다.

가 점차 달라졌을 것으로 생각된다.

이렇게 법장의 장소가 신라에 유입된 이후 의적을 비롯한 왕경의 유가계통의 승들은 주로 원효의 기신론이나 법장의 장소를 중심으로 화엄교학을 연구하였다고 생각된다.

신라불교의 영향이 일본 고대화엄에 끼친 영향을 연구한 내용에 의하면, 8세기 일본 불교계는『성유식론』의 이론에 기초한 법상종이 주류를 이루고 있었으나, 초기 일본 화엄종을 대표한 인물들인 지경과 수령의『대승기신론동이약집』과『화엄오교장지사』가 원효의 교학에 크게 의지해서 저술된 것에 주의하고 있다. 일본 최고의 화엄학 문헌이라는『동이약집』은 당시 사상적으로 대립하고 있던 법상종을 이론적으로 비판하기 위해『대승기신론』의 이론으로서『성유식론』의 이론을 비판하고 있는데, 그러한 논의의 내용은 전적으로 원효와 법장의 이론에 기초하고 있다는 것이다. 또한 비판의 대상이 되는 유식학의 이론에 대하여는 규기, 혜소와 같은 중국 법상종 학자들의 저술과 함께 신라 승려들의 저술에 의거하여 설명하고 있음을 밝히고 있다. 또한 당시 일본의 화엄교학에 의상의 화엄교학보다 원효의 영향이 나타나고 있다는 것이다.[114]

이는 이미 위에서 언급한 바와 같이 법장의 장소가 신라에 전해진 이후 원효의『대승기신론소』와 함께 법장의 장소가 크게 부각이 되었고, 왕경의 이러한 분위기가 그대로 일본에 전해지면서 초기 일본 고대 화엄학의 성격이 결정된 것으로 생각된다. 또한「고선사 서당화상비」와『삼국사기』「설총전」에 보이는 일본 진인이 원효의 저술을 흠모해 사신이 원효의 손자라는 사실을 알고 반긴 사실은, 이미 100여 년 전에 신라 사신에 의해 일본에 전해졌을 신라 불교교학의 영향력이 남아 있었던 데서 나온 행동이라 생각된다.

---

114) 최연식, 2004,「일본 고대화엄과 신라 불교-나라·평안시대 화엄학 문헌에 반영된 신라불교학-」『한국사상사학』21, 12쪽.

5) 맺음말

신라 중대는 삼국을 아우르고 당군까지 축출한 후 안정의 시기를 열었지만, 내부적인 갈등이 남아 있었다. 특히 신문왕대에는 친당파의 제거 및 천도문제까지 거론되었다. 이에 왕경불교계에서는 사천왕사의 창건과 '전불시대 칠처가람설'의 형성과 정립이라는 문제로서 서라벌을 신라의 왕경으로서 확실하게 자리매김하고 신라 불국토설이 왕경에 구현되는 계기를 만들었음을 밝혀보았다. 또한 당나라와의 잦은 교류에서 얻은 현장의 신역불전들의 유입은 구역불전에 익숙했던 신라인들에게 혼란을 주었으나, 원효는 671년에 『판비량론』을 저술하여 현장의 주장 가운데서 오류를 밝혀내는 등 당에 대항하는 신라인의 자긍심을 한껏 높여 주었다. 이후 신라의 왕경에는 교학승들의 많은 저술이 쏟아져 나와 이론적인 측면에서 왕성한 면모를 보여주게 되었음을 고구하였다.

의상의 화엄종은 법장이 의상에게 보여 의견을 구하고자 보내온 장소章疏들이 신라 유가계 승려들에게 알려지면서 왕경의 교학승들에게도 화엄교학을 심화시켜 화엄종이 점차 성장해 감을 논구하였다.

3. 신라 왕경의 국찰과 호국삼부경

1) 머리말

신라 왕경의 사찰에 관한 연구는 개별사찰 내지 성전사원, 칠처가람, 남산불적 등 많은 내용이 온축되어 있다. 특히 왕경 지역과 관련하여 사찰의 분포와 정리, 그리고 국가 제사나 의례와 관련된 논고로는 大坂金太郎 이래 조유전, 신창수, 박방룡, 이인철, 윤선태, 여호규, 양정석 등의 논고가 있다. 이들의 연구업적은 신라 왕경의 사찰을 체계적으로 이해하는데 매우 유용한 내용들이라고 하겠다.

본 글은 이들의 연구성과에 기초하여 신라 왕경의 사찰의 명칭과 분포, 체계에 대해 고구해 보고자 한다.

우선 왕경에 분포하였던 사찰들에 대한 기존의 견해들을 비교 정리해 보고 왕경 사찰의 전체적인 규모와 분포, 그리고 시대별로 구분하여 정리해 보고자 한다. 그리고 이러한 왕경의 국찰들에서 행해졌던 호국삼부경의 강경과 국가적인 불교행사를 살펴 왕경 불교계의 흐름을 짚어 보고자 한다.

2) 왕경 사찰의 분포

(1) 전체적인 규모와 분포

왕경 사찰의 조성 내역은 전체적인 숫자와 위치비정, 그리고 창건 시기의 추정 등에 관심이 있었다. 왕경 사찰의 분포에 대해서는 박방룡과 이인철[115] 등에 의해 전체적인 면모가 대략 드러나게 되었다. 박방룡은 일인들의 연구를 기초로 지금까지 조사된 신라 왕경의 사찰

즉 도성의 사찰에 초점을 맞추어 고구한 반면, 이인철은 신라의 불교 사원 전체를 언급하면서 경주에 위치한 사원을 언급한 차이가 있다. 이인철은 문헌과 금석문, 답사를 통해 확인된 신라의 사찰이 전시기에 걸쳐 500여 개소가 조성되어졌고, 경주에는 224개소가 있었던 것으로 보고 있다. 박방룡은 문헌과 금석문에서 언급하고 있는 사찰들을 고고학적인 조사와 현재 남아있는 폐사지들을 답사하여 도성 내의 사찰이 203개소가 있었다고 파악하고 있다.

그런데 이러한 숫자들은 문헌인『삼국사기』와『삼국유사』, 금석문 등에 나오는 사찰의 수를 따로 정리하고, 폐사지 등을 모두 합하여 신라의 도성 내에 존재하였던 사찰의 수를 별도로 산출해 낸 것이다. 이 두 연구에 의해 제시된 왕경 사찰 명칭들은 대부분 일치하고 있지만, 서로 출입이 있는 부분도 있고, 문제점도 있으므로 이를 확인해 볼 필요가 있다.

이인철과 박방룡은 우선『삼국사기』와『삼국유사』, 금석문 등을 근거로 하여 이인철이 96개소를, 박방룡은 97개소를 제시하였다. 박방룡은 이 가운데 위치 파악이 가능한 곳을 51개소로 보고, 조선조까지 존재한 사찰을 19개소로 보고 있다. 또한『신증동국여지승람』에 나오는 24개소의 사찰을 소개해 놓고 있다.

> 이인철이 제시한 사찰 : 96개소[116]
>
> 감산사, 감은사, 경지사, 고선사, 곡사(숭복사), 구원사, 굴불사, 금강사, 금곡사, 금광사, 기림사, 기원사, 남간사, 남항사, 담암사, 대곡사, 도량사, 도림사, 도중사, 동천사, 만선도량, 망덕사, 문수사, 모지사, 무장사, 미탄사, 민장사, 반향사, 백률사, 법류사, 법림사, 벽사, 보리사, 보문사, 복천사, 봉덕사, 봉성사, 봉은사, 부개사, 분황사, 불국사, 불무사, 사

---

115) 박방룡, 1997,『신라 도성연구』, 동아대학교 박사학위논문, 133~161쪽 ; 이인철·진성규, 2003,『신라의 불교사원』, 백산자료원.
116) 이인철, 위의 책에 나오는 내용을 근거로 작성하였음.

자사, 사천왕사, 삼랑사, 생의사, 석가사, 석불사, 석장사, 선방사, 송화방, 수원사, 신선사, 신원사, 신인사, 실제사, 안계사, 안흥사, 양관사, 양존사, 양피사, 애공사, 엄장사, 영경사, 영묘사, 영흥사, 왕망사, 용장사, 원녕사, 원연사, 원원사, 유덕사, 이거사, 인용사, 임천사, 자추사, 장수사, 정혜사, 중생사, 창림사, 천관사, 천룡사, 천엄사, 천은사, 천주사, 청룡사, 취선사, 피리사(염불사), 혈사, 혜숙사, 호원사, 홍효사, 황룡사, 황복사, 황성사, 홍륜사,

박방룡이 제시한 사찰 : 97개소[117]

감산사, 감은사, 고선사, 곤원사, 구원사, 굴불사, 금강사, 금곡사, 금광사, 기림사, 기원사, 남간사, 남산사, 남항사, 담암사, 도량사, 도림사, 도중사, 돌백사, 동천사, 망덕사, 문수사, 모지사(경지사), 무장사, 미탄사, 민장사, 밀곡사, 반향사, 백률사, 법류사, 법림사, 벽사, 보리사, 보문사, 봉덕사, 봉성사, 봉은사(보은사), 부개사, 분황사, 불국사, 불무사, 사자사, 사제사, 사천왕사, 삼랑사, 생(성)의사, 석가사, 석불사, 석장사, 선방사, 세달사(흥교사), 숭복사(곡사), 신선사, 신원사, 실제사, 안흥사, 양관사, 양존사, 양피사, 애공사, 엄장사, 염불사, 영경사, 영묘사, 영흥사, 왕망사, 용장사, 웅수사, 원녕사, 원연사, 원원사, 유덕사, 이거사, 인용사, 임천사, 자추사, 장수사, 중생사, 지중사, 창림사, 천관사, 천룡사, 천엄사, 천은사, 천주사, 청룡지사, 피리사, 혈사, 혜숙사, 호원사, 홍효사, 황룡사, 황복사, 황성사, 홍륜사, 갑산사, 만정지사, 인정지사

이인철은 웅천인 공주에 있는 수원사와 동원경인 김해에 있던 복천사를 경주에 있었던 사찰로 제시하고 있다. 수원사와 복천사는 경주에 있었다고 보기 어려우므로, 이인철의 경우 모두 94개소를 확인할 수 있다.

박방룡은 경지사는 모지사와 같은 사찰로, 곡사는 숭복사와 같은 사찰로 인식하고 있다. 그런데 세달사를 흥교사와 같은 사찰로 보고 이를 왕경에 위치하였던 사찰로 보고 있는데, 세달사(흥교사)는 영주

117) 박방룡, 1999, 「신라 왕경의 사찰조영」『미술사학』13, 115쪽에서는 위의 논문보다 2개 사찰을 더 보충하였으므로 이를 근거로 작성하였음. 22번은 藏寺로 나오고 있어 제외하였다.

의 부석사 내지는 경기 풍덕, 또는 영월에 있는 사찰118)로 언급되고
있어서, 경주에 있던 사찰이 아니므로 모두 96개의 사찰이 확인된다
고 하겠다.

또한 이인철의 경우, 박방룡이 제시한 곤원사, 남산사, 돌백사, 밀곡
사, 사제사, 웅수사, 지중사, 갑산사, 만정지사, 인정지사에 대해 언급
이 없으나, 곤원사는 오릉 서쪽에 옥개석, 주초석이 남아 있는 것이
확인되고 있고, 돌백사는『삼국유사』권5 명랑신인조에 나오는 고려
시기 돌백사주첩주각㙜白寺柱貼注脚에 의거한 사찰명으로, 태조가 전답
을 급여한 것으로 보아 이미 신라 때부터 왕경에 있어 온 사찰로 볼
수 있다. 사제사는 사제의 명이 있는 기와가 발견되었고, 갑산사, 만정
지사, 인정지사 역시 그 근거가 확실하다.

박방룡은 이인철이 제시한 대곡사, 만선도량, 송화방, 신인사, 안계
사, 정혜사, 취선사를 빠뜨리고 있다. 이 가운데 모지사를 경지사와 같
은 사찰로 제시한 것은 근거가 약한 듯 하고, 논문 내용에서는 백률사
를 자추사와 같은 사찰로 인식하고 있으면서119) 숫자상으로는 별개의
사찰로 취급하고 있다. 대곡사는 경주 용명리 3층석탑이 대곡리탑으
로 불리었던 것에 근거하여 이인철이 이 곳으로 비정하고 있어 인정
해야 할 듯 하며, 만선도량은「서당화상비」에 나오고 있으므로 보충
할 필요가 있을 듯 하다. 또한 송화방의 경우 충효동 3사지로 보는 금
산재 자리로 추정되는데, 6~7세기 대의 송화산 석조반가사유상이 이
곳에 있었을 가능성이 크므로 보충해야 할 듯하고, 정혜사는 정혜사
지로, 안계사는 안계사명 기와가 수습되었으므로 역시 인정해야 할
듯 하다.

또 두 연구자 모두 피리사와 염불사를, 곡사와 숭복사를 같은 사찰
로 보고 있다. 그런데 곡사는 원성왕릉이 들어서면서 폐사가 되고, 숭

---

118) 김복순, 1990,『신라 화엄종연구』, 46~48쪽.
119) 박방룡, 위의 논문, 120쪽.

복사는 근처의 초월산으로 자리를 옮겨 창건하였기 때문에 선후 관계
는 있지만, 완전히 별도의 사찰로 보아야 할 것이다.

　이상과 같은 내용으로 두 연구자가 제시한 자료를 근거로 왕경의 사
찰을 취합하고 정리해 보면 다음 표와 같은 내용이 된다고 할 수 있다.

〈표 1〉 왕경 사찰 일람표

왕경사찰명칭	이인철	박방룡	신증동국여지승람	도성내 사지확인 사찰	삼국-조선까지 존재한 사찰
1. 감산사	●	●		●	●
2. 감은사	●	●	●	●	거동사 ●
3. 경지사	●	○			개선사 ●
4. 고선사	●	●		●	
5. 곡사(숭복사)	●	○			
6. 곤원사	○	●	●	●	
7. 구원사	●	●			
8. 굴불사	●	●		●	●
9. 금강사	●	●			
10. 금곡사 (삼기산사)	●	●		●	●
11. 금광사	●	●		●	
12. 기림사	●	●	●	●	●
13. 기원사	●	●			
14. 남간사	●	●		●	
15. 남산사	○	●	●		
16. 남항사	●	●		●	
17. 담암사	●	●	●	●	
18. 대곡사	●	○			
19. 도량사	●	●		●	
20. 도림사	●	●			
21. 도중사	●	●			
22. 돌백사	○	●			
23. 동천사	●	●		●	
24. 만선도량	●	○			

25. 망덕사	●	●		●	
26. 문수사	●	●			
27. 모지사	●	●			
28. 무장사	●	●	●	●	●
29. 미탄사	●	●		●	
30. 민장사	●	●			
31. 밀곡사	○	●		●	
32. 반향사	●	●			
33. 백률사	●	●	●	●	●
34. 법류사	●	●	법광사●		
35. 법림사	●	●			
36. 벽사	●	●			
37. 보리사	●	●		●	
38. 보문사	●	●		●	
39. 봉덕사	●	●			
40. 봉성사	●	●	●		
41. 봉은사	●	●			
42. 부개사	●	●			
43. 분황사	●	●	●	●	●
44. 불국사	●	●	●	●	●
45. 불무사	●	●		●	
46. 사자사	●	●		●	
47. 사제사	○	●		●	
48. 사천왕사	●	●	●	●	●
49. 삼랑사	●	●		●	
50. 생의사 (성의사)	●	●			
51. 석가사	●	●		●	
52. 석불사	●	●		●	●
53. 석장사	●	●	●	●	●
54. 선방사	●	●		●	
55. 송화방	●	○	●		
56. 숭복사 (곡사)	○	●		●	
57. 신선사	●	●		●	

58. 신원사	●	●	●	●	
59. 신인사	●	○			
60. 실제사	●	●			
61. 안계사	●	○			
62. 안흥사	●	●			
63. 양관사	●	●			
64. 양존사	●	●			
65. 양피사	●	●			
66. 애공사	●	●		●	
67. 엄장사	●	●			
68. 영경사	●	●		●	
69. 영묘사	●	●	●	●	●
70. 영흥사	●	●	●	●	
71. 왕망사	●	●			
72. 용장사	●	●	●	●	
73. 원녕사	●	●			
74. 원연사	●	●			
75. 원원사	●	●		●	●
76. 유덕사	●	●			
77. 이거사	●	●		●	
78. 인용사	●	●		●	
79. 임천사	●	●		●	
80. 웅수사	○	●			
81. 자추사	●	●			
82. 장수사	●	●			
83. 정혜사	●	○		●	●
84. 중생사	●	●			
85. 지중사	○	●			
86. 창림사	●	●	●	●	
87. 천관사	●	●	●	●	
88. 천룡사	●	●	●	●	●
89. 천엄사	●	●			
90. 천은사	●	●		●	
91. 천주사	●	●			
92. 청룡(지)사	●	●			

93. 취선사	●	○			
94. 피리사 (염불사)	●	●			표충사●
95. 혈사	●	●			
96. 혜숙사	●	●			
97. 호원사	●	●		●	
98. 홍효사	●	●			
99. 황룡사	●	●	●	●	황룡사(별도)
100. 황복사	●	●		●	
101. 황성사	●	●			
102. 흥륜사	●	●	●	●	
103. 갑산사	○	●		●	
104. 만정지사	○	●			
105. 인정지사	○	●			
합계	94	96			

신라의 사찰로 그 이름을 확인할 수 있는 곳은 대개 105곳이 된다고 할 수 있다. 이 사찰들이 모두 그 사지를 확인할 수 있는 것은 아니나 후일 발굴이나 발견으로 사찰명을 확인할 수 있는 근거가 될 수 있으므로 중요한 내용이라 하겠다.

(2) 시기별 중요 사찰의 창건과 분포

왕경의 중요 사찰로는 7처가람과 7개의 성전사원이 널리 알려져 있고, 이 부분에 많은 연구들이 집중되어 있다. 이들 사찰 외에도 사사성장寺寺星張 탑탑안행塔塔鴈行이라는 표현과 같이 신라의 왕경에는 많은 사찰과 탑이 건립되어졌으므로 이들 사찰을 중심으로 시기별로 나누어 살펴보도록 하겠다.

㉠ 신라 중고기의 왕경에는 적석목곽분의 대형고총고분들이 평지에서 산록으로 이동하면서 사찰이 그 위용을 대신하게 되었다. 신라에 불교가 유입되는 시기에 이미 왕경 전체의 도시계획이 있었다고 하는 견해를 참고해 볼 때,[120] 이 시기 사찰의 창건은 구획된 왕경 내

에서 포용되는 양상을 띠었을 것으로 생각된다. 이는 기존의 신앙공간이 불교에 의해 잠식될 수밖에 없는 구조를 가지게 된 것이라고도 생각된다.

중고기 왕경의 중요한 사찰로 언급되는 흥륜사, 영흥사, 황룡사, 영묘사, 분황사는 『삼국유사』에 이른바 전불前佛 시대 7처가람으로 정리되어 담암사와 사천왕사를 포괄시켜 함께 언급되고 있다. 사천왕사는 679년에 창건되어졌고, 담암사는 창건연대를 알 수 없기 때문에 이들까지 포괄시켜 중고기 사찰로 언급하기에는 무리가 있다. 그러나 전불 시대의 설이라는 명칭과 7처가람이 함께 언급되고 있어 이를 중고기의 대표적인 사찰로 보고 언급하고자 한다. 7처가람은 신라에서 모두 중요시되던 사찰이었기 때문에 이에 대한 의견이 다양하게 도출되어 있다.

첫째는 불교신앙의 측면에서 7처가람을 불연국토설 내지 불국토사상을 언급하는 내용으로 본 김영태와 신동하 등의 견해이다. 신동하는 7처 가람에 대해 개개 사찰들을 살펴보고, 왕실과 유관 사찰의 승려들에 의해 중대 말에서 하대 전반기에 '7처가람설'이 생성되었다고 보았다.[121]

둘째는 7처 가람을 무속신앙의 성소였던 소도지역 내지 제장이 있었던 곳에 불교사원이 건립되어진 것으로 본 이기백과 조법종의 견해이다. 이기백의 이 견해는 가장 설득력 있는 견해로 받아들여지고 있고, 초기 불교와 불교세력을 이해하는데 시사하는 바가 크다고 하겠다.[122] 조법종은 이기백의 견해에 부연하여 흥륜사와 황룡사 등에 유

---

120) 신창수, 1995, 「중고기 왕경의 사찰과 도시계획」 『신라문화제학술발표회 논문집』 16.

121) 신동하, 2000, 『신라 불국토사상의 전개양상과 역사적 의의』, 서울대 박사학위논문, 82~89쪽.

122) 이기백, 1954, 「삼국시대 불교수용과 그 사회적 의의」 『역사학보』 6, p. 주 76에 의하면 이 견해는 김철준의 교시에 따른 것이라고 되어 있어 7

존하였던 석물의 존재로 소도가 불교 사원화 하는 과정을 입증하고, 신라 사원노비의 기원을 소도노비에서 찾고 있다.[123)

셋째는 7처가람을 왕경연구와 연계하여 중고기에 불교적으로 성역화된 왕경의 핵심공간으로 본 여호규의 견해이다.

이상의 내용으로 볼 때, 7처가람들은 신라 전통신앙의 성소였던 곳이었다가 불교성지로 바뀌었으며, 전통신앙의 사회적 양태가 불교신앙으로 바뀌어 나가는 모습이 이 7처가람에 그대로 투영되어진 것이라고 할 수 있겠다. 그렇지만 7처가람 각각의 창건연대와 연기설화로 볼 때, 신라인들이 체계적이고 의도적으로 7처가람을 창건한 것이 아니었음은 쉽게 알 수 있다. 그러나 결과적으로 신라의 왕도를 수호하는 가람으로 일괄적인 인식을 하게 되었다고 할 수 있다.

7처가람의 위치에 대해서는 『삼국유사』에 나와 있는 지명에 따라 다음과 같이 비정하고 있다.[124)

> 흥륜사－금교金橋 동쪽의 천경림天鏡林으로 금교는 서천교西川橋로서
>   송교松橋라고 한다.
> 영흥사－삼천三川 기岐
> 영묘사－사천沙川 미尾
> 황룡사－용궁 남
> 분황사－용궁 북
> 사천왕사－신유림
> 담암사－서청전

현재 분황사, 황룡사, 영흥사, 사천왕사, 담암사까지 그 위치가 대개 밝혀져 있으나, 흥륜사와 영묘사의 사역에 대해서는 영묘라는 기와가

처가람의 장소가 소도지역과 대개 일치한다는 것은 연구자들 사이에 공통적으로 인식하고 있었던 사항이 아닌가 생각된다.

123) 조법종, 「신라사원노비의 기원문제에 관한 일고찰」『사총』 32, 21~22쪽, 31쪽.

124) 『삼국유사』 권3 아도기라.

출토된 현재의 사정동 홍륜사를 영묘사로 보고 있다.

그런데 여호규에 의하면, 중고기 6부 왕경인 가운데 훼부喙部와 사훼부沙喙部 출신이 정치권력을 독점하면서 도성 중심부를 불교사원으로 둘러싸서 성역화하는 공간구조를 창출하므로써 중고기 정치체제를 공간상으로 구현하였다고 보았다. 이에 더하여 중대 이후에는 당의 정관례貞觀禮를 준용하여 국성國城과 사교四郊를 기준으로 제장을 설정함으로써 사교 관념을 확립하고 왕기王畿를 재편하여, 중고기 왕경의 이원적 공간구성이 왕경王京−사교四郊−왕기王畿로 전환되므로써 유교적 정치체제를 구현한 것으로 보고 있다. 즉 중고기 불교적으로 성역화된 핵심공간에서 중대 유교적 정치체제의 구현이라는 변화를 언급하고 있다.125) 매우 정연하게 설명하고 있으나, 기본적으로『삼국사기』찬자의 불교기사의 축소와 유교기사의 확장이라는 측면에서 좀 더 넓게 이해할 필요가 있다.

성전사원이 설치된 것이 신문왕 4년인 684년이고 7처가람설이 형성된 것이 신문왕 9년 무렵이라고 볼 때, 중고기에 의도적으로 왕경에 불교적 성역공간을 만들었다기 보다는 오히려 신라 중대에 왕경이 불국토라는 개념을 형성시키면서 이에 대한 구상이 왕경에 실천된 것이 아닌가 한다.

ⓛ 중대의 대표적인 사원인 성전사원은 신문왕 4년인 684년에 등장하고 있다. 사천왕사, 봉성사, 감은사, 봉덕사, 봉은사, 영묘사, 영흥사의 7곳으로 모두 이 때 창건되거나 성전사원이 설치된 것은 아니다. 이들 성전사원은 왕실이나 국가의 안녕을 기원하는 기복처로서 국가적 의례가 행해진 관사로서 봉사奉祀의 기능이 강조되어 왔다.126) 또한 왕이나 왕비의 발원에 의해 창건된 왕실사원으로 경주 중심부에 위치

125) 여호규, 2003, 「신라도성의 의례공간과 왕경제의 성립과정」『신라왕경조사의 성과와 의의』(문화재연구소 국제학술회의 발표논문 12집), 국립문화재연구소, 국립경주문화재연구소, 63~83쪽.
126) 이영호, 1983, 「신라 중대 왕실사원의 관사적 기능」『한국사연구』43.

하였다고 보았다. 근래에 대두된 연구에 의하면 신문왕 4년인 684년에 남으로는 사천왕사, 북으로는 봉성사,[127] 서로는 영묘사, 동으로는 황복사→봉덕사, 중앙의 영흥사 등이 왕경의 사방과 중앙에 의도적으로 설치되어 사방 관도를 통해 왕경으로 들어오는 이들로 하여금 바로 접할 수 있게 하였다는 것이다. 또한 이들 성전사원은 불교적 국가의례를 재정적으로 지원한 봉사관련 관부로서, 자관인 금하신의 명칭을 통해 남당의 금하대등에서 연원된 것으로 추정하고, 중사中祀와 연관이 있었을 것으로 보는 견해가 대두되었다.[128] 각 방향에 비정된 사원에 대한 이견異見이 있어 좀 더 다듬어야 하지만 재미있는 설정으로 생각된다.

7처가람설은 신문왕 9년 천도가 좌절된 시점에 형성되었을 것으로 생각된다. 즉, 신문왕이 삼국을 통일한 이후 왕경이 가지고 있는 지역적 편협성 등을 문제삼아 천도를 거론하여 달구벌로 옮기자는 의논을 결정하자, 기득권을 포기할 수 없었던 왕경의 신라귀족들은 반대의 이유를 찾았을 것이다. 그런데 조정에서 달구벌 천도에 따른 진호 국찰의 건립이 논의되자, 기존의 귀족들은 왕경지역은 전세 때부터 깊은 불연을 지니고 있어 7처가람이 조성된 곳으로, 이들 가람들이 왕경을 진호하고 있어 천도가 불가능하다는 주장을 폈을 것으로 생각된다. 이 과정에서 형성된 것이 이른바 7처가람설이라고 생각된다. 즉 신라의 귀족들이 신문왕의 달구벌 천도에 대응하여 왕경이 전불시대부터 인연이 있던 지역임을 강조하여 천도 자체를 저지시키고자 한데서 만들어진 설이 7처가람설인 것이다.[129] 그러므로 중고기부터 의도적으로 왕경에 성역공간을 조성하였다는 생각되지 않는다.

---

127) 윤선태, 2002, 「신라 중대의 성전사원과 국가의례」 『신라문화제학술논문집』 23에서 봉성사를 나원리사지에 비정하여 북쪽 방향에 위치한 것으로 보고 있다.

128) 윤선태, 2000, 「신라의 성전사원과 금하신」 『한국사연구』 108.

129) 김복순, 2005, 「신라 중대의 불교」 『신라문화』 25, 5~7쪽.

일단 천도를 좌절시킨 왕경의 귀족들은 왕경을 불국토로 여기게 되었을 것이고, 왕경을 전불시대부터 유연불국토로 인식시키기 위해 지속적으로 사찰과 탑들을 건립하였을 것으로 생각된다.

그런데 중대에는 지방에서의 사찰 건립도 활발한 것으로 나타나고 있다. 신라 조정은 중고기에 불교의 지방 전파라는 목적에서 자장과 원효에 의해서 주로 국방 내지는 왕실과 관련된 전략적인 측면을 고려해서 사찰을 창건하였다. 자장은 대국통으로서 전국의 승니들을 관장하면서 신라 전역을 불교와 유관한 불국토를 만들고자 정치적으로 군사적으로 중요한 지역에 사찰을 건립하였다. 뿐만 아니라 신라가 동해안을 끼고 남북으로 그 세력을 진출하게 되자, 자장은 동해안을 따라 태화사, 압류사, 정암사, 수다사 등을 창건하고 통도사와 원녕사도 건립하였다. 또한 원효는 자신의 집을 희사하여 초개사와 사라사를 창건하고 전국을 유행하며 주요한 곳에 머물러 후일 사찰 창건의 초석을 놓은 바 있다.

그런데 중대에 들어서면서 의상의 화엄종 전교에 따른 새로운 관계사찰의 창건과 진표의 법상종 확산에 따른 새로운 사찰의 창건은 새로운 유형의 사찰창건이라고 할 수 있었다. 이에 왕실에서는 인심 수람의 차원에서 이 두 종파에 대해 일정하게 포용의 손길을 내밀었을 것이고, 의상계 화엄종에 대해서는 표훈이, 연기계 화엄종에 대해서는 연기를 황룡사에 편적시키므로써 일정하게 왕경의 불교계와 관련을 가지게 하였고, 진표에 대해서는 경덕왕이 궁중으로 맞아들여 보살계를 받고 대규모 보시를 하므로써 역시 왕경과의 관련을 갖도록 하였던 것이다.

경덕왕 재위 23년 동안 20~30여 개에 이르는 사찰들이 대거 창건되고 있는 상황은 이러한 지방에서의 불사창건과 함께 이에 대비한 왕경 불교계의 모습도 반영한데서 나온 것으로 생각된다.

중대 왕경에는 성전사원 외에도 황복사, 천관사, 망덕사, 인용사, 중생사, 불무사, 감산사 등이 창건되었고, 경덕왕대에는 굴불사, 불국사, 석불사, 용장사, 보문사 등이 왕경의 중요지역에 건립되고 있다. 이 시기에는 신라 왕경의 불국토사상이 사찰 창건에 그대로 투영된 모습을 보이는 특색을 나타내고 있다. 특히 보문사와 불국사의 창건은 7처가람설의 연속선상에서 이해할 수 있는데, 왕경을 불국토로 인식하여 보문(사)을 통해 불국(사)에 이르는 길을 상정해 놓은 것이다. 또한 사방불이 그대로 출현하는 모습이 보이기도 하였다. 특히『유가사지론』이 끼친 영향이 컸다고 할 수 있는데,[130] 그 가운데 공교명工巧明 사상思想은 불사를 더욱 왕성하게 하도록 사상적 밑받침을 했을 것으로 생각된다.

ⓒ 신라 하대에는 대개 신라 왕실과 귀족들의 원찰로 무장사, 곡사, 숭복사, 원원사, 창림사와 선방사, 호원사 등이 경주지역에 건립되었다. 신라 중대에는 문무왕대에 내려진 금령으로 인해 왕경에는 사찰건립이 남발될 수 없었을 것이다. 그러나 혜공왕 이후 왕실에 난조가 나타나면서 사찰이 남설되자, 애장왕대에 신창新創을 금하고 수즙修葺만 허락하는 금령[131]이 내려고 있다.

그렇지만 하대에는 지방에서의 사찰 창건이 더욱 활발하여 해인사, 범어사, 청량사 등 화엄종 계통의 사찰과 함께, 특히 9산 선문으로 대표되는 선종 사찰들의 창건이 두드러지게 나타나고 있다. 이에 왕실에서는 숭복사와 같은 화엄종계통의 사찰을 건립하기도 하고, 선사들을 국사로 초빙하거나 왕경의 사찰에 편적시켜 지방의 사원들을 통제해 나가려고 한 모습이 보이고 있다.

---

130) 「금산사 혜덕왕사비」에는 당태종이 유가론 100권이 역출되자 곧 보내 준 것으로 되어 있으며, 감산사를 세운 김지성은『유가사지론』을 매우 애송했다고 한다.
131) 『삼국사기』권10 애장왕 7년.

3) 왕경 사찰의 체계

왕경의 사찰은 왕과 직접적인 관계가 있던 사찰들이 대부분이어서 이를 분류하여 체계를 세운다는 것은 매우 어려운 일이라고 할 수 있다. 그러나 사찰에서 행해진 의례나 행사를 기준으로 분류해 본다면 가능한 일로도 생각된다. 왕경 사찰의 체계는 크게 두 부류로 나누려고 한다.

첫째는 국찰로서 당대 왕들이 직접 주관하여 시행하였던 국가적인 의식이나 불교행사를 벌인 곳으로 시기에 따라 변천이 있었다고 생각된다. 이와 함께 국찰에는 버금가지만 국가에서 관리하는 주요사찰로 성전사원이 있었다.

둘째로는 왕실과 귀족의 원찰로서 왕실과 귀족들의 명복을 빌거나 소원성취를 바라는 기도처로서의 사찰이다.

(1) 국 찰

왕경의 사찰은 호국과 관련된 법회를 개최하였던 사찰이 중심사찰로서 이를 국찰이라고 불러도 무방하리라 생각된다. 신라 최초의 국찰은 대왕흥륜사로 볼 수 있고, 다음으로는 황룡사가 그 역할을 이어받았으며,[132] 중대에는 사천왕사가 국찰로서의 역할을 하였고, 중대말 하대에는 다시 황룡사에서 국찰로서의 임무를 수행한 것으로 추정된

---

132) 황룡사와 같은 대형의 평지가람은 도성제와 분리하여 이해하기 어렵다는 시각을 가지고 신라 황룡사지, 북위 永寧寺址, 일본의 大官大寺址의 발굴성과를 비교하여 모두 태극전 형태의 금당과 9층목탑을 가지고 있으며, 이를 궁궐의 정전으로서의 태극전과 연결하여 볼 때, 政教에 대한 강력한 지배를 상징하는 '二重 태극전제'가 성립하였던 왕즉불의 상징으로 보기도 한다. 양정석, 2000, 「신라 황룡사, 북위 영녕사, 그리고 일본 대관대사—5~7세기 동아시아 도성제와 관련하여—」『한국학보』9, 9~56쪽.

다. 그것은 호국법회와 팔관회, 국왕의 간등看燈과 같은 행사가 열린 곳이 바로 이 곳 국찰들이었기 때문이다.

국찰에서 행해진 제일 중요한 행사는 호국법회라고 생각된다. 내우외환과 관련된 국가적인 사건에 당면하였을 때 호국법회가 열려 민심을 한 곳으로 모으는 역할을 하였기 때문이다. 호국 백고좌법회에서는 중고기의 『인왕경』, 중대기의 『금광명경』, 하대기의 『법화경』 순으로 중시되었으므로, 이들 호국경의 강경법회를 중심으로 살펴보고자 한다.133)

중고기 신라에서는 『인왕경』을 중시하여 여러 차례 강경한 기록이 보이고 있다. 즉 진흥왕대에 혜량을 국통으로 삼아 백좌강회를 실시한 것이 최초의 사례이다. 그리고 진평왕 35년(613) 황룡사에 백좌회를 설치하고 비구를 맞아다가 강경하였는데 원광법사를 상수上首로 하였다. 또 선덕여왕 5년(636) 왕이 병들었는데 의약과 기도가 효력이 없어서 황룡사에 백고좌를 설치하고 승을 모아 『인왕경』을 강독케 하고 백 명이 승려가 되는 것을 허락하였다.

호국경으로 알려져 있는 『인왕경』은 「호국품」 제5에 "국왕은 마땅히 반야바라밀을 수지해야 한다. 국토가 어지러워지고 여러 재난이 일어나거나 외적이 침입하면 백 개의 불상, 보살상, 나한상을 모시고 백명의 비구승을 청하여 백 개의 사자좌에서 이 경을 설하되, 4대중과 7중을 청하여 청법케 하면 백부 귀신은 즐겨하고 국가를 수호하게 된다. 국토가 어지러울 때는 먼저 귀신이 어지러워지니 만약 화, 수, 풍난이

---

133) 신라의 사찰에서 행해진 의식 가운데 가장 일반적인 것은 예불과 강경이었다. 『입당구법순례행기』에는 신라인들이 적산법화원에서 예불과 강경하는 모습이 그대로 적기되어 있다. 강경은 강사가 경을 강하면 복상사가 다시 반복하여 경을 설하고, 도강이 강사와 문답을 하여 강경을 보좌하는 형태로 진행되어졌다. 백고좌회에서의 강경도 이와 같은 형태였을 것으로 추정하고 있다. 홍윤식, 1984, 「신라의 불교의례」『신라문화제학술발표회논문집』 5 참조.

있으면 이 경을 독송할 것이다. 이는 나라를 수호할 뿐 아니라 모든 복을 보호하고 일체의 재난을 물리치게 되는 것이다"는 내용이 있다.

신라에서는 이에 근거하여 호국법회가 열리었는데, 이 법회를 백고좌회 내지는 백좌강회라고 한 것은 대개 이에 근거하였기 때문이었다.[134]

이 가운데 진평왕 35년 618년에 열린 백좌회는 수의 사신 왕세의가 황룡사에 와서 원광 등의『인왕경』강설을 들은 법회로서, 신라가 수와의 외교관계를 원만히 하는데 중요한 행사였을 것으로 생각된다.

이기영은 신라와 일본의 인왕경신앙을 비교하여 일본에서는 660년에 백고좌강회가 열리고 인왕반야경을 설한 이후 693년부터 백국에서 강하게 하고 궁중에서『인왕경』과『금광명최승왕경』을 매년 강하게 하도록 항례를 만들었다는 기록으로 신라에서의 인왕경신앙이 일본에 훨씬 못 미치는 것으로 본 바 있다.[135]

그런데 일본에서 개최된 660년의 백고좌강회는 백제의 멸망에 따른 나당연합군의 침공 위기의식에서 나온 행사로 보이며, 693년에 행해진 항례적인 궁중강경에 쓰였다는『금광명최승왕경』은 아직 역출되기 이전이므로, 아마도 신라에서 건너간 수대의『금광명경』으로 판단된다. 그리고 694년『금광명경』100부를 전국에 나누어 준 것은 신라 사천왕사의 문두루비법의 소문을 듣고 그에 따른 영향에서 행해진 것이 아닌가 한다. 때문에 신라의 경우 사서에 기록이 적다고 해서 일본이 신라를 능가하는 행사를 벌인 것으로 볼 필요는 없다고 생각된다.

중대의 신라에서는『금광명경』이 중시되어 이를 강경하는 호국법회가 열리었다. 이『금광명경』은 명랑이 문두루비법을 실행하고 사천왕사가 건립되는 과정에서 호국경으로서의 역할을 하였다. 이 때 저본으로 하였던『금광명경』은 원효에 의해 주석서까지 나온 수나라 대

---

134) 이기백, 1978,「황룡사와 그 창건」『신라사상사연구』.

135) 이기영, 1975,「인왕반야경과 호국불교」『동양학』5, 511~513쪽.

의 보귀寶貴 등이 역출한 『합부금광명경』이었다. 『금광명경』의 수입에
관한 『삼국사기』의 기록에 의하면, 성덕왕 3년(704) 3월에 당나라에
갔던 김사양이 돌아와 『최승왕경』을 바쳤다고 하는데, 이 최승왕경은
703년에 당의 의정이 신역한 『금광명최승왕경』으로 보고 있다. 이것
이 『금광명경』의 수입에 관한 공식적인 기록이다.136)

그러나 명랑과 원효의 예로 볼 때 이미 신라에는 수대 역출의 『금
광명경』이 들어와 있었다. 명랑의 문두루비법은 이 수대에 역출된 『금
광명경』의 내용을 참고하여 사찰명도 짓고 그에 따른 행사도 하였던
것이다. 즉 사찰명을 사천왕사라 한 것은 호국경전이라고 할 수 있는
『금광명경』 「사천왕품」의 영향을 받은 내용이다. 이는 신라에 수입된
『금광명경』이 수나라 대에 역출된 것으로 신라가 당나라와 전쟁하면
서 이를 활용하여 호국법회에서 강경하였음을 보여주는 것이라고 하
겠다. 그런데 이 경은 수에 유학하였던 안함에 의해서 수입된 것이 아
닐까 생각되는데,137) 이 경의 활용은 신라가 당과의 대결을 확고히 하
겠다는 의지의 표명으로도 보인다.

이후 당과의 교섭이 재개된 성덕왕대에 사신이 의정의 신역경전을
가져왔다는 것은 신라에서 신역 『금광명경』의 내용에 의거하여 호국
행사를 하겠다는 것으로, 양국 간의 외교관계가 많이 해소되어 나타
난 양상이라 생각된다. 결국 문무왕 후기의 소강小康에서 성덕왕 말기
의 태평으로 변화하는 시기에138) 나타난 현상 가운데 하나가, 수대에

---

136) 『삼국사기』 권8 성덕왕 3년 3월.

137) 안함(~640)은 『해동고승전』 안함조에 의하면, 신라에서 최초로 국비로
유학을 보낸 유학승으로 그는 온전히 수에 가서 유학한 인물이다. 또한
그는 외적의 침탈을 막기 위해 황룡사 9층탑의 건립을 제일 먼저 논의한
인물이었으므로(신종원, 1992, 「안홍과 신라불국토설」 『신라 초기 불교
사연구』, 232~248쪽 참조), 수에서 변경한 호국경인 『금광명경』을 들여
왔을 가능성이 가장 크다고 보여진다.

138) 이기동, 1999, 「성덕대왕 신종 조성의 역사적 배경」 『성덕대왕신종』, 33
~51쪽.

역출된『금광명경』이 당대에 역출된『금광명경』으로 바꾸어서 호국
행사를 벌임으로써 이를 외교적으로 활용하고 있다는 사실이다.

또한 선덕여왕 이후 신라의 중대에는 백좌강회의 개설이 보이고 있
지 않다는 점이다. 이와 관련하여 태현법사가 경덕왕 12년인 753년 여
름에 내전에서『금광경』, 즉『금광명경』을 강하여 비를 내리게 한 기
사가 주목된다.139) 이 역시 국가적인 행사에『금광명경』이 강경된 예
로서, 사천왕사의 개설부터 경덕왕대 내전에서의『금광명경』의 강설
까지를 이어서 생각해 보면, 신라 중대의 호국경은『금광명경』인 것
이 입증되는 사실이라고 하겠다.

그런데 태현이 경덕왕대에 강경한 교재는 원효가 주석을 달았던 수
대 보귀의『합부금광명경』이었을 것으로 생각된다. 그것은 태현이 남
긴 주석서가『금광명경고적기金光明經古迹記』와『금광명경료간金光明經料
簡』으로 승장이나 경흥이 남긴『금광명최승왕경』의 주석서와는 구별
이 되기 때문이다. 따라서 성덕왕대에 의정이 703년에 역출한『금광
명최승왕경』을 이듬해인 704년에 공식적으로 들여오기는 하였으나,
신라 중대의 승려들에게는 수대에 역출된『금광명경』이 계속 읽혀지
고 강설되고 있었음을 알 수 있다.

이와 관련하여 중고기 황룡사의 기능을 사천왕사가 대신하였을 것
이라는 견해140)를 받아들인다면, 호국경인『금광명경』의 강설을 사천
왕사에서 하게 됨으로써 황룡사의『인왕경』강경의 전통을 이어받아
강경도량, 외교의례, 재난 기도 등이 사천왕사에서 행해졌다고 생각된
다. 이러한 사천왕사의 기능은 혜공왕 말기에 시작된 황룡사에서의
백고좌회가 대신하게 되면서 황룡사에 성전이 설치되고『인왕경』과
『금광명경』이 함께 강경된 것으로 생각된다. 다만 성덕왕대에 행해진

---

139)『삼국유사』권4 현유가 해화엄조. 고려에서도 선종 2년 5월에 건덕전에
　　서 기우를 위해 8일 간 금광명경도량이 개설되어진 바 있어, 기우행사에
　　도『금광명경』을 강설하였음을 알 수 있다.

140) 이영호, 위의 논문, 94쪽.

인왕도량(태종대왕을 위하여 세운 봉덕사에서 7일간 인왕도량을 설치하고 모든 죄인을 사면한 일)으로 볼 때, 『금광명경』이 중시되던 중대에도 『인왕경』이 강경되었으므로, 하대에도 이 두 경이 함께 강경되었을 가능성이 크다고 생각된다.

하대의 신라의 국찰에서는 『법화경』이 중시된 것으로 생각된다.『법화경』이 신라 왕경의 사찰과 관련된 내용은 현재 남겨진 유적에 보이고 있다. 즉 보문사의 명칭과 불국사의 조영에 나타난 『법화경』사상, 창림사에서 출토된 법화석경편이 가장 대표적인 예라고 하겠다.

그런데 문헌기록에 의해서 볼 때, 『법화경』이 호국경으로서의 기능을 한 것은 연회를 국사로 임명하면서 부터가 아닌가 생각된다. 물론 그 이전에 사불산, 낭지사 등의 행적과 원효의 저술에 『법화경』과 관련된 내용이 보이고 있기는 하다. 그러나, 원성왕대에 국사로 임명된 연회는 영취산에 숨어 살면서 언제나 『법화경』을 읽고 보현보살의 관행법을 닦았다고 하므로, 그가 국사로 활동하면서 『법화경』을 강조하였으리라 생각된다. 또한 그가 「낭지전」을 지어 세상에 유행시킨 것은 낭지가 영취산 암자에 있을 때 늘 『법화경』을 강講하여 신통력이 있었음을 강조하고 있기도 하다.[141] 어쨌든 창림사의 석경편과 불국사의 조영을 연회와 직결시킬 수 있을지 모르겠으나, 중대말 하대초의 혼란기에 새로운 호국경으로서 『법화경』이 주목된 것은 틀림없다고 생각된다.

하대에는 『인왕경』도 강경되고 있는데, 혜공왕 15년(779), 헌강왕 2년(876), 헌강왕 12년(886), 정강왕 2년(887), 진성여왕 원년(887), 경애왕 원년(924)에 황룡사에 백고좌회를 설치하고 강경하였다. 하대의 국내적인 소요를 잠재우려는 의도에서가 아닌가 생각된다. 또한 경애왕대에 행해진 백고좌회는 교종승과 선종승의 최초의 합석자리였다는 점에서 특기되고 있다. 이는 국가적인 불교행사에 선승들이 공식적으

---

141) 『삼국유사』 권5 낭지승운 보현수조.

로 자리하게 된 사실을 보여주는 것이라 생각된다.[142]

이렇게 신라의 국찰에서는 호국경으로서의 이 삼부경이 중시되었고, 수와 당과의 외교관계에 있어서 번경텍스트를 놓고 미묘한 관계가 감지되고 있음도 볼 수 있었다.

국찰이기는 하지만 사찰이므로 불교행사가 개최되었을 것인데, 팔관회와 연등회가 주로 열렸을 것으로 생각된다.

먼저 팔관회는 민속행사와 합해진 불교행사로서 전몰장병 위령제의 성격을 띠기도 하였다. 팔관회의 내용에 대한 특별한 기록은 진흥왕대에 전몰장병을 위로하는 내용으로 10월 20일에 외사外寺에서 열은 기록이 있고,[143] 선덕여왕 대에 황룡사에 9층탑 건립 이후 황룡사에서 팔관회를 베풀어서 죄인을 사하면 외적이 해를 끼치지 못할 것이라고 하는 내용을 볼 때,[144] 국찰에서 주로 행해진 것으로 생각된다. 이때 행사가 10월에 이루어진 것을 보면, 대체로 10월에 개설되었을 것으로 추정된다.

다음으로 연등회에 관련된 것이다. 신라 하대인 경문왕 6년과 진성여왕 4년 정월 15일에 왕이 황룡사에 행차하여 등을 구경한 것이 기록에 나와 있는데, 이는 황룡사에서 행해진 연등회에 왕이 참석하여 간등하는 행사를 표현한 것이었다.

그런데 흥륜사에 전하는 내용 가운데, 신라 풍속에 해마다 2월이 되면 초8일부터 15일까지 서울의 남자와 여자들은 흥륜사의 전탑을 다투어 돌아 그것을 복회로 삼았다고 하는 내용이 전하고 있다. 이는 고

---

142) 신라에서는 경애왕대에 행해진 법회가 마지막이었고, 고려에 가서는 현종 때 다시 열리게 되는데, 내정에 사자좌 100개를 개설해 놓고 3일 동안 인왕경을 강하였다고 하며 이후 3년 내지 2년에 한 번 10월에 행해졌는데, 고려에서는 강경과 진호국가의 행사 외에도 반승飯僧의 행사가 함께 행해진 특징이 있다고 한다.

143) 『삼국사기』 권4 진흥왕 33년조.

144) 『삼국유사』 권3 황룡사 9층탑조.

려에서 2월 15일에 연등회를 개최하고 관리들에게 전후 3일씩 휴가를 준 것을 참고해 볼 때, 홍륜사에서의 연등회 행사에 참여한 이들의 탑돌이 행사를 표현한 것이라 생각된다. 홍륜사의 탑돌이는 김현과 호랑이와의 사랑으로 유명하지만, 일반적으로 왕경사찰에서의 연등회 때의 탑돌이는 일반적인 행사였을 것으로 보인다. 김현의 고사가 원성왕 때의 일이므로 이 홍륜사에서의 연등회 때 탑돌이 행사는 신라 말까지 지속되었다고 생각된다.

이렇게 황룡사와 홍륜사의 예로 볼 때 왕경에 있었던 사찰들은 정월 15일에 왕이 황룡사에 행차하여 등을 켜고 간등을 한 때로부터 2월 15일까지 연등을 밝히고, 2월 15일에 연등회 행사를 벌였을 것으로 추측된다.

왕경의 국찰은 지방의 사찰들을 편적시켜 통어하기도 한 듯한데, 그것은 몇몇 금석문에 보이는 자료들에 의한 것이다. 낭혜 무염이 머물고 있던 성주사를 홍륜사로 편입시킨 예가 보이고 있다.[145] 또 민애왕이 진감혜소를 대황룡사에 관적시킨 사례도 있다.[146] 이는 보림사를 선교성에, 홍녕사를 중사성에 예속시킨 예로 볼 때,[147] 홍륜사의 사격이 왕의 지속관부로 문한과 교서를 선포하는 측근기관이라고 할 수 있는 선교성, 중사성과 같은 수준으로 취급되고 있다. 또 승려의 경우 황룡사승으로 적을 두게 하여 통제한 것으로 보인다.

2) 왕실과 귀족의 원찰

왕경에는 국찰 외에도 왕과 왕실, 귀족들이 원찰로서 건립한 사찰들이 주를 이루고 있었다. 근래 금입택을 금전입택 혹은 금당입택의

---

145) 「성주사 낭혜화상비」.
146) 「쌍계사 지감선사비」.
147) 「홍녕선원 징효대사비」, 「가지산 보조선사비」.

약칭으로 '개인사찰을 가진 주택'으로 해석한 경우도 있다.[148] 그러나
35 금입택만으로 설명하기에는 왕경에 있던 100~200여 개 소의 사찰
들이 왕실과 귀족의 원찰로 추정되고 있어 좀 더 확실한 설명을 요한
다고 하겠다. 이미 앞에서 언급했던 사찰들을 그 건립 목적에 따라 두
부류로 나누어 살펴보고자 한다.

첫째는 고인의 명복을 빌기 위해 건립한 경우로 정토사상과 관련이
있다고 할 수 있다.

사찰 건립의 이유 가운데 고인의 명복을 비는 것이 가장 컸기 때문
에 원찰 내지는 원당이라는 명칭까지 있다고 생각된다. 태종이 북한
산주에 장의사를 세워 장춘랑과 파랑의 명복을 빈 예[149]를 들 수 있
는 것 외에도, 황복사와 같이 왕과 왕실의 릉 근처에 사찰을 세워 고
인의 명복을 빈 예가 있다. 김인문의 명복을 빌기 위한 인용사와 천
관녀의 애틋한 설화가 얽혀있는 천관사, 신충의 억울함을 풀어주기
위해 건립된 신충봉성사는 결국 고인의 명복을 비는 사찰인 것이다.[150]
무장사의 경우도 원성왕의 아버지 명덕대왕明德大王 효양孝讓이 숙부 파
진찬을 추모하기 위하여 세운 사찰이다.[151]

사찰에서는 법석이 많이 열리었다. 인용사의 경우 김인문이 병이
들기는 하였으나 살아서 돌아온다는 소식을 접했을 때는 관음도량으
로 했다가 죽었다는 소식을 접하고는 미타도량으로 바꾼 예가 보여,
당시의 신앙형태를 알려주고 있다. 또 고인의 명복을 비는 도량사 점

---

148) 이은석, 2002, 『新羅王京の都市計劃』에서 황룡사지 동남편과 분황사 북
　　편, 동천동, 천관사지 등에서 보이는 소형 사찰의 구조를 귀족의 원찰로
　　해석하여 금입택이라는 것을 金殿入宅 내지는 金堂入宅의 약칭으로 보
　　고, 개인사찰을 가진 주택으로 볼 필요가 있음을 제안하고 있다.
149) 『삼국유사』권1 장춘랑 파랑조.
150) 『삼국유사』권2 문무왕 법민조, 『신증동국여지승람』권21 경주부조, 『삼
　　국유사』권5 신충 괘관조.
151) 『삼국유사』권3 무장사 미타전.

찰회 내지는 기일보忌日寶, 공덕보 등이 있었다.[152] 신라 하대에는 추모
사업이 많이 보이는데, 남간사 이차돈순교추모모임, 원효에 대한 추모
로 세워진 서당화상비, 민애왕의 모후 선의왕후 추모 사경모임, 화엄
조사 추모 화엄결사 등이 있었다. 헌강왕대에 화엄결사가 왕실에 의
해 주도되면서 『화엄경』의 사경이 왕경에서 실행이 되고 있는데, 이
는 호국적인 것이라기보다는 신앙결사로서의 성격이 더 큰 것이 아닐
까 한다. 그것은 이미 경덕왕대에 왕경과는 거리가 있는 곳인 구례 화
엄사, 영주 부석사, 오대산 신중원 등에서 『화엄경』과 관련된 법회가
이루어진 것이 뒤늦게 왕경에서 행해지고 있기 때문이다.

그런데 사찰 건립에 대한 규제로, 문무왕대에 내려진 금령이후 남
발될 수 없었을 것이다. 이에 새로운 사찰의 건립보다는 기존의 사찰
경내에 탑을 세워 명복을 비는 행태가 나타나게 되었다. 특히 『무구정
광대다라니경』 신앙에 의한 탑의 건립이 많이 봉행되었다.[153] 이 무구
정경은 704년에 당의 미타산과 법장이 번역한 것을 성덕왕 4년과 5년
사이에 신라승 명효가 들여오고 있어 『금광명경』과 함께 신라에 커다
란 영향을 끼친 경전이라고 할 수 있다. 『금광명경』이 정식으로 국사
國使에 의해 전래되어 호국경으로 국찰에서 강격이 되었다면, 『무구정
경』은 유학승에 의해 전래되어 황복사탑(705)과 같이 고인의 명복을
빌기 위해 탑에 봉안되어진 것이다.[154] 그런데 혜공왕 이후 왕실에 난
조가 나타나, 애장왕대에 신창을 금하고 수즙만 허락하는 금령을 내
린 것이다.[155] 『무구정경』이 고인의 명복을 빌기 위한 목적에서 점차,

---

152) 『삼국유사』 권4 사복불언, 권5 명랑신인, 권1 미추왕 죽엽군조.
153) 무구정경은 당 측천무후 증성 원년(695)에서 장안 4년(704) 사이에 실차
　　난타에 의해서 무구정광다라니경이라는 명목으로 처음 전역되었고, 그
　　직후 거의 같은 시기에 도화라국의 미타산에 의해 무구정광대다라니경
　　1권이 다시 번역되었다. 그런데 미타산역의 무구정광대다라니경이 당에
　　유학하였던 승 명효에 의해 전래되어 황복사탑에 봉안되었다. 서윤길,
　　1992, 「신라 사리탑 신앙의 밀교성」 『한국불교학』 17, 43~53쪽.
154) 「황복사금동사리함명」.

약화된 왕권의 강화를 위한 쪽으로 변질되어 간 것이다. 그것은 국왕이 되는 것은 오랫동안 선행을 닦아 이룩된 것임을 알리기 위해『무구정광대다라니경』을 넣은 탑을 건립한 것이다. 황복사탑(705), 불국사 석가탑(757), 창림사 무구정탑(853), 황룡사 9층탑(871 중수), 보문사탑(883)과 법광사탑, 동화사 민애대왕석탑(832)을 들 수 있다.

둘째는 종교적인 발심으로 희사를 통해 건립한 경우이다. 이는 자신이 태어난 집을 사찰로 하였던 자장의 원녕사와 원효의 초개사가 있는데, 왕경에 있었던 사찰로는 원녕사가 있었다. 명랑이 집을 희사하여 건립한 금광사가 있다. 6두품출신의 김지성이 건립한 감산사는 그가 퇴직 후 국왕과 부모를 위해 건립한 사찰로 개인의 원찰이다. 또 김대성이 불국사와 석불사를 창건한 것도 개인적인 발원에서 비롯되어 창건하다가 마치지 못했기 때문에 국가에서 이어서 완성시킨 형태라고 하겠다.

반야 600부의 경질을 이루려 했던 망덕사 선율사의 예는 반야사경 도량이라고 할 수 있는데, 생전에 이루지 못해 다시 환생하여 마친 상황을 미루어 볼 때 경제적인 배경을 가진 귀족이 아니었음을 알 수 있게 한다.

이상의 내용으로 볼 때, 왕경의 사찰 체계는 국찰이 중심사찰로서 당대 왕들이 직접 주관하여 시행하였던 국가적인 의식이나 불교행사를 벌인 곳으로, 시기에 따라『인왕경』,『금광명경』,『법화경』등이 강설되었다고 생각된다. 이와 함께 국찰에는 버금가지만 국가에서 관리하는 주요사찰로 성전사원이 있었다. 또한 왕경에는 왕실과 귀족들의 원찰이 대부분 분포되어 있었을 것으로 보았다. 왕실과 귀족들의 명복을 빌거나 소원성취를 바라는 기도처로서의 사찰이다. 또한 국가에서 왕경에 사찰의 남설을 금하자 탑을 세워 그 안에『무구정경』을 넣는 것으로 사찰 건립의 공덕을 대신하기도 하였다.

---

155)『삼국사기』권10 애장왕 7년조.

4) 맺음말

신라 왕경의 사찰은 수적으로나 규모로 볼 때 신라의 불교를 대표하고 있었다고 할 수 있다.

우선 왕경사찰의 전체적인 규모와 숫자를 문헌과 금석문, 선학들의 연구에 기반해서 105개의 사찰명을 도출하였다. 그리고 중요사원이라 할 수 있는 성전사원과 7처가람의 위치와 형성 배경 등을 살펴 신라에 불국토사상이 형성되는 과정을 살펴보고, 시대별로도 중고, 중대, 하대로 나누어 왕경의 사찰 창건 양상을 살펴보았다.

다음으로 왕경 사찰의 체계는 국찰과 왕실과 귀족의 원찰로 대별해 보았다. 국찰에서는 『인왕경』과 『금광명경』의 호국경을 강경하던 호국행사를 벌인 곳이며, 팔관회와 국왕의 간등과 같은 불교행사가 이루어진 곳이었다. 또한 국찰은 자장 이래 전국의 사찰들과 연계되어 있었다. 국통─주통─군통이 그러한 면모를 보여 주고 있고, 황룡사에서 국통 이하 주통과 군통을 관장하고 있었다. 또한 새로이 늘어나는 화엄종, 법상종, 선종 사찰들도 역시 홍륜사, 선교성과 중사성 등에서 관장하고 있다.

왕경의 사찰은 국찰로서 국가적인 행사를 관장했을 뿐 아니라 지방의 대, 소사찰을 거느리고 있으면서 전국의 승니들을 관장한 것이다. 왕실과 귀족의 원찰은 고인의 명복을 빌기 위한 원찰 내지는 원당의 성격을 갖는 사찰과 종교적 발심에 의한 희사로 창건된 사찰로 나누어 살펴보았다.

제4장
신라 불교교학과 하대 선사의 유행遊行

1. 신라의 불교 교학-유식학과 화엄학

1) 신라 불교, 교학의 융성시대로

신라는 불교를 공인한 중고기中古期(514~653) 이후 국가에서 원하는 인재를 유학승들을 통하여 충당하였다. 또한 불교의 경전과 서적들이 유입되면서 점차 불교의 교리를 연구하는 이들도 늘어나게 되었다. 특히 중국과 인도에서 신라로 들어온 경전에 만족하지 못하고, 직접 불교를 공부하기 위하여 유학을 떠나 새로운 사조思潮를 맛보려하였다. 대표적인 예가 원효와 의상으로, 이들은 현장에게 신유식을 배우고자 당나라로의 유학인 서학西學을 시도한 바 있다.

결국 이들의 시도는 그 후 원효에 의한 통합적인 불교 교학의 연구와, 원측의 서명학파로의 성장, 의상의 화엄종 전교, 도증의 귀국과 서명학파의 계승으로 전개된 양상을 보여 주었다. 또한 신라인들이 인도와 중국으로까지 활동 반경이 확대되면서 불교 전적의 유입이 잦아지고 이에 따른 연구 인력이 늘어나게 되어, 신라의 유식학과 화엄학은 국제적인 수준이 되었다.

때문에 신라 불교가 한국민족의 정신문화를 이루는 밑바탕이 될 수 있었고, 그 수준은 매우 높은 것이었다. 오늘날까지 우리나라의 정신문화를 떠받히는 튼실한 뿌리로서 신라의 유식학과 화엄학이 자리하고 있는 것이다.

신라의 유식학은 원측圓測에 집중되는 경향이 있어 왔다. 서명학파西明學派라는 뚜렷한 학적인 발자취(족적足跡)를 남겼다는 점에서 분명 의미 있는 일이라고 생각된다. 그러나 그에 앞서 이미 신라에는 원광과 자장, 원효에 의해 구유식舊唯識이 널리 퍼져 있었고, 이러한 기반이 신유식新唯識을 받아들이고 발전시키는데 큰 역할을 하였다.

본 고에서는 신라의 유식학을 구유식의 『섭대승론攝大乘論』 연구와 현장과 규기에 의해 성립된 신유식의 『성유식론成唯識論』과 『유가사지론瑜伽師地論』 등을 중심으로 하여, 신라 유식학의 전개 양상과 특징을 개략적으로 살펴보고자 한다. 그리고 원측의 학문과 그 내용이 신라에 전해져 연구되어진 상황, 태현과 진표의 유가조와 법상종조로서의 활동상을 살펴 유식학이 신라에 활용된 면을 언급해 보려 한다.

신라 화엄학은 『화엄경』의 신라 유입과 의상이 화엄종을 전교해 온 것을 기준으로 해서 그 이전과 이후로 구분하여 신라에서의 화엄학 교리연구, 실천수행과 신행, 전파양상 등을 고찰하고, 「화엄일승법계도」를 중심으로 60화엄을 강설한 내용을 살피고자 한다. 또한 왕경에 존재하였던 화엄학의 기반 위에 법장의 주석서가 전해지면서 끼친 영향과 80화엄 위주 화엄학을 중심으로 왕경의 화엄학을 구성해 보려고 한다. 그리고 의상계 화엄학의 변화양상과 화엄종이 정치적으로 활용된 측면, 남북악의 문제에 대해서 고찰해 보려고 한다.

신라의 유식학과 화엄학은, 한국불교 교학사상 황금기라고 불리기에 손색이 없을 정도로 100여 명에 가까운 교학승들이 수많은 주석서

를 내면서 연구하였던 중요 테마였다. 이들은 신라인으로서 정신사적
으로 위대한 유산을 남겨 놓으므로써, 이후 우리나라 정신사의 초석
을 놓았다.

2) 신라 유식학의 전개 양상과 내용

신라의 유식학은 구유식과 신유식까지를 모두 포괄한 괄목할 만한
내용을 보여주고 있다.

유식학은 대승불교大乘佛敎의 유가학파瑜伽學派에서 내세우는 중심교
리와 교학이다. 유가는 요가짜라(Yogacara)인 유가행瑜伽行을 줄인 말로,
불교의 진리를 깨닫는 수행방법으로서의 선정禪定을 말한다. 그 중심
교학인 유식은 인식의 주체·작용·단계·표상을 말하는 것으로, 분
별해 아는 마음인 식識 이외의 사물은 존재하지 않음을 주장하였다.

다시 말하자면 사물이나 사건을 철학적으로 체계화한 것으로 유식
관을 닦아서 식인 망념妄念을 지혜로 만드는 것이 그 요점이다. 이들은
미륵의 『유가사지론瑜伽師地論』, 『해심밀경解深密經』을 주요 경전으로 하
고, 무착의 『섭대승론攝大乘論』, 세친의 『삼십유식론三十唯識論』이 대표적
인 논설로 되어 있다.

이 저술들이 한문으로 번역되면서 지론종, 섭론종, 법상종의 종파
를 성립시켜 중국의 불교 교학에 큰 영향을 끼쳤다. 특히 현장이 인도
에서 귀국하여 역경한 것을 기준으로, 그 이전을 구유식으로 그 이후
를 신유식으로 구분하여 부르고 있다.

신라에서는 원광과 자장에 의해 섭론攝論, 즉 『섭대승론』이 유입된
이래로, 꾸준히 유식학 관련 저술들이 유통되었다. 이에 신라 유식학
의 흐름을 첫째 현장玄奘 — 규기窺基 — 혜소慧沼 — 지주智周로 이어지는 중
국 법상종의 흐름 속에서 활동했거나 이를 계승하고 있는 경우로, 신

방神昉과 순경順璟을 들고 있다. 둘째 원측과 그의 학설을 계승하고 있는 서명유식 계열로, 원측圓測-도증道證-승장勝莊-도륜道倫을 들고 있다. 중국 유식과 구별할 수 있는 신라 유식의 독자성을 문제삼을 때, 인맥이나 학설의 내용으로 보아 바로 이 계통의 유식학을 신라 유식이라 부른다고 보았다. 셋째, 나름대로 독자적인 관점에서 유식학을 이해한 계열로, 원효, 경흥, 태현을 들고 있다.

여기서는 이를 참고하되 우선 유식학의 내용에 따라 구유식과 신유식으로 나누어 신라에서 전개된 양상을 텍스트 위주로 살펴 본 후, 원효와 경흥, 신방과 도증, 의적 등의 유식사상을 간단히 언급해 보겠다. 또한 원측의 유식학은 신라 유식학의 본령으로 인식되어 왔으므로 이를 살펴 본 다음, 신라에서의 유식학이 결실되는 유가조 태현과 진표의 법상종에 대해 개략적으로 언급해 보고자 한다.

(1) 구유식과 『섭대승론』

신라에 유식학이 처음 소개된 것은 원광에 의한 섭론攝論사상이었다. 그리고 이어서 자장에 의하여 중요한 설법 내용이 강설됨으로써 좀 더 알려지게 되었다. 신라 유식학의 내용은 대체로 섭론 내지 양론梁論(중국 양 무제의 초청에 의해 546년 남경에 온 진제가 번역을 했기 때문에 붙여진 명칭)으로 불리는 『섭대승론』의 연구와 강경이다.

원광은 중국 남조의 진陳나라에 유학하였다가 진이 멸망 후인 589년(개황 9)에 수나라의 수도인 장안으로 갔다. 그는 이 곳에서 600년에 신라로 귀국하기까지 11년 동안 대승교학을 주로 연구 강설하였는데, 특히 『섭대승론』을 수학하였다고 한다. 원광은 귀국 이후 "진한, 마한 안에서 정법을 널리 펴고 해마다 두 번 강론하여 후학을 양성하였다"고 전하는데, 『섭대승론』을 강설하였을 것으로 추정된다.

그것은 『섭대승론』이 유식의 관점에서 논구한 대승불교사상을 모두 포함하고 있는 개론서적인 성격의 논서論書이기 때문이며, 후학들이 이 논에 의거해서 불교교학의 체계를 세울 수 있었던 것이다. 이에 원광의『섭대승론』강론을 들은 많은 신라 승들은 다양하고 깊이 있는 불교 교학을 배우기 위해 중국과 인도로 구법을 위해 유학을 떠났다. 중국의 당나라로 유학을 간 자장과 원측도 원광의 영향으로 당의 법상과 승변 등에게『섭대승론』을 수학했을 정도였다.

자장은 당에 유학하여 여러 경전을 두루 섭렵한 후 선덕왕 12년(643)에 귀국하였는데, 귀국 후 궁중에서『섭대승론』을 강경하였다. 자장이 여름 한 철 동안이나 특정경전을 대궐 내에서 강한 것은, 경덕왕 대에 태현太賢이 궐내에서『금광명경金光明經』을 강경한 것과 같은 예로서, 신라와 고려의 전통이 되었다고 할 수 있는데,『섭대승론』을 통해 불교교학을 배우고자 하는 신라 왕실의 의도로 이루어진 행사라 하겠다.

천축국 인도로까지 구법 유학을 한 신라인들은『섭대승론』의 범본梵本 불경이 제일 큰 관심사였다. 당의 현장이『유가사지론』의 완본을 보고 싶은 것이 이유가 되어 인도로 향하였다면, 혜업 등 신라 승들은『섭대승론』의 완전한 텍스트를 보기 위해 인도로 향하였다. 인도로 간 신라승으로 역사상에 전해지는 이는 10여 명이지만, 인도인들이 신라인을 닭의 깃을 꽂고 다닐 정도로 닭을 귀하게 여긴다는 사실을 알고 구구타예설라, 즉 계귀鷄貴로 불렀을 정도였다. 이는 얼마나 많은 신라인들이 인도에 갔는가를 알려주는 것이라 하겠다.

신라 승 혜업은 정관 년간(627~649)에 나란다사에서『양론』, 즉『섭대승론』을 필사하여 고국으로 가져오려다가 뜻을 이루지 못하고 인도에서 입적하였다. 하지만 당나라의 의정이 나란다사에 머물면서 불서를 조사하다가 "불치목佛齒木 아래에서 신라승 혜업이 필사한다"라고 적혀있는『양론(섭대승론)』이 소장되어 있는 것을 보고, 그의『대당서역구법고승전』권상「신라혜업법사전」에 이 사실을 밝혀 놓았다. 당시 신라인들의『섭대승론』연구에 대한 열의를 짐작하게 해 주는 내용인 것이다.

이러한 열의는 곧 『섭대승론』의 주석서가 양산되는 것으로 이어져, 다음과 같은 저술들이 나오고 있다.

○ 원효 : 『섭대승론소』 4권, 『양섭론소초』 4권, 『섭대승론 세친석론 약기』 4권
○ 도증 : 『섭대승론세친석론소』 16권
○ 혜경 : 『섭대승론의장』
○ 태현 : 『섭대승론세친석론고적기』 1권, 『섭대승론무성석론고적기』 1권
○ 신곽 : 『섭대승론장』, 『섭대승론무성석론소』
○ 현범 : 『섭대승론소』

신라 구유식의 특징은 『섭대승론』에 의거하여 불교교학의 체계를 세운 것에 있다. 『섭대승론』은 진제에 의해 번역되면서 축자적逐字的인 해석이 아닌 대승의 10가지 수승殊勝한 의미를 논증하여 대승이 부처 님의 진의를 드러낸 것임을 천명하였다. 그것은 「응지의지승상품應知 依止勝相品」으로 시작되는데, 그 내용은 1. 아뢰야식阿賴耶識, 2. 삼종자성 三種自性(의타성, 분별성, 진실성) 3. 유식교唯識教, 4. 6바라밀六婆羅蜜, 5. 보살10지菩薩十地, 6. 계戒, 7. 정定, 8. 무분별지無分別智, 9. 무주처열반無住 處涅槃, 10. 삼종불신三種佛身(자성신, 응신, 화신)이다.

원효는 섭론을 소疏, 초鈔, 약기略記 등으로 나누어 저술하면서 그 내 용을 완전히 정리하고 있다. 그는 많은 주석서를 남기면서도 통불교 적인 서술을 한 것으로 유명하다. 그렇지만 그의 사상 경향으로 보면, 초기에는 유식학을 기초로 하였다는 것은 모든 연구자들이 공통적으 로 지적하고 있는 바이다. 그것은 그가 『해심밀경』, 『유가사지론』, 『섭 대승론』, 『중변분별론』, 『잡집론』, 『성유식론』 등 유식학 관계 저술을 20부 62권이나 내고 있고, 『인명론』, 『판비량론』 등 유식학을 논구하는 데 필수적인 불교논리학 연구서가 5부 5권이 있기 때문이다. 뿐만 아

니라 그의 저술 전반에 걸쳐『유가사지론』과『섭대승론』을 가장 많이 인용하고 있으며, 유식학에 근거하여 논리를 펴고 있는 저술도 많이 보이고 있다. 특히『이장의』는 깨달음에 대한 장애로 번뇌장과 소지장을 언급하고 그 치단治斷을 상세히 논구한 독창적인 저술로, 유식학파에 의해 완성된 이장설을 집대성한 것이다. 때문에 이 저술을 그의 유식사상을 알려주는 저술로 보기도 하고,『대승기신론』계통의 번뇌설을 중심으로 유식의 번뇌설을 용해시켜 냄으로써 이장설을 총정리하였다고 보기도 한다. 그리고『성유식론』의 인용이 보이지 않아 구유식이 밑받침되어 저술된 것으로 보고 있다.

신라에서의『섭대승론』강경은 분황사승들에 의해 계속되어진 면모가 보이고 있다. 자장과 원효가 분황사승으로 주석하였던 것은 널리 알려진 일이다. 이미 언급한 바와 같이 자장은『섭대승론』을 강경한 바 있고, 원효는 3종의 주석서를 내고 있다. 또한 현륭은 분황사승으로『섭대승론』에 관해서 혜휴慧休의 설을 인용하여 연구하였는데, 말년에는 일본에 있었다고 한다. 이는 현륭이 670년을 전후한 시기에 일본에 보낸 신라 사절의 일원으로『섭대승론』등 신라 구유식의 내용을 일본에 전해 준 것을 알려주고 있다. 이로써 볼 때, 신라에는 자장－원효－현륭으로 이어지는 분황사승의『섭대승론』강의가 왕경에서 계속되어졌고, 일본에까지 전해졌다는 것을 알 수 있다.

이러한 전통은 신유식이 풍미한 이후에도 일부에서 그대로 전해져 내려간 것을 알려주고 있다. 그것은 도증과 태현 등이『섭대승론』을 주석한 것에서도 나타나고 있다. 또한 나당전쟁으로 당과의 관계가 소원해진 반면, 구유식의 전통을 가진 수대 이래의 유학승들이 신라 불교계를 계속 장악하고 있었던 것도 이러한 사상의 흐름에 기인한다. 즉, 원광과 자장, 원효와 명랑으로 이어지는 호국불교적인 전통이 신라 불교의 기초를 구유식에 기반을 둔 특징을 가지게 하였던 것이다.

신라의 구유식은 신라의 화엄종과 밀교에도 그 영향을 끼친 것이

나타나고 있다. 먼저 화엄종에 끼친 영향을 보면, 의상이 처음 중국에
유학하고자 하였던 의도가 신유식을 배우고자 한 것이었으므로, 신라
에 있으면서 구유식인 『섭대승론』을 익혔을 것이다. 더구나 중국에
유학한 이후에도 의상은 그 영향을 받았을 것으로 보인다. 즉, 그의
스승인 중국 화엄종의 2조 지엄이 섭론종사인 보광사의 법상에게 『섭
대승론』을 배웠을 뿐 아니라, 무성無性의 석론도 주석하여 『무성석론
소』 4권을 저술하였기 때문이다. 따라서 신라의 화엄종은 일정부분
구유식의 영향이 있었다고 하겠다.

　다음으로 밀교에 끼친 영향을 보면, 신라인들의 인도 구법유학의
전통은 후대에까지 이어졌고, 밀교승 혜초도 이러한 전통의 연장선상
에서 인도로 구법유학을 떠난 유학승이며, 비록 유학승으로서는 성공
하지 못하였으나, 불후의 『왕오천축국전』을 남긴 것이다.

(2) 신유식과 『유가사지론』, 『성유식론』

　『유가사지론』 또는 『유가론』은 현장이 그 완본을 구하고자 인도유
학을 결심했을 정도로 중요한 논서論書로서, 이 번역본이 신라에 유입
되면서 이전의 구유식과 함께 여러 논의를 일으키면서 유가유식 계통
의 불교가 크게 확산되는 계기가 되고 있다. 『유가사지론』은 현장이
정관 20년(646) 7월에 번역을 시작하여 22년(648) 여름 5월 갑오일에
끝냈는데, 당 태종이 이 경의 완역 소식을 듣고 관심을 가지고 읽어
본 후, 그 말뜻이 심원하여 지금까지 들어 본 것이 아니라며 9본을 필
사시켜 9주에 유통시키고 있다.

　이 소식을 들은 진덕여왕은 당태종에게 표를 보내 『유가사지론』을
보내 줄 것을 청하였다. 당 태종이 여름 궁전인 옥화궁에서 이 논을
읽고 9주에 유통시켰던 것으로 볼 때, 신라로 유입된 것은 진덕왕 2년
(648) 겨울 내지는 3년(649) 정초 사행 때 가능하였을 것이다.

　『성유식론』은 659년에 역출되었는데, 10대 논사論師의 유식30송석론

의 학설과 호월, 승군, 계현, 진나의 4논사의 학설을 합유해서 현장이 규기와 최종적으로 마무리하여 만든 논서이다. 자은 규기(632~682)는 이로써 중국 법상종의 초조가 되었으며,『성유식론술기』와『성유식론장중추요』가 있으며, 혜소慧沼(650~714)는『성유식론요의등成唯識論要義燈』을, 지주智周(668~723)는『성유식론연비』를 지어 각각 2조와 3조가 되었다. 원측은『유가론소』와『성유식론소』,『성유식론별장』,『유식이십론소』등을 저술한 바 있다.

신라불교계에 현장의 신역 경전인 신유식의 내용이 알려지게 되자, 이에 대한 관심과 열기로 인해 많은 신라인들이 이를 구법의 대상으로 삼아 당이나 혹은 인도로 향하였다.

당에 유학해 있던 원측은 현장의 휘하에서 서명학파라고 하는 신유식의 교학으로 자은학파의 규기와 쌍벽을 이루었다. 그는 유식계통의 저술로 23종 108권이 있었다고 하는데, 진제삼장의 잘못된 번역을 지적해 낼 정도로 범어에 능통한 국제적인 유식학자였다. 이 사실은 그가 구유식을 완전히 소화하고 있었음을 의미하는 것이다. 원측과 그 제자들의 중국에서의 활동은 신라에도 영향을 주었는데 원측의 제자인 도증이 신라로 귀국하여 그 맥이 도증 - 태현으로 이어졌기 때문이다.

신라승들이 신유식의『유가사지론』과『성유식론』에 대하여 주석한 내용이다.

- 원측 :『성유식론소』,『성유식론별장』,『유가론소』,『유식이십론소』
- 원효 :『유가론중실中實』,『성유식론종요』,『성유식론소』
- 도증 :『성유식론요집』,『성유식론요강』
- 승장 :『성유식론주추요』,『성유식론결』
- 도륜 :『유가사지론기』,『성유식론요결』
- 신방 :『성유식론요집』,『성유식론기』
- 순경 :『성유식론료간』

- 혜경 : 『유가론소』, 『유가론문적』
- 행달 : 『유가론료간』, 『유식론기』
- 경흥 : 『유가론소』, 『유가론초』, 『유가석론기』, 『성유식기』, 『성유
        식론폄량』, 『성유식론추요기』
- 의적 : 『성유식론미상결』, 『유가론의』,
- 태현 : 『성유식론학기』, 『유가론고적기』, 『성유식론결택』, 『유식
        이십론고적기』, 『유가론찬요』, 『성유식론고적기』
- 현륭 : 『유식장』
- 신곽 : 『성유식론소』
- 현일 : 『유가론소』, 『성유식사기』

　또한 당에 다녀온 김지성이 조성한 감산사불상의 후기에는 그가 『유가사지론』을 애독한 것을 기록하고 있는데, 이는 당시 왕경지식인들의 일반적인 양상이었을 것으로 생각된다.

　그런데 신라의 경우, 신유식의 경전들이 유입되어 많은 주석서들을 내는 등 관심을 기울이고 있으면서도, 이미 앞에서 살펴 본 바와 같이 구유식의 『섭대승론』에 관한 관심을 놓지 않고 있었다는 사실이다. 이는 신라의 유식학이 구유식의 전통 위에 신유식을 받아들여 이를 잘 조합하였음이 그 특징이라고 할 수 있다는 사실이다.

　때문에 의영은 『신구쟁新舊諍』 20권을 지어 신·구 유식을 일일이 비교 검토한 책을 발간하기도 하였다. 또한 현장은 『성유식론』을 번역하면서 이에 대한 주석을 하였고, 이후 많은 이들이 다시 주석을 달았으므로, 그 내용이 당시는 물론이고 후대에까지 이어졌다. 이들 가운데 중요한 이들은 약칭해서 부르는 용어까지 생겨날 정도였다. 예를 들면, 유설有說은 규기, 유석有釋은 원측, 유초有鈔는 보광, 유해有解는 혜관, 유운有云은 현범, 미상결未詳決은 의적, 화상和尙은 현장, 요집要集은 도증, 폄량貶量은 경흥 등이다. 이 가운데 현장과 규기, 보광을 제외하고 원측, 혜관, 현범, 의적, 도증, 경흥은 모두 신라인으로, 이들의 활약상을 통해 당시 신라 왕경의 교학불교가 서로 간의 논쟁을 통해

매우 번성하고 있음을 알 수 있다.

신라의 유식학자으로 그 이름이 전하고 있는 이로는 원측, 신방, 원효, 순경, 경흥, 둔륜, 승장, 의적, 행달, 현범, 도증, 태현 등이 있는데, 도증, 신방, 의적 등에 의해 신라에 법상종이 성립되고, 이들이 각각 그 종조였을 것이라는 주장들이 나온 바 있을 정도이다. 현재 이들의 저술이 제대로 전해지지 못하고 산일된 까닭에 일본 등에 산재해 있는 내용의 소개가 활발하였다.

그런데 신라의 유식가들은 불성에 대해 일천제성불설一闡提成佛說과 오성각별설五性各別說을 놓고 각기 자신의 견해를 피력하기도 하였다. 원효, 원측, 의적 등 구유식에 기반을 둔 신라 유식가들은 무성종성無性種姓도 성불할 수 있다는 일천제성불설을 주장하였고, 경흥은 현장, 규기 등 중국 법상종조사들과 같이 오성각별설을 취하고 있다. 때문에 신라의 유식가들은 대체로 구유식에 기반을 둔 일승설과 일천제성불설을 따르고 있기도 하다.

신방은 신라 황룡사 출신으로, 중국에 유학하여 현장의 4대 제자의 한 사람으로 역경과 저술 활동을 한 것이 알려져 있으며, 『십륜경』과 『성유식론』을 집중적으로 고구한 것으로 알려져 있다.

순경順璟은 당에 유학하여 현장의 문하에서 유식학을 배우고 신라로 귀국하여 활동을 편 인물이다. 『성유식론』1권이 있고, 『법화경음의』 등이 단편적으로 전하고 있다.

도증은 당에 유학하여 원측의 제자로서 유식학에 정통하였다. 효소왕 1년인 629년에 신라로 귀국하여 서명학파를 신라로 이어지게 한 인물이다. 그는 유식학 관련저술이 있었으나, 제목만 전할 뿐 한 권도 전해지지 않고 있다. 다만 그 내용의 편린이 다른 이들의 인용에 남아 있다. 예를 들면 『성유식론요집』을 저술하면서, 일가견이 있던 6명의 대가들의 주석서를 참고하여 내용을 부연한 것과 같은 것이다. 그는 신라에 머물면서 월광사月光寺를 창건한 신승神僧으로 「원랑선사비문圓

朗禪師碑文」에 전해지고 있다.

의적은 당에 유학하여 현장의 문하에서 수학하여 당시 유식학의 6 대가 가운데 한 사람으로 일컬어질 정도로 알려진 인물이다. 하지만 『삼국유사』에 의상의 10대 제자 가운데 한 사람으로 나오고 있어 혼동을 일으킨 바 있다. 그러나 그는 『성유식론미상결成唯識論未詳決』 등 유식학 계통의 저술을 남기고 있어 유식학자 임이 틀림없다고 보고 있다. 특히 『대승의림장大乘義林章』에서는 규기의 견해를 비판하고 원측과도 다른 독특한 사상경향을 보이고 있다. 그는 대개 원효. 태현과 같은 경향을 가진 유식학승으로 금산사에 머문 바 있어 고려시대의 법상종에까지 영향을 끼친 것으로 보기도 한다.

경흥憬興은 문무왕 대부터 활동하였던 인물로, 전체 40여 편의 저술 가운데 유가유식 계통의 저술이 10여 편 이상으로 가장 많은 비중을 차지하고 있다. 그는 자은 규기의 저술에 대한 주석서를 내고 있을 뿐 아니라 학문적 태도를 같이 하고 있어 자은학파 계통의 승려로 보고 있을 정도이다. 그가 신문왕 대부터 국로로서 자리해 있다가 성덕왕 대에 중국과의 관계가 재개되면서 『금광명최승왕경』에 대한 주석과 강경을 한 것으로 그의 정치적 성향이 친당적이었다는 점과도 관계가 있을 것으로 생각된다.

도륜道倫은 경흥과 태현의 중간에 위치하였던 신라 흥륜사 사문으로, 『유가론기』가 남아 있어 유식학승임을 알려주고 있다. 이 주석서는 유가론 연구의 결정판이라 할 정도로 다른 주석서에 비해 치밀하고 체계적인 분석을 하고 있고, 이설과 이견을 폭넓게 종합하고 비판하면서 바른 뜻을 제시하고 있다. 때문에 고려 때인 송宋 선화宣和 4년 (1122) 이후 유가계갈마계본이 별도로 편찬될 때 그의 『유가론기』의 일부인 『보살계본기』 1권과 『보살계갈마기』 1권이 채택되어 현재까지 전해지고 있을 정도이다.

(3) 원측의 유식학

원측의 사상과 저술에 대해서는 일찍부터 여러 석학들이 관심을 가지고 꾸준한 연구가 진행되어 왔다. 특히 그의 교학 연구는 매우 깊이 있게 논의되어 왔다고 할 수 있다. 신라 유식학에 관한 연구는 원측을 중심으로 이루어졌으며, 원측을 대표적 인물로 내세우고 있기도 하다. 원측과 그의 제자들로 이루어진 서명학파를 신라 유식으로 보는 것은 50여 편에 달하는 그에 대한 연구 내용으로 입증된다고 하겠다.

그러나 지역적으로 신라 출신이라는 이유 하나만으로 그를 신라불교사에 편입시키려는 것이 과연 합당한 것인가에 대한 의문도 제기되어 있는 상황이라고 하겠다. 따라서 원측과 그의 제자 도증과 태현으로 이어지는 계통에서 나타는 신라적 특징을 도출해 냄으로서 이에 대한 해답을 주어야 할 것이다.

반면 그가 신라사회에서 차지하였던 비중에 대한 평가에 대해서는 역사학 쪽에서 논의가 있었다. 그리고 중국과의 수교 후 중국에서 활약하였던 한국인에 대한 재조명이 가해지면서 신라 유학승에 대한 관심도 매우 크게 나타났다. 때문에 "한국 불교사에 있어 가장 비중을 두어야 할 부분으로 당나라 유학에서 이루어진 유식학자들이 남긴 방대한 저술들을 중심으로 한 신라 유식학의 연구이다. 당시 동아시아 외교권에서 유식학 분야를 놓고 보면 당나라 유식학과 신라 유식학의 흐름이 양대 산맥을 이루고 있다"고 할 정도였다. 또 한 일인日人 학자는 "그의 성과에 따라 연구하여 신라 유식의 고봉高峰이 잇따랐으며, 실로 신라인의 불교교학은 이 때를 기해 사상 최고의 수준에 이르렀다고 평가하기도 할 것이다"라고 하였다.

원측은 자신이 유식가임에도 중관과 유식을 대립적으로 인식하지 않고 화쟁적으로 이해하고자 하였다. 그는 불경을 분석함에 가르침의 본체인 교체教體와 그것을 드러내는 종지宗旨를 나누어 설명하였다. 교체는 본질과 영상影像으로 구분하고 일음一音과 일미一味를 강조하였다.

특히 일미의 강조는 공空(중관)과 유有(유식사상)의 쟁론문제를 화쟁시킬 수 있는 이론체계로 나아갈 수 있기 때문에, 호법 계통의 유식학을 고집하면서도 종파적이고 유식 우위의 입장을 견지한 자은학파와 대립하지 않을 수 없었다.

원측에 대해『송고승전』「자은사규기전」에는 인명因明과 오성각별五性各別도 모르는 자로 되어 있다. 혜소의『성유식론요의등』에는 원측의 견해가 200여 곳에나 인용되어 일일이 논박되고 있을 정도였다. 이를 모아 원측의 견해가 재구성되기도 하였다.

중관과 유식의 대립은 반야의 무자성無自性(공空)설을 놓고 발생한 문제로, 원측은 "청변淸辨과 호법護法은 중생을 불법에 오입悟入시키기 위해 공종空宗과 유종有宗을 세워 함께 불의佛意를 이루고 있다"고 하여 이 둘을 동등하게 포용하고, 그들을 체계적으로 이해하려는 태도를 보여주고 있다.

원측은 근본불교의 유전流轉과 환멸還滅이라는 이문二門의 연기설緣起說을 기반으로 하여 일승一乘의 유식학을 지향하였다. 일승의 진리는 진실하고 평등하기 때문에 일체 중생이 모두 다 불성佛性을 보존하고 있다고 본 것이다. 그는 심식心識을 정화하여 보살이 되기 위해서는 삼대三大 즉, 원대願大·행대行大·이익중생대利益衆生大의 실천을 강조하기도 하였다. 이렇게 자은학파와는 견해가 달랐으나, 그가 학문의 영역을 진제의 구유식에서 현장의 신유식으로 방향을 돌린 것은 심왕법心王法 가운데 제 7·8·9식에 관한 전체적인 관념에 있어 현장의 유식관을 따르는 등 진보된 교학이 있었기 때문으로 보기도 한다.

원측은 번역 도량으로 유명했던 서명사 뿐만 아니라, 운제사와 화엄종의 법장이 머물었던 천복사薦福寺, 불수기사佛授記寺에도 거주하면서 번경飜經, 즉 불경의 번역사업에 적극 참여하였다. 원측이 서명사西明寺의 대덕大德이 된 시기는 현장이 머문 659년 10월부터 약 2년 동안이었지만 이 때에는 역장에 참여하지 못하고 있다가, 측천무후(685~

704)가 정권을 잡은 이후 적극적으로 번역에 참여한 것으로 밝혀져 있다. 그러나 서명사의 대덕으로 가게 된 원측은『유식론소』10권,『해심밀경소』10권,『인왕경소』3권,『반야심경소』,『무량의경소』등을 저술하였는데, 현재 전해지는 저술은『반야바라밀다심경찬』1권,『인왕반야경소』6권,『해심밀경소』10권 등 3부 17권뿐이다.

원측의 역경참여 가운데 돋보이는 일들을 들어 보면, 다음과 같다. 688년 지파하라地婆訶羅 등이『대승현식경大乘顯識經』등 18부 34권을 역출할 때, 5대덕의 우두머리로서 증의證義를 담당하였다. 693년 보리유지菩提流支가 불수기사에서『보우경寶雨經』을 번역해 낼 때에도 증의로 참석하였다. 불타파리佛陀波利의 서명사 역장譯場에서 순정順貞과 함께『불정존승다라니경佛頂尊勝陀羅尼經』을 역출하였다. 695년 실차난타實叉難陀가『화엄경』을 번역할 때에도 증의를 담당하였다.

원측 교학은 도증을 통해 신라에 그 영향을 끼쳤을 뿐 아니라, 중국 화엄종과 돈황, 티벳, 일본에까지 영향을 끼친 것으로 밝혀져 있다. 예를 들면, 중국 화엄종의 제3조인 현수법장(643~712)은 신유식의 원측 학설을 많이 수용하여 화엄학의 성격이 성상융회적性相融會的인 입장을 주장한 것으로 알려져 있다. 또한 돈황 출토의『대승백법명문논개종의기大乘百法明門論開宗義記』에 나타난 담광의 유식사상은 원측 사상의 흐름을 섭취한 것이며, 티벳의 쫑카빠의『요의미요의론了義未了義論』도 원측의『해심밀경소』를 따라 주해한 것이 보이기 때문이다.

신라에 남아있던 원측에 관한 기록과 관련하여 3인의 원측이 있었음을 주장한 견해가 제기돼 이에 대한 논의가 있었다. 각각 시대를 다르게 설정한 3인의 기록을 별개의 3인으로 보고 논지를 전개하고 있다. 이 내용에 대해, 이를 그대로 인정하여 3인의 원측이 존재했음을 따르는 견해와 이들이 3인의 원측이라 보는 것은 문제가 있다고 보는 견해로 나뉘어져있으나, 1인으로 보는 것이 타당하다고 생각된다.

(4) 유가조 태현과 진표의 법상종

8세기 중반 신라 왕경에는 태현이 후일 유가조로 불릴 정도로 유가 계통의 논설들을 정리하여 수많은 교설들을 저술하였다. 또한 후반에 접어들면서는 진표眞表에 의한 법상종法相宗이 경덕왕대 후반부터 일반 인들에게까지 널리 전파되는 양상을 보여주고 있다.

『삼국유사』의 현유가해화엄賢瑜伽海華嚴 조에 의하면, 태현은 유가조瑜伽祖로서 경주 남산의 용장사茸長寺에 거주하면서, 궁중에서 『금광명경』을 강의하여 우물물이 치솟게 하는 등의 신이함을 나타내기도 하였다. 하지만, 그가 남긴 저술로 볼 때 그는 학문승이었다. 『범망경고적초梵網經古迹抄』에는 태현이 "처음에 화엄華嚴을 익혔고 뒤에는 법상法相에 들어갔다"고 하였다. 『비망초備忘抄』에는 "대현은 이름으로 혹 태현太賢이라고 한다. 그 덕행을 숨기는 고로 승전僧傳에는 보이지 않는다. 혹은 말하기를 현장의 제자 원측, 원측의 제자 도증, 도증의 제자 태현이라고도 한다"고 하였다.

그가 남긴 모든 저술들은 여러 스승들의 해석에 순응하여 풀이할 뿐, 개인의 견해로 함부로 해석하지 않는 온건한 학적 태도를 보이고 있다. 그는 신라 유가조라 불리는 것으로 볼 때, 중심사상은 유식학이나 화엄·열반·반야·법화·정토·미륵신앙·보살계사상 등에 두루 통하고 있다.

유식학에 관한 현존저술이 『성유식론학기成唯識論學記』 8권뿐이어서 태현의 유식학을 신유식으로 분류하기도 한다. 이 『성유식론학기』에서 찾을 수 있는 독특한 의견은 ① 종宗을 낮추어서 체體를 나타내는 문, ② 제목을 분별하는 문, ③ 문의文義를 해석하는 문의 3문으로 나누어 해석한 점이다. 그리고 태현 자신의 유식관으로는 "호법이 진술한 바의 유식중도唯識中道와 경계境界·행行·과果 셋으로써 이 논의 종을 삼는다"고 한 간단한 문구 중에 나타나 있을 뿐이다. 또한 태현의 저술 목록 중에 구유식의 계열에 속하는 문헌이 특별히 보이지 않을 뿐 아니라 호법 등의 유식이론에 거의 치중되어 있는 것으로 보고 있다.

그러나 그는 구유식의 대표적인 저술이라 할 수 있는『섭대승론』에 대해서『섭대승론세친고적기』와『섭대승론무성석론고적기』를 저술하고 있어, 신라의 전통적인 구유식에 관한 맥을 이어가고 있음을 보여주고 있다. 또한 경흥과는 달리『금광명경』의 강경에 있어서도『금광명최승왕경』이 아닌 수대의 보귀가 번역한『금광명경』으로 강경을 하고 있어 전통적인 면모를 고수하고 있음을 알 수 있다.

진표는 전주인으로 지방의 유력한 귀족 출신으로, 금산사에서 10여 년간의 수학 후에 지장보살로부터 계戒를 받고 미륵보살에게 간자簡子를 받았다. 수행의 감응을 얻은 진표는 많은 사람들로부터 보살이 응현한 것으로 추앙받았는데, 이때부터 그의 일반 대중교화가 시작되었다. 그가 신라 법상종의 개조로 인식된 것은 당시의 유가승들(태현 등)과는 다음과 같은 몇 가지 점에서 다른 면모를 보여준 때문으로 이해된다.

첫째는 계율戒律을 강조한 점이고, 둘째는 유가승들의 사회적인 활동을 부각시켰으며, 셋째는 교학위주가 아닌 실수적實修的인 수행을 강조하였으며, 넷째는 재래 원광 이래의 신라 점찰법회의 전통을 이은 새로운 참회법을 진작시켰으며, 진표—영심—심지에 의한 금산사—법주사—동화사의 계통이 고려시기까지 법상종의 맥을 잘 전승시켜 준 점을 들 수 있다.

자장이 주로 왕실과 승려 중심의 계율을 폈다면, 진표는 왕실은 물론 일반서민에게 계를 줌으로써 불교계율의 대중화에 앞장섰다고 할 수 있다. 따라서 원광과 관련된 세속오계, 자장의 국통으로서의 불교계 통솔, 진표의 일반민에 대한 계율 전파 등으로 신라의 유가불교가 신라사회에 끼쳤던 영향력의 정도를 이해할 수 있으리라 생각되며, 신라의 지도이념으로서의 불교가 고려로 이어질 수 있었던 것도 이와 같은 계율의 사회적 역할이 실천되었던 데서 그의 위치가 부각된다고 하겠다.

이상의 내용으로 볼 때 불교 전래 이후 신라 사회에 많은 변화를 주었지만, 그 가운데서도 유가계통의 불교가 신라 전반에 끼친 영향은 실로 대단한 것이었다.

3) 신라의 화엄학

(1) 『화엄경』의 신라 유입과 의상(625~702) 이전의 화엄학

『화엄경』은 석가모니가 도道를 이룬 지 2.7일에 깨달은 진리를 그대로 설한 내용으로, 부처님은 해인삼매에 들어 광명만을 놓고 있고, 대신 여러 보살들이 법을 설하고 있다. 즉, 광대무변하게 우주에 계신 부처님의 만덕과 가지가지 꽃으로 장엄된 진리의 세계를 설하고 있어 화엄華嚴 내지 잡화雜花라 하였다. 무명에 덮인 중생이 한 걸음 두 걸음 닦아 나아가 십주十住, 십행十行, 십회향十廻向, 십지十地, 등각等覺, 묘각妙覺의 52단계를 거쳐 정등정각正等正覺의 불위佛位에 이르는 것으로, "약인욕요지若人欲了知 삼세일체불三世一切佛 응관법계성應觀法界性 일체유심조一切唯心造"의 만일 삼세의 모든 부처를 알고자 한다면, 법계의 본성 내지 모든 것들은 오직 마음이 지은 것인 줄을 알아야 한다로 대변되는 유심설唯心說이 『화엄경』의 특징이다. 또한 만물은 어떤 관계로 존재하는가에 대한 설명인 법계연기사상法界緣起思想이 그 중심사상이기도 하다.

『화엄경』에 대한 한역본漢譯本은 60권, 80권, 40권의 3本이 있다. 진본晋本(418~420)인 60화엄은 불타발타라佛陀跋陀羅가 중국의 양주에서 번역한 구역 『화엄경』이다. 이 경은 6~7세기 신라와 중국과의 교류 상태로 미루어 볼 때, 승 명관이 가져온 1,700여 권의 불경 가운데 포함되었거나, 또는 자장이 가져온 경·율·논 삼장 400여 함 속에 포함되어 전래되었던 것 같다. 자장이 귀국하면서 가져온 대장경은 신라에 빠져 있는 것을 보충해 가져 온 것인데, 의상이 귀국하면서『화엄경』을 가져왔다는 언급이 없는 것은 이미 자장의 귀국시기인 643년에 60화엄이 구비되어 있었음을 알려준다.

다음으로 주본周本(695~699) 80화엄은 699년에 완역되었으므로, 신라에도 8세기 초에 전래되었다. 그것은 의상의 제자인 오진화상이 당의 요원화상了源和尙에게 그 품수品數를 묻는 내용이 전하고 있고, 754년에는 연기緣起에 의해 80화엄이 사경되고 있으며, 80화엄을 주 내용으로 하는 표원表員의『화엄경문의요결문답華嚴經文義要決問答』에 80화엄 최초의 주석서인『간정기刊定記』가 인용되어 있기 때문이다. 일본의 경우『간정기』가 전래된 것을 736년으로 보고 있으므로, 신라에는 그보다 훨씬 이전인 8세기 초반 무렵에 80화엄과『간정기』가 전입되었을 것이다. 그러나 의상은 702년에 입적하였으므로 측천무후의 주周왕조에서 699년에 완역된 80화엄을 강경할 수는 없었을 것인데, 의상의 부석계 화엄의 특징이 60화엄 중심인 것이 여기에서 비롯된 것이라고 할 수 있다.

그리고 40화엄(796~798)은 '정원신경貞元新經'이라고도 하는데, 소성왕 때 승 범수梵修가 중국에서 가져온 '신역후분新譯後分'『화엄경』이 바로 이것이므로, 799년에 신라에 전해졌음을 알 수 있다. 경주 황복사지의 3층석탑(성덕왕 5년, 706)에 봉안되었던『무구정광대다라니경無垢淨光大陀羅尼經』이 역출된 지 불과 2년 후인 706년에 신라에 전래되어 황복사 석탑에 함재되어 있는 것과 비교해 보면, 이 40화엄은 798년에 완역된 직후 곧바로 사경하여 가져왔다고 할 수 있다. 40화엄은『화엄경』의「입법계품入法界品」에 해당되는 내용이어서, 그 양이 적어서「신역후분新譯後分」이라는 용어를 쓴 것이다.

이렇게『화엄경』이 신라에 들어 온 것은 6세기부터 시작되어 799년인 8세기 말까지 300여 년에 걸쳐 순차적으로 모두 유입되었다.

　신라의 화엄종은 의상이 중국 화엄종의 제2조인 지엄에게서 수학한 후 귀국하여 제자들에게『화엄경』을 가르치면서 성립하였다고 할 수 있다. 때문에 의상에게는 해동화엄초조라는 별칭이 따라붙기도 한다. 이에 대해 신라의 화엄초조로 자장을 상정하려는 시도가 있기도 하다. 그러나 자장과 원효에 나타나는『화엄경』과 관련된 내용은 의상의 경우와는 차이가 있다. 따라서 여기에서는 신라의 화엄학을 의상을 중심으로 해서 그 이전과 이후로 구분하여 그 내용을 살펴보려고 한다.

　먼저 의상 이전에 신라에서의『화엄경』에 대한 이해는 자장과 원효의 행적에 이미 보이고 있다. 자장은 자기가 살던 집을 희사하여 원녕사로 삼고, 그 낙성식 때 화엄게송 1만 게를 연설하였는데, 많은 신이 나타났다고 한다. 이는『화엄경』의 3만 5천 게 가운데 일부를 설한 것으로 신라에 최초로『화엄경』을 소개하였다는 점에서 그 의의가 있다고 하겠다. 원효는 화엄관계저술이 4종이 있고, 그 가운데『화엄경소』를 짓다가, 제4 10회향품에 이르러 그쳤다는 내용이 전하고 있다. 또 그가 지은 무애가無碍歌인 "모든 걸림이 없는 이는 한결같이 생사를 벗어난다 일체무애인一切無碍人 일도출생사一道出生死"는 60『화엄경』명난품 현수게에 나오는 것을 원용한 것이다. 하지만 원효는 대승의 거의 모든 경전을 주석하고 있어『화엄경』도 그 일부로 생각할 수 있을 것이다.

　그렇지만 의상의『화엄경』에 대한 이해는 이러한 자장의 강연이나 원효의 경전주석의 단계에 머문 것이 아니고, 「화엄일승법계도」라고 하는 7언 30구 210자의 구불구불한 모양의 반시槃詩를 지어 화엄교지를 요약하고, 자기자신에게 이로운 행위(자리행自利行)와 남을 이롭게 하는 행위(이타행利他行), 그리고 수행자의 방편과 이익을 드러내 실천을 중시하고 있다. 뿐만 아니라 제자들에게 화엄교학을 중점적으로 강설하여 신라에 화엄종을 성립시켰으므로 해동화엄초조로 인식된 것이라 할 수 있다.

신라의 화엄학을 당시 불교학의 경향 속에서 볼 때, 신·구유식이 성행하는 상황에서 새로운 사조로서 화엄학을 유입하였다는 시각에서 볼 필요가 있다는 점이다. 즉 의상이 중국행을 한 것은 현장의 신유식을 배우고자 하는데 그 목적이 있었으므로, 그도 지론과 『섭대승론』과 같은 구유식에 대해 어느 정도 식견을 가지고 있었다. 하지만 현장의 문하에는 이미 수많은 제자들이 있었으므로, 의상은 중국의 양주와 등주를 지나는 동안 겨울을 지나고 결국 장안의 종남산에 주석하고 있던 화엄종 지엄의 문하에 들어가 수학하였다.

당시 중국은 신유식이 성하였던 것과는 달리 화엄종은 매우 빈약하였으므로, 그의 화엄전교는 이러한 배경의 연장선상에서 이해하여야 할 것이다.

(2) 의상의 부석산 정주와 『화엄일승법계도』

신라의 화엄학은 의상이 670년에 귀국하여 왕경에 머무르지 않고, 5~6년간 전국을 유행遊行하다가 676년에 부석산에 탁석卓錫한 사건으로, 그 성격이 결정되었다고 할 수 있다.

의상은 신라의 진골로서 왕경의 황복사에서 출가하였고, 그가 유학하고 있던 시기의 왕경에서는 자장과 원효가 이미 『화엄경』을 강설하거나 주석서를 낸 터였다. 의상은 귀국 후 왕경의 이러한 교학적 배경을 버리고 전국을 돌아다니다가 부석산에 안착한 것이다. 부석산은 현재의 소백산으로 신라 오악 가운데 북악北岳에 해당하는 곳으로, 한동안 신라의 북방군사방어의 개념으로 의상이 이 곳에 머물렀을 것으로 보기도 하였다.

그러나 의상이 이 곳 부석산에 정주한 것은 그의 화엄학에 대한 열정 때문이었다. 그는 중국에서 『화엄경』을 수학할 때에도 그 정진력이 대단하였다. 그가 「화엄일승법계도」를 지을 때, 그 때까지 지은 글들을 모두 태워 그 가운데 불에 타지 않고 남은 글자들을 가지고 숙고 끝에 구불구불한 형태로 된 반시槃詩로 만든 것임은 널리 알려진 일이다.

의상의 사상은 성기性起라는 핵심용어로 표현되어 법계도기에 농축되어 있는데, 이를 근거로 법성法性, 구래부동舊來不動, 해인삼매海印三昧 등이 보다 분명하게 성기의 세계를 드러낸 것으로 보고 있다. 이 외에도 중도中道, 십현十玄, 육상六相, 이이상즉설理理相卽說, 수진법계관竪盡法界觀 등이 성기사상에 입각한 의상 사상의 특징으로 언급된 바 있다. 즉 성기적 관점에서 연기를 포괄하고 있어 진리를 체험하는 실천성을 강하게 띠는 것으로 보는 것이다.

그의 관심은 이렇게 치열하게 얻은 『화엄경』의 진수인 「화엄일승법계도」를 어떻게 신라 땅에 알려 많은 중생들을 구제할 것인가에 골몰해 있었다고 할 수 있다. 때문에 그는 귀국 후 곧 신라의 제일 변방에 해당되는 낙산으로 나아가 기도를 드려 감응을 얻은 후 안착할 곳을 물색한 것이 바로 부석산이었다.

당시 왕경은 이미 앞에서 살핀 바와 같이 신, 구유식 등 유식교학이 만연해 있던 상황이었으므로, 의상의 정리되고 간결한 『화엄경』의 정수가 제대로 먹혀들어 갈 수 없었다. 또한 나당 간의 전쟁 이후 왕경에서 친당파의 숙청이 이루어지는 분위기 속에서 중국에 10여 년이나 유학하였던 의상이 설 곳은 마땅치 않았을 것이다.

의상은 자신의 생각을 펴고 이를 다른 이에게 전수해 주어야 할 곳은 복선福善의 땅이어야 한다고 했는데, 이는 국가권력에 의해 이미 사찰이 세워지지 않은 곳에서 화엄학을 펼 곳을 찾으려는 것이었다.

의상은 고려시대 인들에게 금산보개의 화신으로 추앙받은 것이 전해오고 있는데, 그것은 그를 신라시대에 살았던 부처님으로 인식한데서 나온 명칭이었다. 그가 진골로서 편안한 삶을 버리고 출가하였을 뿐 아니라, 유학하면서 얻은 깨달음의 결정체인 「화엄일승법계도」를 널리 알리기 위해, 귀국 후의 활동무대도 왕경에 연연하지 않고 지방의 부석산으로 나아갔다는 점에서 주목된 것이라 하겠다.

의상이 머물렀던 흔적이 남아 있는 부석산 주변은 중국 유학 당시 머물렀던 종남산의 지상사와 거의 비슷한 곳으로, 수행에는 더 할 나위 없이 좋은 곳이었다. 그는 신라에 돌아와서도 출가인으로서 수도인으로서의 면모를 그대로 유지한 것이다.

그는 자신이 깨달은 것을 중생에게 회향하면서 특정 계층을 상대로 하지 않았다. 배움의 열정이 있는 이들에게는 학식이 있는 출가승이거나, 하급군인 심지어 노비에게까지 모두 가르침을 베풀었다. 의상은 교학만이 아닌 수행을 함께 한 독특한 방법을 가지고 제자양성에 힘을 기울였다. 이 때 의상에게 직접 배운 제자로서 확실하게 행적을 남긴 이는 하급군인 출신의 진정眞定, 이량공 댁의 종이었던 지통智通, 오진悟眞, 상원相元, 양원良圓 등을 들 수 있다.

다양한 계층의 제자들을 위해 의상은 『화엄경』을 「화엄일승법계도기」를 중심으로 우리말로 쉽게 풀이해 주었다.

제자들은 의상의 강의를 듣고 소백산 추동錐洞에서 90일 간의 『화엄대전』의 내용을 『추동기錐洞記』(이를 지통문답智通問答 내지 요의문답要義問答이라고도 함)로, 부석산에서 40일회의 내용을 『도신장道身章』(또는 일승문답一乘問答)으로 정리하였다. 그 문답이라는 별제가 알려주듯이 의상은 제자들에게 의심나는 곳을 묻게 해서 이를 답하는 형식으로 강설을 한 것이다. 이 내용을 제자들이 중국의 어려운 한자 대신에, 우리 글로 쓰이던 이두를 가지고 석독구결의 형식으로 문답의 내용을 기록한 것이다.

이는 당시 일반민들에게 대단한 반향을 일으켰는데, 그것은 어려운 한문으로 된 불교교리에 능통한 왕경의 교학승들에게서는 볼 수 없었던 것으로, 의상법사가 태백산에서 불법을 풀이하여 사람을 이롭게 한다는 소문을 듣고, 그리워하는 마음이 생겨 찾아가고 있는 모습이

『삼국유사』에 그려져 있기도 하다.

의상은 강경과 함께 관법수행을 병행하도록 가르쳤다. 그는 실행을 중히 여겨 산 정상 가까운 토굴이나 암자에서 안거를 했던 것으로 생각된다. 청량산 의상봉 아래의 의상굴과 제자 지통이 화엄관을 수행한 태백산 미리암굴은 유명하다. 그는 제자들의 깨달음의 상태를 보고 법계도인法界圖印을 주어 그들의 깨달음을 인정해 주기도 하였다.

이렇게 의상은 제자를 양성함에 있어서도 문답형식의 강경과 함께 관법수행을 병행하게 하는 등 화엄의 조화와 평등의 원리를 구현하고자 노력하였다.

의상과 그의 제자들은 영주의 소백산과 예천의 학가산, 안동의 청량산 등 영주, 안동, 의상, 상주, 제천과 원주, 괴산 등에서도 활동하였던 흔적들이 전하고 있다. 또 법장의 문하에서 공부하고 귀국한 승전勝詮이 상주영내 개령군의 경계에 거주하면서 『화엄경』을 강하는데, 돌무리를 놓고 강연과 토론을 하였다는 것은 당시 듣는 이가 없었음을 알려주는 사실이지만, 이후 그의 제자 가귀可歸가 이를 듣고 펴낸 『심원장心源章』이 있었다 한다.

(3) 왕경의 화엄학과 80화엄

왕경의 화엄학은 이미 앞에서 언급한 바와 같이 자장과 원효에 의해 소개된 바 있다. 그러나 이들은 대승불교 전반에 대한 관심 속에서 그 일부로서 화엄학을 다룬 것이었다. 또한 원효는 의상의 귀국 후 교류가 있었음이 단편적으로 거론되기도 하였다. 『법계도기총수록』 「대기大記」에 의하면, 원효사가 의상법사를 만나 의심을 푼 대목이 나오고 있고, 지엄사의 수전법數錢法을 전수해 온 의상의 설을 원효가 취해서 『보법기普法記』와 『화엄종요華嚴宗要』 등에서 채용해서 쓰고 있음이 이미 알려진 바 있다.

그러나 왕경에서 화엄학에 대해 본격적으로 관심을 가지게 된 것은 법장에게 수학한 승전이 692년 무렵에 신라로 귀국하면서 의상에게 가져온 법장法藏의 화엄관계 주석서 때문이었다. 중국 화엄종의 제3조가 된 법장은 승전 편에 의상에게 보내는 편지寄新羅義湘法師書와 자신의 저술을 보내면서 의상의 고견을 구한 것이다.

이 법장이 펴낸 저술 가운데『기신론소』는 원효의 저술을 많이 참조하여 화엄종의 입장에서 해석한 것이다. 또한 원효의『화엄경소』에 나오는 4교판敎判은 법장의『화엄경탐현기』를 비롯하여 혜원慧苑의『간정기』, 청량 징관의『대방광불화엄경소』, 이통현의『신화엄경론』, 표원의『화엄경문의요결문답』등에서 채용해서 쓰고 있다. 그러나 이때는 이미 원효가 입적(686)하고 난 이후였으므로, 의상은 이를 왕경에 보내어 원효의 제자들과 왕경의 여러 교학승들에게 읽게 하였을 것이다. 이를 읽은 왕경의 교학승들은 화엄교학에 대해 새로이 이해를 하고, 의문이 나는 점을 알기 위해 의상을 찾아와 문답도 하고 그의 제자가 되기도 하였던 것이다. 의적이 대표적인 인물로, 이들은 유가계통의 저술까지 한 이들로서 뒤늦게 화엄교학에 대해 인식하면서 새로이 의상에게 와서 의문점을 풀었거나 그에게 배웠던 것이 아닌가 한다. 그리고 왕경의 교학승들이 점차 의상과 그의 문도들에 대한 평가가 달라졌을 것으로 생각된다.

그런데 왕경에서는 법장의 주석서가 전해진 후 원효의『대승기신론소』와 함께 법장의 장소가 크게 부각이 되었고, 왕경의 이러한 분위기가 그대로 일본에 전해지면서 초기 일본 고대 화엄학의 성격이 결정된 것으로 생각된다. 8세기 일본 불교계는『성유식론』의 이론에 기초한 법상종이 주류를 이루고 있었으나, 초기 일본 화엄종을 대표한 인물들인 지경과 수령의『대승기신론동이약집』과『화엄오교장지사』가 원효의 교학에 크게 의지해서 저술된 바 있다. 일본 최고의 화엄학 문헌이라는『동이약집』은 당시 사상적으로 대립하고 있던 법상종을 이론적으로 비판하기 위해『대승기신론』의 이론으로서『성유식론』의 이론을 비판하고 있는데, 그러한 논의의 내용은 전적으로 원효와 법장의 이론에 기초하고 있다는 것이다.

이렇게 일본의 화엄교학에 의상의 화엄교학보다 원효와 법장의 영향이 나타나고 있다는 것은 왕경의 화엄학이 일본에 전수된 데 그 요인이 있다고 하겠다. 또한 「고선사 서당화상비」와 『삼국사기』「설총전」에 보이는 일본 진인이 원효의 저술을 흠모해 사신이 원효의 손자라는 사실을 알고 반긴 사실은, 이미 100여 년 전에 신라 사신에 의해 일본에 전해졌을 신라 불교교학의 영향력을 알려주는 것이다.

80화엄이 8세기 초에 신라로 전해진 후, 주로 왕경의 황룡사 승려들을 중심으로 유통된 모습이 보이고 있다. 경덕왕 13년인 754년에는 법해가 황룡사에서 『화엄경』을 강경하고 있고, 황룡사승 연기법사는 80『화엄경』을 이 무렵 사경寫經하고 있다. 또 황룡사승 표원表員이 『화엄경문의요결문답華嚴經文義要決問答』을 저술한 것도 비슷한 시기의 일로 생각된다.

이들 가운데 연기 법사는 80화엄의 1부를 무진주와 완산주의 지방 사람들을 동원하여 6개월 여에 걸쳐 사경 작업을 하였고, 지리산에 화엄사를 창건하였다. 연기 법사는 『화엄진류환원낙도華嚴眞流還源樂圖』 1권, 『화엄경요결華嚴經要決』 12권, 『화엄개종결의華嚴開宗決疑』 30권, 『대승기신론주강大乘起信論珠綱』 3권 등의 저술이 있다. 그 내용이 전하지 않으므로 확언할 수는 없지만, 이 가운데 화엄관계저술들은 그가 사경을 주도한 것 등을 감안할 때, 80화엄에 대한 주석서들일 것이다. 고려에 와서 대각국사 의천이 연기 법사를 놓고 위론偉論인 『대승기신론』과 웅경雄經인 『화엄경』을 널리 수호하였다고 칭송한 이유는, 그가 원효에게 영향을 받았다는 점과 80화엄의 선양자였기 때문으로 보인다.

표원의 『화엄경문의요결문답』은 화엄교학의 요점을 18과로 나누어 문답형식으로 서술되었다. 각 과목마다 제목과 출체, 문답분별로 나누어 설명하였는데, 이 가운데 7처9회의七處九會義로 볼 때 80화엄을 대상으로 하였음을 알 수 있으며, 특히 원효의 보법의普法義로서 법계연기 사상에 대한 설명을 하고 있다. 법계관은 원효의 4법계관을 기본으로 법장의 법계관을 제시하였다. 한편 그의 저술에서 의상 설은 2회 인용 하고 있는데 비하여, 원효 설은 12회나 인용하고 있고, 특히 수십전법 의 비유에서는 원효의 학설을 크게 참고하고 있는 반면, 의상의 표현 이 잘못되어 있음을 지적하여 이를 인용하지 않음이 언급된 바 있다. 이는 그가 황룡사승으로서 원효와 법장 계통의 영향 하에서 80화엄을 주석하고 있음을 알려주는 것이라고 하겠다.

명효明皛는 7언 28구로 된「해인삼매론海印三昧論」을 지은 이로 나오는 데 원효와 동일인으로 간주되기도 하였으나, 700년에 신라로 귀국한 유학승으로 도륜의『유가론기』에 인용될 정도로 유식학에 밝았던 인 물로서 원효의 화엄사상을 충실하게 계승한 인물로 보고 있다. 원효를 계승한 그의 문하라면 왕경에서 활동하였을 것이며, 그 저술이 원효의 저술과 함께 일본에 전해졌을 것으로 생각된다.「해인삼매론」은『화엄 경』십지품에서 설하고 있는 화엄삼매에 관한 내용을 서문, 논과 도圖 (다라니)와 게송으로 구성하여, 체지용體智用으로 설명하고 있으므로, 원효의 체상용體相用 삼대三大의 구조와 비슷한 것으로 보고 있다.

견등(지)의 생애에 대해서는 알려진 바가 없고, 다만『화엄일승성불 묘의華嚴一乘成佛妙義』1권과『대승기신론동이략집大乘起信論同異略集』2권이 전하고 있을 뿐이다. 전자는 일승 성불의 의미를 위성불位成佛, 행성불 行成佛, 이성불理成佛의 3가지로 논하고 있다. 즉 5위에 의한 성불과, 수 행 정진에 의한 성불, 일체중생은 본래 성불해 있다는 것이다. 후자는 『대승기신론』의 내용이 유식론과 같고 다름을 8가지 주제에 걸쳐 논 하고 있다. 그가 화엄학과『대승기신론』을 함께 저술하고 있는 것으 로 볼 때, 원효와 법장계통의 영향을 받은 화엄학자로서 연기와 같은 계통의 승려로 생각되어 왕경의 화엄학자로 분류해 보았다.

이상의 내용으로 볼 때, 왕경의 화엄학은 자장과 원효의 학적인 기반 위에 의상과 법장의 영향을 받은 이후, 다시 80화엄의 전래로 독특한 화엄학의 내용을 구성하였는데, 이러한 내용이 일본에 전해져 명효, 건등(지), 표원의 저술이 오늘날까지 전해지고 있는 것이다.

(4) 의상계 화엄학의 변화와 남북악의 문제

경덕왕 대에 의상계 화엄종은 새로이 부상하는 종파로서 원교圓敎라는 심오한 철학을 내세우면서 활발한 전교활동을 하고 있었다. 중대 전반과는 달리 의상의 법손法孫들이 활약하고 있어 초기와는 다른 면모를 보이고 있었다.

부석적손으로 불리는 신림은 법융法融 외에도 진수眞秀, 순응順應, 질응質應, 숭업사崇業師, 대운법사大雲法師 군君 등 많은 인재를 길러 내면서 부석사계를 크게 중흥시키고 있다. 의상-상원, 신림-법융의 관계가 나오고 있고, 신림이 직접 상원사에게 원만불圓滿佛과 수분불隨分佛에 관한 것을 묻고 있으므로, 의상-상원-신림-법융으로 연결할 수 있다. 그러므로, 신림은 상원사로부터 전법받아 부석 적손이 되었고, 의상의 법은 그의 여러 제자 가운데 상원사에게로 전해진 것을 알 수 있다.

한편, 신림은 당나라에 유학하여 융순화상融順和尙에게 배워 오고 있고, 부석사에서 법장의 『화엄교분기』를 강의하고 있다. 또, 그의 제자 순응·진수 등도 당에 유학하고 있어 신림 이후 부석사계의 승려들은 교학적인 면에서 국제적인 면모를 보여 주고 있다.

의상의 제자로 나오는 표훈은 황복사승으로 불국사를 창건하고 있는데, 상원上元 원년(760) 황복사에 주석한 사실, 대정大正 각간(김대성)과의 문답, 경덕왕이 아들을 낳을 수 있도록 부탁한 일 등으로 경덕왕 대의 사실과 섞여 있어 그 생존연대에 문제가 있는 인물이다. 경덕왕 17년에 혜공왕이 탄생하였는데 표훈은 그 2년 후인 경덕왕 19년에 황복사에 주하면서 부석계 화엄을 배운 것 같다. 그것은 그가 의상의 「화엄일승법계도」를 대상으로 한 오관석五觀釋, 사문석四門釋, 오생멸석五生

滅釋 등을 저술하고 있기 때문이다. 또한 그는 황복사에서 김대성과 삼본정三本定의 문답을 하고 있다. 그리고 표훈은 신림과 함께 불국사.석불사 등과 관련한 내용 등 경덕왕 대의 인물로 여러 곳에 나오고 있으므로, 표훈 역시 신림이 배운 상원사나 진정덕에게 사사하였을 가능성이 높다. 표훈은 진정덕의 삼생멸석三生滅釋을 오생멸석으로, 삼문석三門釋을 사문석으로 발전시키고 있고, 이것을 사만의과四滿義科로도 해석하고 있다. 이러한 사실은 표훈이 진정에게서 화엄을 배운 것이 아닌가 하는 추정을 하게 한다.

경덕왕대의 부석계 화엄에는 위의 신림과 표훈 외에 의상의 법계상의 종질從姪인 승전이 세운 것으로 되어 있는 갈항사가 중창되고 있다. 승전에 의하여 창건된 것으로 되어 있는 갈항사는 현재 경북 김천 근처의 금릉군 남면 오봉동梧鳳洞의 동네 뒷편에 석불상이 산재하여 있어 그 사역을 알려주고 있다. 그런데, 이 갈항사는 경덕왕 17년(758)에 가서야 3층의 쌍탑을 세우는 등 단월인 언적言寂 법사를 중심으로 한 김경신金敬信의 외가 즉 박씨 가문에 의하여 중창되고 있다. 그러나 이들 박씨 가문이 그들의 중창 내력을 이 석탑에 확실하게 새긴 것은 김경신이 원성왕으로 즉위한 758년 이후의 일로 추정하고 있다. 즉 승전이 돌아오고 나서 60~90년이 지난 후의 사실인 것이다. 그것도 무열계가 아닌 내물계의 원찰로서 조심스럽게 조성되었다가, 원성왕이 즉위하고 나서야 이 같은 사실을 탑면에 새길 수 있었던 것으로 보면, 승전 당시는 세인의 무관심 속에 있었던 상태를 짐작할 수 있다. 그러던 것이 경덕왕 대에 이르러서야 비로소 왕실주변의 관심을 끌게 된 것으로 보이지만, 실제는 하대 이후에 그 활동이 활발해지는 것으로 생각할 수 있다.

의상계 화엄은 법손으로 내려가면서 점차 왕경으로 진출하게 되고, 60화엄에 80화엄의 교학을 확충시키는 교학적인 발전보다는 의상의 법계도기를 「법융기」, 「진수기」, 「대기」 등으로 주석하는 등 오히려 점차 좁혀져 가는 양상을 나타내고 있다. 이에 더하여 화엄결사를 통해 행사 위주의 양상으로 바뀌는 모습도 보이고 있다. 특히 신라 하대가 되면 왕실에 의해 화엄결사가 많이 이루어졌다.

그런데 기존의 교종사찰들은 왕실의 원찰로서 많은 토지가 기진되면서 경제적으로 비대해지는데, 특히 해인사는 사중이 남악파와 북악파로 나뉘어 고려 광종 때까지 물과 기름과 같은 사이일 정도로 파벌을 이루었다고 한다. 해인사 내에서의 남악과 북악의 존재에 대해서는 그 동안 여러 견해가 도출되었다. 화엄경과 기신론을 위주로 한 화엄사의 연기계와 법계도기를 중심으로 한 부석사의 의상계로 남악과 북악을 구별한 최병헌, 의상계 내의 연기론적 해석경향(남악)과 성기론적 경향(북악)으로 구별한 김두진, 정치세력의 분열에 따른 분화로 본 허흥식, 화엄사의 원효계와 부석사의 의상계 학풍으로 구별한 고익진, 해인사에 침투한 견훤과 태조 왕건이 관혜와 희랑을 복전으로 삼은데 따른 파벌로 인한 것으로 본 김복순, 의상계의 해인사 내의 분파로 본 김상현의 견해, 남악은 법장계로 연기사상을 북악은 의상계로 성기사상을 더 중시한 것으로 본 전해주의 견해가 있다.

그런데 역사적으로 남악은 분명히 화엄사를 지칭한 말이고, 이와 관련하여 황룡사승 연기와 관련이 되어 있다. 즉 화엄사에서는 80화엄을 사경하고 있고, 신라 왕실은 60화엄과 40화엄을 사경한 바 있다. 주지하듯이 의상과 법장의 교학은 60화엄의 토대 위에서 나온 것이며, 징관澄觀 대에 가서야 80화엄을 텍스트로 하여 주석을 하고 있다. 그런데 법장은 성상융회적性相融會的 성격이었던 것이 비해 징관은 성상결판적性相決判的인 성격을 보이고 있어 교학적인 면에도 영향을 준 것이 아닌가 한다. 하지만 남북악의 분열이 생긴 것은 후삼국 시기로써 그 이전에는 그런 모습이 보이지 않고 있다는 점이다.

다시 말하자면, 신라 말 고려 초는 전환기로써 정치적으로 매우 혼란하였으나, 학문적·종교적으로는 백가가 쟁명하던 아주 중요한 시기였다고 생각된다. 전통신앙과 함께 유교·불교·도교가 모두 존재하였을 뿐 아니라, 재래 법상종과 화엄종으로 대표되는 교학불교와 함께 선종의 전래로 불교사상이 만개하던 시기였기 때문이다.

당시의 지배자들은 이러한 시대적 조류에 편승하여 자신들에게 유리한 쪽으로 인재를 끌어들여 인심의 귀복을 꾀한 바 있다. 특히 후백제의 견훤과 고려 태조는 경쟁적으로 중국에 유학하였던 유학생과 선사들을 모셔간 바 있다. 그리고 신라 왕실의 원찰인 해인사의 종장宗匠들에게도 접근하여 관혜공은 견훤 편으로 희랑공은 고려 태조 편으로 가담하게 하였다. 일단 고려 태조에 의해 후삼국이 통일되기는 하였으나, 호족 연합정권적인 상황에 있었으므로 남·북악의 승들은 여전히 대립적인 관계 하에 있었다. 이렇게 정치적인 이해관계로 인해 생긴 틈이, 남악과 북악이라고 하는 법계마저 다른 까닭에 점점 더 관계가 악화되어, 광종 초에는 물과 불처럼 되어버린 것이다. 이렇게 관혜와 희랑의 뒤를 이은 법손들의 남·북악의 갈등이 균여에까지 이른 것이라 생각된다.

4) 맺음말

신라 유식학에 대한 연구는 그 동안 원측에 집중되어 온 반면, 신라 유식학 자체의 역사적인 인과관계의 규명은 소홀히 되어 온 면이 있었다. 이러한 문제의식에서 연구의 대상을 넓히고, 연구 자료를 폭넓게 활용함으로써, 신라 유식의 전모와 흐름을 유식학발전사의 과정 속에서 설득력있게 제시해야 할 것이 요구되었다. 또한 유식 사상들 사이의 공통점과 차이점, 배경의 규명 등이 재해석이 되어야 함이 지적되기도 하였다. 이러한 문제들이 제기되는 이유는 유식불교의 내용이 난해하기 때문이라는 것이다.

그런데 신라 유식학을 특정지우고 신라 전 시기에 걸쳐 심대한 영
향을 끼친 가장 중요한 텍스트는『섭대승론』과『유가사지론』으로, 이
의 해석과 풀이는 그 성격규명과 함께 매우 중요한 일이라 하겠다. 그
러나 난해한 교리와 번다한 주석은 결국 진표의 활약을 돋보이게 하
였고 신라 법상종의 개조까지 되게 한 결과를 가져온 것으로 보았다.

신라 화엄학 연구는 의상의 「화엄일승법계도」가 중심이 되어 연구
되어 왔으며, 원효·명효·견등(지)·표원의 저술도 함께 규명되고 있
다. 특히 60화엄과 80화엄으로 대비된 의상계(부석계)화엄과 왕경의
화엄학으로 나누어 그 상호 영향 관계를 밝혀 보았고, 이 두 계통이
신라에서 전개된 역사적 양상과 변화의 모습을 살펴보았다.

결국 신라의 화엄학은 의상이『화엄경』의 조화와 평등의 원리를 신
라에 구현하고자 하였던 것에서 그 최고봉이 이룩된 것이었다고 하
겠다.

2. 신라 하대 선사들의 유행遊行

1) 머리말

신라말 고려초 선사들의 비문은 사서에 나오는 역사적 사실들을 보다 정치하게 보완해 주거나 새로운 사실들을 전해주고 있어 우리의 관심을 끌고 있다. 특히 선사들의 비명碑銘인 까닭에 그들의 활동상에서 많은 사실을 간취할 수 있다. 이번에 함께 살펴보고자 하는 부분은 나말여초라 할 수 있는 9~10세기로서 이 시기의 사회변동에 초점을 맞추어 금석문에 나타난 내용을 중심으로 고구하려는 것이다.[1] 본 글은 이 가운데 선사들이 해외유학 당시의 활동반경이라 할 수 있는 동선動線을 추적해서 그 특징을 살펴보려는 것이다. 이미 개별 글들이 있기는 하지만, 이들의 동선을 함께 고구해서 그 특징을 살펴본다는 점에 그 의미를 두고자 한다.

신라 승들의 중국 유학은 각덕이 양나라에 유학한 6세기부터 선사들이 유학하는 9~10세기까지 끊임없이 이어졌다. 초조 달마가 중국에 온 것은 6세기 이지만, 선종이 종파로서 널리 퍼지게 된 것은 6조 혜능 이후의 일이므로, 8세기 이후라야 선종에 대한 이해가 당과 신라에서 새로워지기 시작했다고 할 수 있다. 특히 당나라의 불교가 거의 피폐, 절멸당하는 회창(841~846) 폐불의 혹독한 사건 속에서도 선종은 그 명맥을 유지하여 후에 5가 7종이라는 종세를 과시하는 모습을 보여 주었다. 때문에 회창 폐불이 단행된 9세기 전반을 전후하여 한차례의 변화가 있었지만, 선종의 경우 신라 유학승들이 지속적으로 배

---

1) 이 논문에서는 李智冠 校勘 譯註, 1993~1996, 『歷代高僧碑文』신라 편과 고려 편 1~3과 한국역사연구회편, 1996, 『(譯註)羅末麗初 金石文』上과 原文 校勘 下를 참조하였다.

출된 특징이 있다.

본고에서는 이들이 중국으로 출발하면서부터 정착, 수행하기까지의 동선을 알아보고, 이들이 인가를 받은 후의 유행遊行, 그리고 귀국 과정에 대해 추적해 보고자 한다. 이는 9~10세기 선승들의 유학내용이 이전의 유학승들과는 차이가 있었음을 실제 동선을 통해서 확인해 보고, 이에 나타난 남종선南宗禪의 특징을 고찰해 보려는 것이다.

2) 선사들의 중국 유학과 활동반경

신라 하대부터 고려 초까지 중국에 유학한 이들은 대개 선사들이었다. 이들을 전기와 후기로 나누어 보면, 마조계와 석두계라고 하는 계보 별로 쉽게 이해가 될 수 있다. 즉 전기는 809~878년까지로 마조계 선법을 받아 귀국하여 신라에 선문을 개창한 도의, 홍척, 혜소, 혜철, 현욱, 무염, 도윤, 범일, 체징, 대통, 순지 등이 활동한 시기이다. 후기는 875~935년까지로 전기 신라승의 제자들이 다시 입당 구법하여 석두계의 선법을 계승한 바 행적, 형미, 충담, 경유, 여엄, 이엄, 경보, 찬유, 현휘, 긍양이 활동한 시기이다.[2]

여기서는 선사들의 동선을 살펴보려는 것이므로, 관계 자료를 남기고 있는 이들을 중심으로 서수할 수 밖에 없는 한계가 있다. 또한 시기는 대체로 비슷하지만 그 움직임을 중심으로 2기로 나누고, 편의상 다시 두 군으로 구별하고자 한다. 먼저 1기는 회창폐불로 인해 846년

---

2) 鄭性本, 1993, 「新羅禪宗의 形成」『한국종교사상의 재조명』(1995, 『新羅禪宗의 研究』, 28쪽) 나말여초 선사에 대해서는 최병헌, 김두진, 고익진, 추만호, 조범환, 최인표, 김흥삼 등 많은 논고가 있다. 여기서는 중국 내에서의 이들의 動線에 초점을 맞추었기 때문에 정성본의 분류를 따랐다. 정성본은 이미 1991, 『中國禪宗의 成立史研究』, 민족사를 통해 초기 중국의 선사들을 정리한 바 있다.

을 전후하여 귀국한 이들로, 도의, 무염, 행적의 일군(1-1)과 혜소, 홍척, 현욱, 범일, 적인의 일군(1-2)이다. 2기는 대통, 순지, 이엄, 여엄, 형미, 경유, 충담의 일군(2-1)과 현휘, 절중, 형미, 경보, 긍양, 찬유(2-2) 등이다.

먼저 이들이 중국에 도착 후 수행지까지의 동선을 살펴보고, 수행지에서 도를 깨친 이후 유행하였던 장소를 찾아 본 후 그 활동 반경을 구획해 보도록 하겠다.

(1) 출발에서 정착, 수행의 장소

중국으로 건너 간 선사들은 거의 배를 이용하여 황해를 건너 목적지로 나아갔다. 물론 배를 이용한 경우 선사 자신들의 신분에 따라 여러 모습으로 건너갔다. 낭혜 무염이나 낭공 행적과 같이 신라 사신의 배를 타고 대접을 받으면서 가기도 하고, 진감과 같이 하정사 세공선의 뱃사공이 되어 건넌 일도 있으며, 개인적으로 조각배나 상선 등을 이용하여 건너 간 신행이나 보조, 찬유 등도 있다.[3] 이들은 단번에 건너가기도 하지만, 배가 표류하여 재차 시도하여 건너는 등 출발부터 애로를 겪기도 하였다. 심지어 도적으로 몰려 오랜 기간 구류를 당한 일도 있었다.[4]

1-1의 도의와 무염은 신라에서 출발할 때부터 선종에 나아가겠다는 생각을 하지 않고 유학을 간 인물로써 행적도 이에 해당되는 인물이다.

무염과 행적은 교종 승으로 당에 가서도 일단 장안을 목적지로 하였다. 이들은 신라에서 배운 교종을 버리지 못하고, 중국에 와서도 일단 교종의 문을 다시 두드린 것이다. 종남산 지상사는 중국 화엄종의

---

3) 이들의 활동에 대해 일일이 주석을 달지 않은 것은 1)의 문헌들에 의거한 것임.
4) 신행은 당시 중국의 주부에 병방도적을 엄히 취재하라는 명에 걸려 240 일간 구류를 당하기도 하였다. 「단속사 신행선사비」

제2조 지엄과 제3조 법장이 머물던 곳으로, 의상대사가 중국 유학 당시 주로 머물면서 수행하였던 곳이다. 오대산은 중국 화엄종의 제4조 청량 징관이 머물면서 화엄종을 크게 선양하였던 곳으로, 8·9세기에는 천태종과 밀교가 번성하고 있었다.

무염은 장안 교외의 종남산 지상사로 가서 신라에서 배운 화엄종이 중국의 것과 비교해 봤을 때 크게 다르지 않아 실망하고 있었다. 이때 종남산에 있었던 진감으로 추정되는 이의 선종으로 가보라는 권유를 받고[5] 낙양의 불광사를 거쳐 마곡사의 보철화상에게로 나아가고 있다. 행적은 장안에서 직접 황제와 면대도 하면서 좌가 보당사 공작왕원에 머물다가, 오대산에 가서 문수대성을 친견하고자 하였다. 그러나 남쪽으로 가서 도를 찾으라는 신인神人을 만난 후, 성도부를 순례하면서 정중대사 무상의 영당에 참배하는 등 그 자취를 보고, 담주潭州(長沙)의 석상 경저 화상에게 가서 수행하였다.

도의는 오대산으로 가서 문수보살을 참예하고 감응을 받은 후 구족계를 받았다. 그 후 남쪽으로 조계에 가서 혜능의 영당에 참배하였는데 신기한 상서가 있었다. 그리고 강서로 가서 서당 지장(735~814)의 문하로 나아갔다.

이렇게 이들이 처음 중국에 와서는 장안과 오대산으로 나아간 공통점을 보이고 있다. 이는 자신들이 몸담았던 교종에 대한 미련이 남아 있었기 때문이었을 것이다. 그러나 결국 실망을 하고, 무염, 행적, 도의는 각각 마곡 보철, 석상 경저, 서당 지장에게로 나아가고 있는 것이다.

이들이 중국으로 건너와서 수행지에 이르기까지의 동선을 보면 다음과 같다.

---

5) 金福順, 2000, 「眞鑑禪師(774~850)의 生涯와 佛敎思想에 관한 연구」『韓國民族文化』 15(2002, 『한국고대불교사연구』, 민족사, 238~239쪽) ; 조범환 역시 이 문제에 대해 언급하고 있다. 曺凡煥, 2001, 『新羅禪宗硏究』, 一潮閣, 33쪽 주 35) 참조.

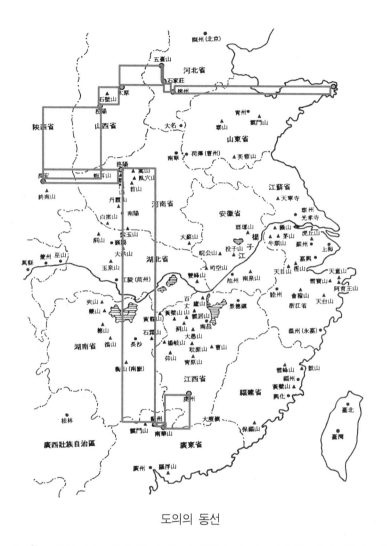

도의의 동선

　도의는 중국으로 오면서 바로 오대산으로 간 것으로 되어 있다. 이
길은 엔닌이 산동에서 오대산으로 간 길과 같은 길을 밟아 갔을 것으
로 추정된다.[6] 즉 엔닌은 원래 일본 천태종 승려로서 중국의 절강성
에 있는 천태종의 총본산인 천태산을 순례할 작정이었다. 그러나, 적

　6) 엔닌 지음, 김문경 역주, 2002, 『엔닌의 입당구법순례행기』, 중심, 157쪽.

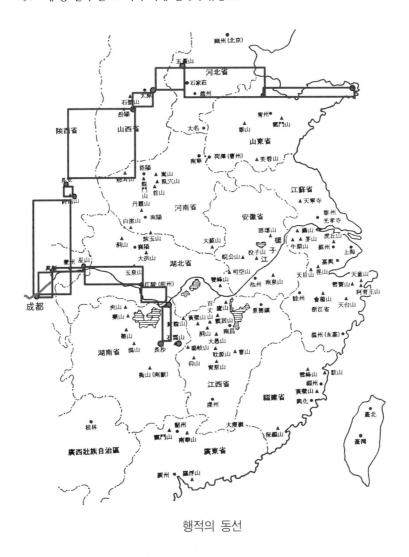

행적의 동선

산 법화원에서 신라승 성림聖琳의 이야기를 듣고(839.7.23), 오대산으로
일정을 바꾸고 적산법화원에 체류하였다. 성림은 20여 년동안 오대산
과 장안을 두루 돌아보고 적산법화원에 와서 머물던 승이었다.7) 또한

---

7) 엔닌 지음, 김문경 역주, 위의 책, 186~189쪽.

엔닌은 신라승 양현諒賢으로부터 적산법화원에서 오대산에 이르는
2,990리의 자세한 여정을 교시받고(839.9.1), 겨울을 지나고 이듬해인
840년 2월 20일에 적산법화원에서 출발하였다.[8] 엔닌이 오대산으로
간 길은 곧 신라 승들의 순례 길이었음은 다시 부언할 필요가 없을 것
이다.

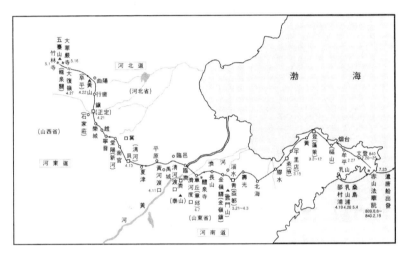

적산 법화원 - 오대산

적산 법화원에서 오대산으로 간 길을 보면, 문등文登→모평牟平(2.27)
→복산福山→등등(蓬萊, 3.2~12)→평리점平里店(3.15), 교수膠水, 북해北海,
수광壽光→청青(益都, 3.21~4.3)→금령역金嶺驛→장산長山, 장구章丘(醴泉寺,
4.7)→임제臨濟→청하도구淸河渡口→우성禹城→황하도구黃河渡口(4.11)→평
원平原→하진夏津→패貝(青河)→당양堂陽(新河)→영진寧晋→조趙→낙성樂城→
진鎭(正定)→행당行唐→곡양曲陽→추평阜平(4.22)→대부령大復嶺(龍泉關, 4.27)→
오대산 죽림사竹林寺(5.1)→오대산 대화엄사에 5월 16일에 다다른 것으

---

8) 엔닌 지음, 김문경 역주, 위의 책, 196~197쪽 ; 閔泳珪, 1994, 「圓仁入唐求
法巡禮行記 二則」『四川講壇』, 又牛, 87쪽 참조.

로 되어 있다. 대개 3개월이 소요되었다고 볼 때, 도의 역시 비슷한 일
정이 소요되었을 것이다. 그런데 도의는 오대산에 머물지 않고 선종
에 나아가고자 육조의 사적을 찾아 소주의 조계산까지 갔다가, 다시

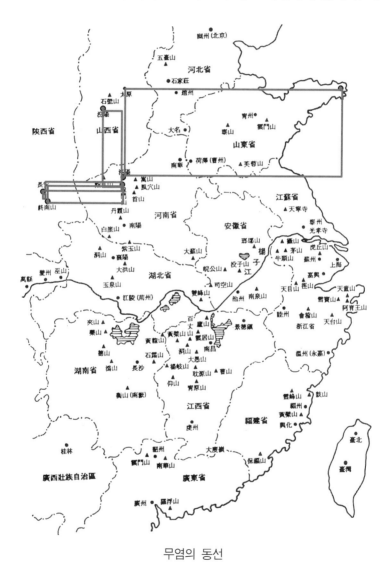

무염의 동선

강서 건주 공공산의 서당지장의 문하로 나아가고 있다.9)

무염은 장안과 낙양 근처에서 머물면서, 마조 도일의 제자로 장안에서 활약하던 마곡 보철에게 나아갔으므로, 그는 장안과 낙양을 크게 벗어나지 않고 있다.

행적은 장안에서 오대산, 성도부를 거쳐 호남으로 간 동선을 기록에 남기고 있다.10) 그가 장안에서 오대산, 오대산에서 성도부로 가기 위해서는 다시 장안으로 와서 종남산과 진령을 넘어 성도부로 갔다고 생각된다. 오대산에서 장안으로 간 길은 엔닌이 지난 오대산→흔현忻縣→삼교역三交驛→진양晉陽(현재의 태원太原)→교성交城→문수文水→분주汾州→영석靈石→곽읍藿邑→조성趙城→홍동洪洞→진주晋州→태평太平→직산稷山→용문龍門(분수도)→보정寶鼎→임진臨晋→하중부河中府(황하도)→조읍朝邑→동주同州→고시점故市店→고릉高陵→장안의 길11)로 갔을 것으로 생각된다.

또한 장안에서 성도부로 가는 길은 이른바 촉도蜀道 가운데 금우도金牛道라 불리는 장안→종남산→진령→한중→성도부로 갔을 것으로 추정된다.12) 그는 성도부에 가서 정중사에 참예하고, 성도에서 중경으로 가서 양자강을 따라 내려오다가 무한에 이르러 장사(담주)로 들어가

---

9) 이에 대해서는 도의가 강서 홍주 개원사로 갔다(『조당집』권17)기 보다는, 건주 공공산으로 갔다고 보고 있다. 서당 지장의 스승인 마조 도일(709~788)이 복건성 건양 불적암에서 개법하고 강서성 무주 서리산, 건주 공공산에 머물렀는데, 769년 이후에는 강서성 홍주 개원사에서 종풍을 떨쳤다. 지장은 불적암 시절부터 시봉하여 마조입적 후에는 개원사에서 개당을 하고 설법하다가, 공공산 서당사로 자리를 옮겼다. 도의는 서당지장이 입적한 814년 가까이 그의 문하에 들었을 것으로 생각되므로, 공공산 서당사로 갔을 것으로 생각된다. 또한 그가 조계로 갔다가 거리가 가까운 건주의 공공산으로 갔을 것으로도 상정하고 있다. 조영록, 2000, 「최근 한중불교교류사연구의 경향과 특징」『동국사학』34, 145~147쪽.

10) 「태자사 낭공대사 백월서운탑비」.

11) 엔닌 지음, 김문경 역주, 위의 책, 311쪽.

12) 조홍규, 1998, 『촉도장정』, 민족사, 13~14쪽.

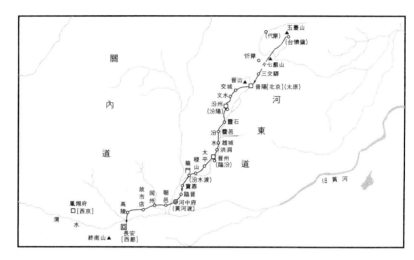

오대산-종남산, 장안

석상산으로 갔을 것이다.

이상 이들의 동선을 정리해 보면, 도의는 오대산→소주 조계산→강서 공공산으로, 무염의 경우 산동→장안(종남산 지상사)→낙양→소주蕭州로, 행적의 경우 장안(좌가 보당사 공작왕원)→오대산→장안→성도부 정중사→담주(장사)→석상산의 선법 수학 장소에 정착하고 있다.

1-2의 홍척, 현욱, 범일, 혜철, 혜소는 중국에 오면서 곧바로 선종으로 나아갔다. 이들은 각각 강서의 서당 지장, 장경 회휘의 법法을 이은 문하門下, 염관 제안,13) 산동 창주 신감14)에게 나아가고 있다. 모두 마조 도일의 제자로써 원래 강서 건주 공공산15)에 머물거나 경조부 즉 태원부,16) 또는 항주와 소주, 산동17) 등에 머물면서 수행하였다.

---

13)『경덕전등록』권7「항주 염관 진국 해창원 제안선사」.

14)『송고승전』권20「당 당주 운수산 신감전」.

15)『경덕전등록』권7「건주 서당 지장선사」.

16)『경덕전등록』권7「경조부 장경사 회휘선사」.

17) 김복순, 2002, 위의 책, 236~239쪽.

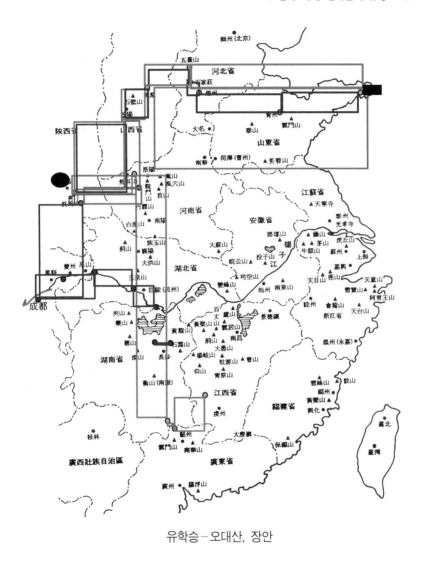

유학승-오대산, 장안

　혜소는 산동에 도착하여 부근의 창주 신감선사에게 가서 수행하다
가, 810년 숭산 소림사에서 구족계를 받고, 다시 창주로 가서 수행하
고 있어, 창주→낙양→창주의 동선을 보이고 있다.

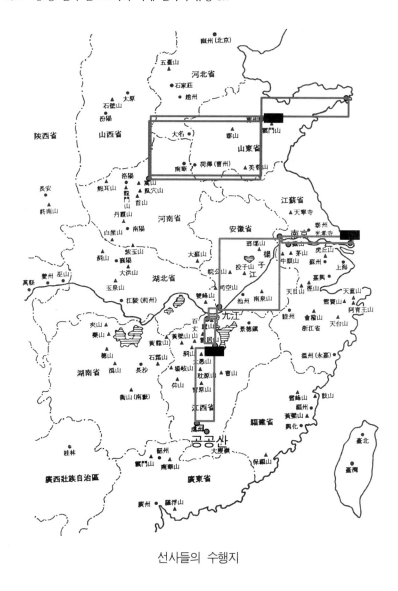

선사들의 수행지

　강서에는 마조 도일의 개당지인 공공산이 있어 홍척과 혜철, 그리
고 앞서 살펴 본 도의 등이 이 곳으로 갔다. 현재 공공산 보화사에는
서당지장의 보광탑이 남아 있다.18) 「적인선사비」에는 혜철이 서당지

장[19]을 찾아 강서로 가는 정경이 다음과 같이 그려져 있어 그 움직인
길을 알 수 있게 한다.

천 길 물 위로 진교秦橋가 멀리 지나감에 여름과 가을이 바뀌었고,
만 길 산 끝에는 우임금의 발자취禹跡가 역력한데 서리와 눈을 무릅
썼다.
발길 달려 머무는 곳 없이 공공산 지장대사에게 나아갔다.[20]

진교秦橋는 남경南京을 뜻한다고 생각되는데, 남경에는 진회하秦淮河
가 있어 흔히 이를 건너는 다리를 진교秦橋라 한다. 이들이 처음 중국
에 도착하는 곳은 대개 초주 일대로 비정되며, 물길을 따라 갔다면 당
연히 양주揚州를 거쳐 남경으로 접어들어 양자강을 따라 강서로 향했
다고 생각할 수 있다.

특히 우적禹跡은 『사기』「하거서河渠書」에 나오는 내용으로 볼 때, 구
강九江으로 생각된다. 즉 태사공이 말하기를 "나는 남으로 여산廬山에
올라서 우임금이 텃다는 구강을 바라보았다"는 내용이 있다.[21] 이 구
강은 양자강 상의 한 도시로 양자강에서 강서성으로 들어서는 중요한
길목에 해당되는 항구도시이다.

따라서 위의 시를 풀어 보면, 그는 신라에서 중국에 도착하여 소주,
양주를 거쳐 양자강 상으로 물길을 잡아 남경을 지나는데 여름이 지
나 가을로 되었고, 다시 남경에서 구강까지 가서 강서로 접어들어 여

---

18) 鈴木哲雄, 1997, 『浙江江西地方禪宗史蹟訪錄』, 113쪽.
19) 지장(735~814)은 13세 때 마조가 임천의 서리산에 주석하고 있을 때 사사
하고 법을 계승함. 『송고승전』권10 「마조도일 부 지장전」, 『조당집』권
15 「서당전」, 『전등록』권7 「서당전」.
20) 「대안사 적인선사비」.
21) 『사기(史記)』「하거서(河渠書)」 "播爲九河 正義, 言過降水及大陸水之口, 至冀
州分爲九河 太史公曰 余南登廬山 觀禹疏九江 遂至于會稽太湟 上姑蘇 望五
湖"

산에 오르자 겨울로 접어들었다는 것이다. 그는 여산에서 바로 남창을 지나 건주 공공산으로 나아간 것이다.

이렇게 중국의 남방에 도착하여 공공산으로 나아가는 이 길은, 대개 신라 승들이 강서지방의 스승을 찾아가는 일반적인 길로서 이후 가장 많이 이용되는 동선이었다.[22]

2-1의 원랑 대통은 856년에, 순지는 858년에 각각 당으로 가서 앙산仰山으로 길을 잡아 징허대사와 혜적화상(807~883)의 문하로 나아갔다. 앙산은 중국 강서성 원주부袁州府에 있는 길주吉州와는 경계에 위치해 있는 산이다.

이엄과 여엄, 형미(891), 경유 등 운거 도응에게 나아가 배운 <해동사무외사>로 불린 이들로, 강표江表, 경수鏡水로 표현된 양자강으로 해서 종릉鍾陵인 남경을 거쳐 구강으로 해서 홍부洪府인 강서성 남창南昌의 서쪽 운거산에서 수행하였다. 경유는 888년 이후 어느 때 중국으로 가서, 화정華亭(강소성 송강현)과 계원桂苑(양주)을 거쳐 동림(여산)을 지나 북저北渚를 보고 강서 운거산의 운거도응에게 나아가고 있다.[23]

충담은 지름길로 운개선우雲蓋禪宇의 원정대사에게 나아갔다. 중국에 도착하여 호남성 담주 장사부 선화현 서 60리에 위치한 운개선우로 가는 지름길은, 초주로 해서 양자강을 따라 무한에 이르러 장사로 가는 길이라고 생각된다.

이렇게 선사들은 주로 강서지방으로 나아갔는데, 그것은 회창 폐불 이후 선종의 선사들이 수행하였던 지역이 주로 양자강 이남의 강서와 호남지방에 몰려있었기 때문이다. 선사들이 강서지방으로 가기 위해

---

22) 필자는 2000년 10월에 南京에서 비행기로 成都에 갔다가, 버스로 重慶으로 내려와, 중경에서부터 배를 타고 장강 삼협을 거쳐 武漢에 내렸다가, 다시 무한에서 배로 九江으로 가서 廬山을 답사하고, 구강에서 배로 남경까지 온 바 있다. 현재에도 九江은 江西로 나아가는 중요한 길목으로 이용되고 있다.

23) 「오룡사 법경대사 보조혜광탑비」.

서는 이미 앞에서 본 바와 같이 대개 초주 내지 양주, 남경 등지에서
배로 양자강을 따라 구강으로 가서 강서로 가고 있다. 또한 호남 지방
역시 양자강을 따라 내려 가다가 구강을 지나 지금의 무한 일대인 형
주 또는 강릉에서 호남지방으로 들어갔을 것으로 생각된다.

2-2의 현휘, 경보, 긍양, 찬유는 강서성과 안휘성 등으로 나아가고
있다. 현휘는 906년 중국으로 가서 동양군과 강주 팽택현을 지나 구봉
산의 도건대사에게 나아갔고, 경보는 892년에 남경을 거쳐 구강으로
해서 강서성 무주撫州 소산疏山의 광인화상(839~909)을 배알하고 수행
하였다. 긍양은 900년에 강회에 도착하여 천벽을 넘어 설봉으로 가서
원령과 태령을 넘어 곡산의 도연화상에게 나아가고 있다. 찬유는 892
년에 중국에 와서 유랑하다가 서주 동성현 적주산의 투자선화상, 즉
대동선사[24]에게 나아갔다.

이들의 동선을 추정해 보면, 현휘와 경보는 초주 내지 양주로 가서
남경을 지나 양자강을 이용하여 구강을 거쳐 강서성 구봉산과 소산으
로 갔을 것이다.[25] 또한 긍양은 석두계 석상 경저의 제자인 도연의 곡
산으로 나아갔으며, 찬유는 장경 회휘의 법을 이은 현욱의 법손으로
강서로 가지 않고 안휘성 서성舒城 투자산投子山으로 가고 있다.

이들은 강서성과 안휘성 등에 머물면서 수행을 하고 있는데, 강서
로 나아간 이들의 동선은 위의 노선과 같을 것으로 보이나, 다만 안휘
성으로 간 찬유는 대개 양주 내지는 남경에서 투자산으로 갔을 것으
로 보인다.

---

24) 『경덕전등록』 권15 「서주 투자산 대동선사」.
25) 구봉 도건은 청원계 석성 경제의 제자로 강서성 균주 구봉산에 머물렀지
   만, 그 후 석성 경제가 강서성 늑담의 보봉선원으로 옮겨 10년 간 머무르
   고 있어, 그 역시 옮겨 갔을 것으로 생각된다. 「정토사 법경대사 자등탑
   비」.

선사들의 수행지

　　이상의 내용을 정리해 보면 9~10세기의 선사들은 초기에는 주로 오대산 내지는 종남산에 먼저 갔다가 선종으로 가는 경향이 남아 있었으나, 점차 시간이 지나면서 중국 남종선의 선사들을 찾아 강서 내지는 호남으로 나아가는 경향이 잦아졌으며, 간혹 산동 내지는 항주,

안휘 등에도 나아가 수행하는 모습을 보이고 있다.

(2) 유행의 반경

선사들은 스승의 입적이나 심인을 인가받은 후에는 반드시 여러 곳을 유행하였다. 흔히 보림이라 하여 일정기간 스스로를 정돈하는 기간을 가진 것으로 생각된다. 이 때 선사들은 이름난 스승들을 찾아 자신의 오도悟道를 확인하기도 하고 겸하여 선사들의 사적 내지 명승지를 참배하였다. 초기의 선사들은 체류기간이 30년 가까이 되는 이가 많았지만, 행적이 자세히 전하지 않아 이들의 동선을 구체화하기 어려운 아쉬움이 있다.

선사들이 유행을 하면서 가장 가고 싶어 했고 가장 많이 찾은 곳은 소주韶州 조계산의 육조 혜능의 탑이었다. 범일, 현휘, 혜철, 이엄, 행적, 긍양 등이 육조 탑에 참배하기 위해 소주에 갔다. 범일은 맹세하기를 "소주韶州에 가서 조사의 탑에 예배하리라"하고 천리를 멀다 않고 조계에 이르렀는데, 향기어린 구름이 탑묘 앞에 서리고 신령한 학이 갑자기 날아와 누대 위에서 지저귀니 대중이 신비롭게 여겼다고 한다. 그는 소주蘇州에서 수행하다가 강서성의 약산에 가서 선문답도 하고, 자유로이 다니다가 회창 폐불로 인하여 844년에는 상산에 숨어 홀로 선정도 닦은 인물이다.[26] 그는 광동성 소주부韶州府 동남 30리에 있는 조계산의 보림사[27]를 찾아 6조 혜능조사의 탑에 예배하려고 먼 길을 간 것이다. 현휘는 홀로 물병과 지팡이를 들고 사방을 다니다가, 대유령[28] 밖 조사의 탑에 예배하고 있다.[29]

---

26) 『조당집』 권17 「설악 진전사 원적선사」.
27) 조계산은 광동성 소주부 동남 30리에 있는 산으로, 677년 혜능이 조숙량으로부터 땅을 얻어 보림사를 짓고 선풍을 날린 곳이었다.
28) 대유령은 중국 남안촌 대유현 남쪽에 있다. 강서와 광동의 두성에 걸쳐 있는 산으로 매화가 많아 매령이라 하고 태령이라고도 하는데, 혜능이 혜명을 상견한 곳이다.

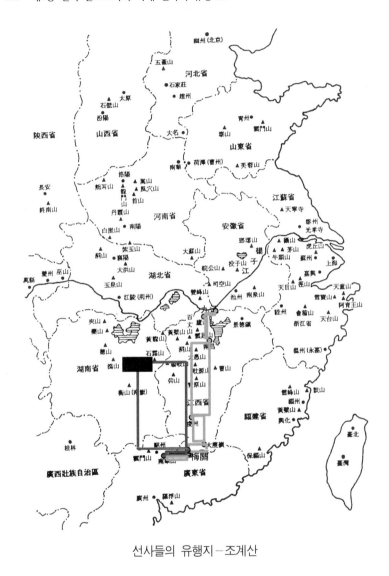

선사들의 유행지－조계산

　　이들이 조계산을 찾아간 경로를 보면, 대개 강서나 호남에서 수행
하였기 때문에 양자강에서 구강을 거쳐 파양호에 접어 들어 남창에서

---

29) 「정토사 법경대사 자등탑비」.

감강을 따라 내려가 공공산을 지나 남강으로 해서 대유령을 넘어 매관梅關을 지나 소주 조계산으로 간 것으로 추정된다.

육조 탑과 함께 이들은 초조 달마, 2조 혜가, 3조 승찬, 4조 도신, 5조 홍인의 탑을 순례하기도 하였다.

유행지－5조탑

이엄은 902년에 영동의 광동과 광서 일대와 하북, 황하 북쪽을 다니면서 순례하였다. 혜철은 나부산에 간 것으로 추정된다. 혜철이 신라로 귀국 후 머문 곳은 곡성군 동남쪽 동리 대안사인데, 그의 비에는 이 곳이 나부산의 고적을 회복한 것이며, 조계산의 오늘을 이룩한 것이라고 하였기 때문이다.[30] 나부산은 광동성 광주 동쪽 박라현 서북쪽에 있는 나부산맥 중의 산으로, 3조 승찬, 희천, 유엄, 대전, 행명도 주한 바 있다. 대통은 대중 병자년인 856년에 당에 들어가 종림宗林을 참배하였다고 하는데, 종림은 이들 조사의 탑이 있는 곳을 의미하므로, 그 역시 조사탑에 참배하였다고 생각된다.

다음으로 선사들의 유행지遊行地로 가장 많이 나오는 곳이 명산과 명찰이다.

그 가운데 여산廬山, 형산衡山, 항산恒山, 종남산, 오대산, 태산과 같은 명산들과 선사들의 유적이 있는 조계산을 비롯하여 숭산, 웅이산, 나부산, 공공산, 청원산, 백장산, 동산, 황벽산, 쌍봉산, 앙산, 석상산, 약산, 남천산, 위산, 운거산, 운개산, 천태산 등을 많이 찾아갔다.

여산부터 보면 강서로 길을 잡은 선사들은 대개 이 곳을 찾았다고 생각된다. 여산은 구강에서 강서로 접어드는 길목에 있었다. 혜소는 유행하면서 동림사에 갔었을 것으로 추정된다.[31] 이엄과 경유도 여산에 갔다는 기록을 남기고 있다. 하지만, 이 곳 여산은 9~10세기의 선사들뿐만 아니라 그 이전에도 혜원의 사적으로 인해 많은 이들이 찾은 불교의 명산이라고 할 수 있는 곳이다. 특히 4조 도신이 여산의 대림사에 10여 년 가까이 머물렀던 사적이 있어 더욱 많이 순례했던 곳

---

30) 「대안사 적인선사비」.

31) 그의 스승 신감선사가 여산의 동림사의 정소율사에게 수학한 바 있고, 유명한 혜원의 백련결사가 있던 곳이다. 진감이 신라에 돌아 온 후 지리산에 창건한 옥천사가 "혜원공의 여산 동림사의 경치를 바다 밖 신라에 옮겨 왔도다"라고 하였으므로 혜소는 여산 동림사에 갔었을 것으로 추정된다. 김복순, 위의 책, 242쪽 참조.

유행지-명산

이다.

　종남산에 간 예를 보면, 혜소와 무염으로, 혜소는 821년 이후 종남
산에 들어가 높은 봉우리에 올라 소나무 열매를 먹으면서 선정과 지

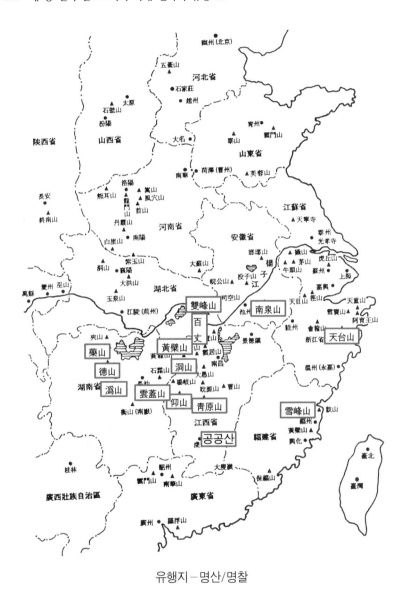

유행지 ─ 명산/명찰

혜를 닦으면서 3년간 고요히 있었는데, 823년 종남산에서 낭혜를 만
났을 가능성이 있다. 무염은 종남산 지상사에 나아갔다가 마곡에게로

가고 있다. 6·7세기의 유학승들이 주로 머무른 곳이 이 곳 종남산이었던 것을 감안한다면, 이들 이외에도 많은 이들이 찾았을 것으로 생각된다.

형산은 호남의 동정호 아래쪽에 있던 산으로 소주와 가까이 접해 있어 호남에서 활동하였던 이들은 대개 이 곳을 찾았을 것으로 생각된다.

항산은 오대산과 함께 가장 북쪽에 위치한 산으로 이엄 등 몇몇 선사들이 순례한 곳이다.

오대산은 초기 선사들의 필수 순례지로서 문수성지로 알려져 있는 중요한 사적지이다. 도의, 행적 등이 순례한 곳이다.

숭산과 웅이산의 초조 달마의 사적, 마조 도일과 서당 지장의 공공산, 청원 행사의 청원산, 백장 회해의 백장산, 동산 양개의 동산, 황벽 휘운의 황벽산, 오조 홍인의 쌍봉산, 앙산 혜적의 앙산, 석상 경저의 석상산, 약산 유엄의 약산, 위산 영우의 위산, 운거 도응의 운거산, 운개 정원의 운개산 등 명승의 유적이 있던 명산을 순례하고 있다. 이 밖에 양자강 입구에 해당되는 천태산, 설두산, 회계산, 호구산, 우두산, 경산, 남천산, 투자산 등은 손쉽게 순례하였을 것으로 생각된다.

9~10세기 선사들 가운데 기록상 동선이 명확하게 나와 있는 이들을 추려서 그 동선을 정리해 보면, 대개 당시 선승들의 활동 반경을 짐작할 수 있으리라 생각된다.

진철대사 이엄의 동선

이엄은 902년에 영남의 광동과 광서 일대와 하북 황하 북쪽을 다니
면서 6탑을 순례하고, 동정호 외곽지대와 강서의 여러 선지식을 두루
참알하였다. 북으로 항산과 대산俗山(태산)을, 남으로 형산(남악)과 여
산을 두루 다녔는데, 이 과정에서 제후들과 선사를 만나고 풍습을 살

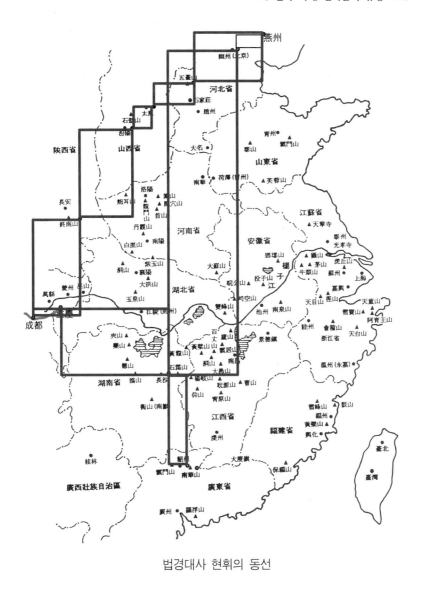

법경대사 현휘의 동선

폈는데, 오와 한 즉 강남과 하북에까지 이르렀다고 한다. 911년 뗏목
을 타고 거친 파도를 건너 나주의 회진으로 귀국하였다.

현휘는 홀로 물병과 지팡이를 들고 사방 먼 곳까지 찾아 경계가 그

읏한 곳을 가서 노닐고 산이 빼어난 곳은 가서 머물렀다. 대유령 밖에서 우산을 지고 삼가 조사의 탑에 예배하고, 호남에서 책상자를 짊어지고 멀리 선백의 거처에 몸을 던졌다. 그 후 다시 북으로 유주, 연주 즉 북경과 심양까지 갔고, 서쪽으로 공땅과 촉땅, 즉 중경과 성도에까지 유행하고 있다. 사명四明에 도달하여 고국소식을 듣고는 924년 구국으로 귀국하였다.

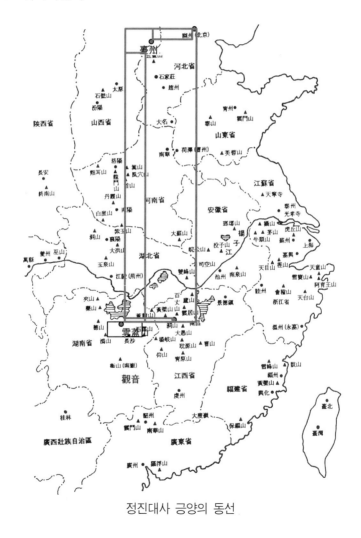

정진대사 긍양의 동선

긍양은 강남과 하북의 기이한 경치와 신령스런 산에는 반드시 찾아 갔는데, 924년에는 곡산을 나와 유주와 대주로 길을 잡았다. 오대산에 가서 참례하였고, 소주의 관음사에까지 이르렀고, 서쪽으로 운개에 가 보았고, 남쪽으로는 동산洞山에 가서 덕이 높은 스승들을 찾아보고, 924년에 희안현 포구로 귀국하였다.

초기의 선사로서 다른 이들과는 동선이 완전히 다른 인물은 무염이 었다. 그는 종남산 지상사에서 낙양의 불광사로 해서 장안 근처의 마 곡사 보철화상에게로 가서 수행하다가, 그의 입적 후 유행하였다. 그 는 분수를 건너고 향산을 오름에 옛 자취는 반드시 찾아보고 진실한 승려는 반드시 만나 보았다고 하는데, 분수는 산서성에서 나와 황하 로 들어가는 강이고, 향산은 산서성 곽현 서남에 있어 장안에서 크게 멀지 않은 황하 북쪽 지방이다. 분주汾州와 분수汾水, 향산은 엔닌이 오 대산에서 장안으로 오는 길목에 있었던 지명으로, 역으로 장안에서 오대산으로 통하는 길 위에 있었다고 할 수 있다.

그는 사람들과 떨어져 있는 곳에 머물면서 고생을 달게 여겨 위독 한 병자를 돌보고 고아와 자식 없는 늙은이를 구휼하면서 동방의 대 보살로 30년 간 생활하다가, 회창 5년(845) 당제의 칙명으로 귀국하였 다. 그런데 산동반도의 무염원無染院이 901년에 중수된 사실을 놓고, 무염이 산동반도에 와서 보시행을 한 것이 등주에 거주하던 신라인들 에게 숭앙받아서 이루어진 일로 보고 있다.32) 이는 그의 중국 체류기 간이 30년이었음을 감안할 때 가능한 일로 생각된다.

이렇게 본다면 분수와 향산이 장안과 낙양에서 멀리 떨어진 곳이 아니므로 그는 왕도 부근에 거주하면서 30여 년간 장안, 분수, 향산, 오대산, 산동반도에 이르는 일대에서 보살행을 하였다고 할 수 있다.

---

32) 김문경, 1993,『張保皐 해양경영사연구』, 이진출판사, 106~107쪽 ; 李基東, 1997,「羅末麗初 南中國 여러나라와의 交涉」『歷史學報』155, 6~7쪽 ; 조 범환, 2001, 위의 책, 36~37쪽.

이 밖에 중국에서 머물었던 선사로서 복청사 현눌선사가 있다.『조당집』권11에 나오는 인물로서 9세기 후반에 중국에 들어가 복건성 설봉산 의존선사에게서 사사하였고, 후에 천주자사 왕정빈의 청으로 복청원에 머물렀다. 영조선사는 금화, 소흥, 항주에 끝까지 머물렀다.

이상의 선사들의 유행지를 지구별로 나누어 정리해 보면 대략 다음과 같다.

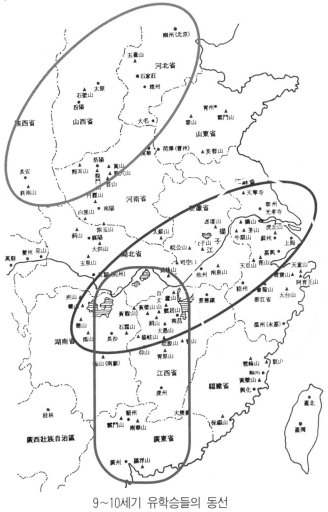

9~10세기 유학승들의 동선

첫째 북으로는 오대산이 있던 대주와 북경에 해당되는 유주, 연주가 가장 멀리 간 곳으로 생각된다. 이 북쪽은 초기에 오대산과 장안, 성도를 잇는 길로써 선사들이 많이 다녔기 때문에 중요한 동선에 해당되고 있다. 그러나, 선사들의 동선이 점차 남쪽으로 옮겨지면서 주목받지 못하고 있다.

둘째 회창폐불 이후 강남으로 통하는 양자강이 매우 중요한 동선이 되고 있다. 특히 초주, 양주, 남경, 구강, 무한, 장사, 성도 등이 중요한 지역으로 등장하고 있다. 그것은 강서와 호남의 많은 산들이 선사들의 주처가 되고 있기 때문인데, 거리상 제일 많이 이용된 동선으로 생각된다.

셋째 남쪽으로는 형산 즉 남악에 많이 갔지만, 조계산과 나부산이 그 보다 더 남쪽에 있어 남쪽의 동선은 광동성까지 나아갔다. 즉 강서와 호남에서 대유령을 넘어 매관을 지나 조계산이 있는 소주로 가기 위해 광동성으로 가는 동선이 많이 이용되었다.

넷째 강좌로 불리는 절강지역과 안휘지방에도 거주하거나 유행한 지역으로, 천태산, 설두산, 회계산, 호구산, 우두산, 경산, 남천산, 투자산 등이 있어 자주 이용된 동선을 가지고 있었을 것으로 생각된다.

3) 유학과정의 동선 상에 보이는 특징

9~10세기 유학승들은 이전에 유학하였던 승들과는 여러 가지 측면에서 다른 면모를 보여 주었다. 특히 회창 폐불 이후 교종 승들의 몰락과 선승들의 번성은 이 차이점을 극명하게 나타내는 주요 요인이라고 할 수 있다. 교종 승들의 수행이 불조 석가모니의 권위를 나타내는 불경을 중심으로 사찰에서 수행하던 것과는 달리, 선승들은 불경과 함께 조사의 어록을 중시하여 스승에게 나아가 수행하고 인가를 받는

형태가 일반적인 양상이었다. 이러한 변화의 모습은 9~10세기 유학
승들이라고 할 수 있는 이들 선승들의 동선 상에 그대로 입증되고 있
으므로 이를 확인하여 그 특징으로 삼고자 한다.

첫째 이들은 사자상승을 중시한 까닭에 동선이 매우 활발하였다는
점이다.

이들은 자신의 스승에게 뿐 아니라 여타 고명한 선사에게 직접 찾
아가 자신의 깨달음의 정도를 확인받는 형태가 일반적이었다. 무염은
옛 자취는 반드시 찾아보고 진실한 승려는 반드시 만나 보았다고 하
며, 긍양도 경치가 특이한 곳은 반드시 찾아갔고 덕이 높은 승려들은
반드시 찾아뵈었다고 한다. 이러한 예와 같이 선승들은 자신의 깨달
음을 확인하는 과정을 거치고 있다. 특히 범일은 염관제안을 모시다
가 약산에게 가니, 약산은 "대단히 기이하구나, 밖에서 들어온 맑은
바람이 사람을 얼리는구나"라는 문답의 광경을 전하고 있다.[33] 때문
에 이 시기 선사들은 자연 여러 곳을 유행하였고, 그들의 동선상의 특
징으로 나타나고 있다.

둘째 이들의 동선에 있어 이전과는 매우 달라졌다는 점이다. 중국
에 유학한 승들의 활동반경은 각 시기별로 그 특징이 있었다.

우선 6세기에는 주로 양과 진으로 유학을 하였다. 백제의 발정, 겸
익, 담혜, 현광, 신라의 각덕, 원광, 명관, 지명, 담육이고, 고구려의 의
연, 지황, 파야, 실법사, 인법사 등 14명으로, 이들의 동선은 남악 형
산, 월주, 양도, 금릉, 단양 등에 머물며 수행을 하고 촉, 장안, 인도에
까지 그 행적을 남기고 있다.[34]

7세기는 수와 당의 홍기에 해당되는 시기로 신라의 유학생들이 주
류를 이룬 시기였다. 수와 당에 유학하였을 뿐 아니라 더 나아가 인도

---

33) 『조당집』 권17 「명주 굴산 고통효대사」.
34) 黃有福, 陳景富 지음, 權五哲 옮김, 1995, 『韓－中 佛敎文化交流史』, 까치,
    41쪽.

6세기 유학승들의 활동 반경

에까지 가서 수학하였다.[35] 이들 가운데 원안과 안함은 그 동선이 전

---

35) 7세기 중엽 인도에 유학한 이들에 관한 기록은 의정의 『고승전』과 『삼국
    유사』 권4 귀축제사조에 있다. 이들가운데 정관 연중인 627년에서 649년
    까지의 시기에 행적을 드러낸 아리야발마, 혜업 등은 이들은 대개 총령
    (파미르고원)을 넘어 서인도를 통해 나란다사나, 보리사에 머물면서 佛經
    을 수학하였고 범본불경을 가져오기 위해 사경을 하였다. 그러나 돌아오

7세기 원안과 안함의 동선

지 못하거나 병사한 것으로 알려져 있다. 또한 혜륜, 현각, 현조는 칙명을 받고 서역으로 떠나는 현조법사를 따라 함께 서역으로 가서 대각사, 암마라파국 신자사, 건타라 산다사에 머무른 것으로 나오고 있다. 이들 외에도 이름이 없는 신라 승 2인이 장안에서 배로 남쪽으로 가서 실리불서국에 갔으나, 병사한 것으로 되어 있다. 이들보다 조금 늦은 영휘 연간(650~655)에 중인도에 가서 대각사에 머물다 중국에 돌아온 현태가 있다. 그리고 고구려인 현유가 당의 승철선사를 예로 섬기다가 서역으로 유학을 하여 동인도까지 가서 머무른 바 있다.

하고 있다.

원안은 원광의 수제자로 북쪽으로 환도에 갔으며, 동쪽으로 불내를 보았고, 서연과 북위지방을 여행하였다고 하는데,[36] 이 사실은 그가 중국에 갈 때 압록강과 두만강 일대와 요동지방을 거쳐 당의 장안에 가서 남전藍田의 진량사津梁寺에서 수행하였다는 것을 알려주고 있다.

안함은 일찍부터 마음대로 세상을 두루 돌아다니는 것에 뜻을 두어 풍속을 살펴보고 널리 교화하였다. 수 문제가 대홍선사에 머무르게 하였는데, 그는 중국의 화산華山에서 선장仙掌까지 10개 역이나 되는 길을 하루 낮에 갔다 오고, 종남산이 있는 진령秦嶺에서 황제의 궁전이 있는 장안까지 천리나 되는 땅을 하룻밤 사이에 오르는 등 주위를 많이 유오하였던 것으로 되어 있다.[37]

8세기에도 신라승들의 구법열의는 식지 않아서 많은 이들이 중국과 인도에 유학하였다. 중국의 오대산으로 유학하고 있고, 천보 년간(742~755)에 무루와 원표 등이 천축의 성지를 순례하려고 하다가, 각각 총령과 서역 순례에 그친 바 있다.[38] 밀교승 오진이 789년에 중천축으로 가서『대비로자나경大毘盧遮那經』의 범본과 다른 경을 구해 돌아오다가 토번국에서 생을 마치기도 하였다.[39] 혜초는 인도에 다녀 온 여행기를 남김으로써 당시 신라인들의 구법 행각을 후대에 알려 주었다.

9세기에 접어들면서 회창 폐불을 전후하여 승려들의 활동 반경에 커다란 변화를 가져왔다. 앞에서 살펴본 바와 같이 9세기 전반에는 장안 일대와 오대산, 성도부 등이 중요한 활동 근거지였으며, 천축행이 점차 소멸되는 현상을 보였다. 그리고 회창 폐불 이후에는 승려들의 활동이 위축되고 선승들이 주도하면서 이들의 활동반경이 점차 강서

---

36)『해동고승전』권2「원안전」.
37)『해동고승전』권2「안함전」.
38)『송고승전』권21「무루전」, 권30「원표전」.
39) 高翊晉, 1989,『韓國古代佛敎思想史』, 동국대학교 출판부, 455쪽.

와 호남 일대로 한정되어졌으며, 특히 강서와 강좌에서 주로 활동하고 있다는 것이다. 그러나 한정된 공간 속에서나마 유행은 매우 활발히 이루어졌다는 특징이 나타나고 있다.

셋째 이들은 6조 혜능의 사적을 가장 주요한 성지로 참례하고 있다는 점이다. 따라서 소주의 조계산에 가는 것이 당시 선사들의 제일 큰 원願으로 나타나고 있다. 때문에 6조까지의 선사들의 탑 내지는 고적이 있는 곳과 6조를 이은 선사들의 주처지가 새로운 순례지로 등장하여 많이 순방하고 있다는 점이다. 이 곳은 대개 산간 지역으로, 명산과 명찰이 순례지로 함께 각광받고 있다.

8세기까지 유행하였던 천축순례가 사라지고 불조 석가모니의 사적을 대신하여 종조 육조 혜능의 성지를 순례하는 모습이 실제 드러나 보인 것이다. 이는 당시 선사들이 선종의 종지를 잘 이해하고 실천하고 있음을 실증적으로 보여주는 사실이라고 하겠다.

넷째 선종의 동토전래 구참설의 유행이다. 즉, "내가 사람을 많이 보았지만 이 신라인 같은 이는 드물었다. 훗날 중국에서 선을 잃는다면 장차 동이에 물을 것이다"[40]라든가, "진실로 법을 전한다면 이런 사람이 아니고 누구에게 전하랴 하고는 이름을 도의로 고쳐 주었다"라든가, "강서의 선맥이 모두 동국으로 가는 구나"[41]라고 하여, 무염과 도의에 대한 불광 여만과 서당지장, 백장 회해의 언급이 보이고 있다. 이는 무염과 도의 등의 수행양상을 보고 탄복한 스승들이 장차 동쪽의 신라-고려에서 선종이 크게 번성할 것이라고 예언을 하고 있는 것이다.

이를 단순히 무염을 중심으로 한 신라 선종의 새로운 법통설로도 설명할 수 있겠지만,[42] 그보다는 당시 중국에 유학하였던 신라 승들

---

40) 「낭혜화상비」.

41) 『조당집』 권17 「설악산 진전사 원적선사」.

42) 김두진, 1973, 「낭혜와 그의 선사상」 『역사학보』 53, 47쪽 ; 정성본, 1991,

의 자질이 매우 훌륭하였다는 사실이다.

따라서 당시의 중국의 선백들이 이들이라면 선종의 종지를 제대로 전할 수 있을 것이라는 생각이 이렇게 구참설로 나타났다고 생각된다. 즉 이들은 귀국 이후 국사로 임명되거나, 왕실 내지 귀족들의 자문역으로 활동함으로써, 선불교를 신라와 고려에 이식시킬 수 있었다. 이러한 사실은 불교가 고려의 지도이념으로 이어지게 하는데 이들 유학승들의 신선한 활동이 중요하게 작용하였음을 알 수 있다.

4) 맺음말

9~10세기 신라 유학승들의 중국 유학 당시의 활동 반경을 살펴보았다. 이를 개략하면, 초기에는 주로 오대산 내지는 종남산에 먼저 갔다가 선종으로 가는 경향이 남아 있었다. 그러나 점차 중국 남종선의 선사들을 찾아 강서 내지는 호남으로 나아가는 경향이 잦아졌으며, 간혹 산동 내지는 항주, 안휘 등에도 나아가 수행하는 모습을 보이고 있다. 이들은 스승의 입적이나 심인을 인가받은 후에는 반드시 여러 곳을 유행하였다. 이 때 가장 가고 싶어 했고 많이 찾은 곳이 소주 조계산의 육조 혜능의 탑이었고, 초조부터 5조까지의 탑과 명산, 선적을 순례하였다.

9~10세기 유학승들의 동선 상에 나타난 특징은 다음과 같다.

첫째 이들 선승들은 스승에게 나아가 수행하고 다른 스승에게도 인가를 받는 사자상승을 중요시 여겨 자연히 여러 곳을 유행할 수 밖에 없었다는 점이다. 북으로는 오대산이 있던 대주와 북경에 해당되는 유주, 연주가 가장 멀리 간 곳으로 생각된다. 이 북쪽은 초기에 오대

「신라선종의 구참설」『석산한종만박사화갑기념논문집 한국사상사』(1995, 위의 책, 78쪽) 참조.

산과 장안, 성도를 잇는 길을 선사들이 많이 다녔기 때문에 중요한 동선에 해당되고 있으나, 점차 남쪽으로 동선이 옮겨지면서 주목받지 못하고 있다. 남으로는 형산 즉 남악에 많이 갔지만, 조계산과 나부산이 그보다 더 남쪽에 있어 남쪽의 동선은 광동성까지 나아갔다. 즉 강서와 호남에서 대유령을 넘어 매관을 지나 조계산이 있는 소주로 가기 위해 광동성으로 가는 동선이 많이 이용되었다. 그런데 회창폐불 이후 강남으로 통하는 양자강이 매우 중요한 동선이 되고 있다. 특히 초주, 양주, 남경, 구강, 무한, 장사, 성도 등이 중요한 지역으로 등장하고 있다. 그것은 강서와 호남의 많은 산들이 선사들의 주처가 되고 있기 때문인데, 거리상 제일 많이 이용된 동선으로 생각된다. 또한 강좌로 불리는 절강지역과 안휘지방에도 거주하거나 유행한 지역으로, 천태산, 설두산, 회계산, 호구산, 우두산, 경산, 남천산, 투자산 등이 있다.

둘째 6~8세기에 비해 9세기에 접어들면서 전반에는 장안 일대와 오대산, 성도부 등이 중요한 활동 근거지였으나, 회창폐불 이후 후반에는 승려들의 활동이 위축되면서 점차 강서와 호남 일대에 집중되다가 강서와 강좌로 좁혀지는 모습이 나타나고 있다.

셋째 이들은 오도 이후 선지식을 만나 문답도 하고 제후들도 만나 법을 전하기도 하였는데, 이 시기에는 인도행이 사라지고, 6조 혜능의 사적이 가장 주요한 성지로 부각되었는바 선종의 종지를 충실히 따르고 있음을 보여주고 있다.

넷째 선종의 동토전래 구참설이 유행하였다는 사실은 당시 유학승들의 자질이 매우 훌륭하였다는 것으로, 이들은 귀국 이후 국사 내지 왕과 귀족들의 고문으로 활약하면서 시대를 이끌었음을 알 수 있다.

결 론
신라 불교사 연구현황과 과제

1.

새로운 사조로서의 신라불교와 왕권과의 관계는 신라불교사 전반
에 걸쳐져 있다고 할 수 있다. 따라서 그 연구현황과 과제를 서술하는
것으로 결론을 대신하고자 한다.

신라 불교에 대한 연구는 연구대상이 되는 유적, 유물을 쉽게 접할
수 있다는 접근의 용이성과 자료의 확보성으로 논고가 양산되었다.
통일기 신라의 불교는 중대의 원효교학의 완성과 화엄종 전교, 하대
의 선종 전래로 획을 그을 수 있다. 중대의 원효교학은 화엄종, 법상
종과 함께 교학불교의 번성을 이루었으므로 원효와 의상, 태현과 진
표에 관한 연구가 주류를 이루었다. 또한 이 시기에 저술된 많은 저술
들이 일실되었으므로, 이에 관심을 보이기도 하였다. 하대의 선종은 9
산선문과 개별산문이 호족 내지 왕실과 결합된 사실이 나말여초의 변
화상과 맞물려 연구된 바 있는데, 이는 곧 선사비문의 탐구로 이어져
번역과 주석 작업이 잇달아 일어났고 이에 힘입어 정치, 사회사 연구
에 도움을 주고 있다.

신라사회에 불교가 유입되어 신라 불교화하는 과정에서 많은 사건

과 설화가 생겨나 그 내용이『삼국유사』에 전해지고 있다. 또한 불교가 오래 전해지기를 바라는 염원에서 금석문으로 만들어진 것이 남아 있다. 이러한 자료상의 특성과 한계 때문에 신라불교에 대한 고찰에 있어 정치권력과의 관계 내지는 사회사상으로서 기능하였던 측면에서의 연구와 불교본연의 교학연구와 수행, 저술에 대한 연구가 이루어졌다. 이는 곧 신라사회에서의 불교의 역할이 국가권력과 긴밀했는가 미약했는가 하는 관점의 차이를 노정시켰고, 특히 지배층과 승려의 관계가 어떠하였는가 하는 논고들이 계율관, 저술, 자문역 등의 고찰을 통해 나오게 되었다.

이와 함께 불교신앙에 대한 이해가 깊어지면서 정토신앙, 아미타신앙, 관음신앙, 미륵신앙 등이 별개의 연구주제로 삼아져 신라사회사의 일면을 불교의 대중화라는 점에서 밝혀주었다. 또한 불교의 유입이 중국을 통해 법상종, 화엄종, 밀교, 선종 등 다양한 종파 형태로 들어와 신라에도 종파불교가 형성되었다는 견해와 이를 회통시켜 통불교적이었다고 보는 견해가 도출되어 있다.

신라의 불교가 국교였다는 사실은 승관제와 함께 불교통제기관의 규명에 대한 관심을 고조시켜 여러 논고가 나왔으며, 근래까지 지속적인 관심의 대상이 되고 있다. 또한 신라의 천도문제와 관련하여 7처 가람설이 언급되었다.

신라의 유적 가운데 사찰에 대한 전반적인 고찰이 이루어졌고, 개별 사찰의 다양한 면모에 대해서도 깊이 있는 연구가 진행되었으며, 지역적인 고찰이 있었다.

최근 생명윤리에 대한 관심으로 신라 불교의 생명관, 생사관, 죽음관 등이 연구대상이 되었고, 여성사의 일환으로 신라 여성들의 신앙생활과 비구니들의 수행모습이 고구된 바 있다.

2.

　신라 불교에 대한 역사적 연구의 초기에는 승관제와 불교정책, 그
리고 정토사상에 관심이 있었다.[1] 이러한 개론적인 연구에 힘입어
1970년대에는 신라 중대에 교학불교 특히 화엄종이, 하대에 선종이
유행하였다는 것이 중점적으로 언급되면서, 중대의 화엄종과 하대의
선종이라는 도식이 만들어졌다고 할 수 있다. 즉, 신라 중대의 화엄종
이 전제왕권의 사상적 뒷받침을 해 주었다는 이기백의 견해와 중대
교학불교에 대한 반성으로 하대에 선종이 유입되어 9산파를 이루었다
는 최병헌의 연구, 낭혜, 순지 등 신라 하대 선사들의 선사상을 구체
적으로 언급한 김두진의 연구가 그것이다.[2] 이 연구들에서 신라의 화
엄종이 중대 문무왕의 정치상황과 연결되어 있었다는 점과 선종이 하
대 변혁사상으로서 부각되었다. 이와 함께 신라의 법상종과 신인종에
관한 연구가 미술사적 측면에서 문명대[3]에 의해 고구되었다.

　신라 중대 화엄종에 대한 연구는 1980년대 들어 김상현[4]이 이기백
의 견해에 의문을 제기하면서 논쟁이 촉발되었다. 이와 함께 고익진,
김복순, 김두진, 전해주, 정병삼 등이 신라의 화엄종과 화엄사상, 그리
고 의상에 대한 논고를 내었다.[5]

---

1) 이홍직, 1959, 「신라 승관제와 불교정책의 제문제」『백성욱박사송수기념
　불교학논문집』; 안계현, 1961, 「원효의 미타정토왕생사상」 상, 하『역사
　학보』 16, 21.

2) 이기백, 1972, 「신라 오악의 성립과 그 의의」『진단학보』 33 ; 최병헌,
　1972, 「신라 하대 선종 구산파의 성립」『한국사연구』 7 ; 김두진, 1973, 「낭
　혜와 그의 선사상」『역사학보』 57.

3) 문명대, 1974, 「신라 법상종의 성립과 그 미술」 상, 하『역사학보』 62·63
　; 1976, 「신라 신인종의 연구-신라 밀교와 통일신라사회-」『진단학보』
　41.

4) 김상현, 1984, 「신라 중대 전제왕권과 화엄종」『동방학지』 44.

5) 고익진, 1987·1988, 「신라 중대 화엄사상의 전개와 그 영향」 1, 2『불교학
　보』 24·25, 동국대 불교문화연구원 ; 김복순, 1988, 「신라 중대 화엄종과
　왕권」『한국사연구』 63 ; 전해주, 1988, 「일승법계도에 나타난 의상의 성

이 논쟁 이후 신라의 화엄종에 대한 연구가 증폭되어 신라 중대는 물론 하대의 화엄종에까지 논의가 넓혀졌고, 원효와 의상의 화엄사상에 관한 연구도 활발해졌다. 또한 신라 중대의 화엄종과 함께 유가계통의 불교에 대한 관심도 일어나게 되었다. 그리고 이 무렵부터 역사학계와 불교학계, 철학계의 논의가 서로 참고되고 인용되면서 논문의 깊이가 더해져 가게 되었다.

신라의 정토신앙에 대한 연구는 아미타신앙 등으로 이어져 미륵신앙, 관음신앙 등 신라 중, 하대의 귀족은 물론 서민들의 신앙 형태가 연구되어졌다. 일반민들의 신앙에 관심을 보인 연구로는 정토신앙, 아미타신앙, 미륵신앙, 관음신앙의 연구가 나왔다. 안계현과 이기백의 정토신앙과 김영미의 아미타신앙, 김혜완과 김남윤의 미륵신앙, 김영태, 정병삼의 관음신앙 연구가 있다.[6]

불교사상에 대한 연구와 함께 승관제에 대한 연구가 왕실사원, 성전사원 등에 대한 연구로 이어지면서 구체적인 불사조영체계가 점차 밝혀지게 되었다. 불교가 신라의 지배이념으로 자리하면서 사찰과 승려들의 숫자가 늘어나자, 이에 대한 통제기관으로 승관제에 대한 연구가 구체화되어졌는데, 근래에는 이수훈, 박남수, 정병삼, 곽승훈에 이어 남동신과 윤선태까지 가담하면서 연구가 증폭되어진 바 있다.

원효에 대한 연구가 심화되면서 통불교 내지 회통불교, 화쟁불교라는 용어가 보편화되어, 신라 불교의 종파성에 대한 논의를 무색케

기사상」『한국불교학』13 ; 정병삼, 1991, 「의상 전기의 제문제」『한국학 연구』1 ; 김두진, 1992, 「의상의 생애와 정치적 입장」『한국학논총』14.
6) 안계현, 1961, 「원효의 미타정토왕생사상」상, 하『역사학보』16, 21 ; 이 기백, 1983, 「신라 정토신앙의 두 유형」『역사학보』99·100 ; 김영미, 1985, 「통일신라시대 아미타신앙의 역사적 성격」『한국사연구』50·51 ; 김혜완, 1988, 「신라 중대의 미륵신앙」『계촌민병하교수정년기념사학논 총』 ; 김남윤, 1984, 「신라 중대 밥상종의 성립과 신앙」『한국사론』11 ; 김영태, 1976, 「신라의 관음사상-삼국유사를 중심으로」『불교학보』13 ; 정병삼, 1982, 「통일신라 관음신앙 연구」『한국사론』8.

하였다. 이에 학파불교라는 용어가 등장하기도 하였지만,[7] 의상의 화엄종, 명랑의 신인종, 진표의 법상종, 선종 등을 들어 다양한 종파성이 언급되기도 하였다.[8]

신라의 불교연구 역시 일반사 연구와 같이 자료의 발견이 매우 중요한 과제였다. 신라 중고기의 연구가 금석문의 연이은 발견에서 고조되었다면, 신라 중·하대의 불교 연구는 금석문의 판독과 번역, 역주 등이 이루어지면서 훨씬 풍부한 내용을 갖게 되었다. 황수영과 허흥식에 의한 금석문 자료의 수집과 판독, 이지관에 의한 신라 고승비문 역주, 한국역사연구회의 나말여초 선사비문의 역주작업이 그것이다.[9] 이 고된 작업은 개별 고승과 선사에 대한 연구와 함께 금석문 자체에 대한 연구도 활성화시킨 점이 있다.

신라 중, 하대는 많은 고승들이 배출된 시기로서 개별인물에 대한 연구가 활발하였다. 원효와 의상, 원측과 무상, 태현, 혜초, 무루 등의 입당구법승, 낭혜, 순지, 진감 등에 대한 연구가 나왔다. 의상에 대한 연구는 김상현, 김복순, 전해주, 정병삼, 김두진이 각기 단행본을 내어 정리하였다. 원효에 대한 연구는 이기영의 원효의 세계관에 이어 이종익, 은정희, 이평래, 김성철 등 불교학자들의 연구와 남동신, 김상현 등의 연구가 역시 단행본으로 간행되었다.

이러한 많은 연구로 원효의 화쟁사상은 연구사로 정리까지 하였고, 신라 중대 불교의 성립을 원효교학의 완성으로 보는 입장과 신라 중고기 불교의 완성태이자 중대 교학불교의 번성을 알리는 단초로 원효

---

7) 허흥식, 1983, 「한국불교의 종파형성에 대한 시론」, 『김철준박사화갑기념 사학논총』.

8) 문명대, 1974, 위의 논문.

9) 황수영, 1981, 『한국금석유문』, 일지사 ; 허흥식, 1983, 『한국금석전문』, 아세아문화사 ; 이지관, 1993, 『(역주)역대고승비문』 신라편, 고려편1-4, 가산불교문화연구원 ; 한국역사연구회 나말여초연구반, 1996, 『(역주)나말여초금석문』 상·하, 혜안.

를 들고 있기도 하다.[10]

　원측과 무상, 태현은 정영근, 고영섭, 이만 등 불교학자들과 김남윤, 남무희 등이 심도있는 연구를 해 주었고,[11] 입당구법승과 선승에 대해서는 여성구, 정성본, 조범환 등의 연구가 돋보인다.[12]

　우리 문화유산에 대한 관심이 고조되면서 신라의 사찰과 유적, 유물이 관심의 대상으로 떠올라 이에 대한 연구가 활발해졌다. 불국사, 석굴암, 황룡사, 분황사, 흥륜사, 성주사, 삼화사 등 신라의 불교사원에 대한 개별적이고 종합적인 연구가 이루어졌다.[13] 이러한 연구는 또한 지방사연구로 연장되어 『강원불교사연구』와 같이 일정지역의 불교사를 점검한 연구가 나왔다.[14]

　이와 함께 중국과의 수교가 이루어지면서 많은 연구자들에게 한.중 역사와 관련된 유적지 특히 불교문화유적지를 답사할 수 있는 기회를 주었고, 이에 따라 중국 선종사와 연관된 신라 선종 내지 중국 내의 신라 불교에 대한 연구가 활발해졌다. 또한 무상, 지장, 장안의 종남산, 적산법화원과 관련된 내용이 정성본, 김훈, 변인석, 김문경 등에

---

10) 김상현, 1995, 「원효 화쟁사상의 연구사적 검토」, 『불교연구』 11·12 ; 남동신, 1998, 「신라 중대불교의 성립에 관한 연구」, 『한국문화』 21 ; 김복순, 2005, 「신리 중대의 불교」 『신라문화』 25.

11) 정영근, 1994, 『원측의 유식철학』, 서울대 박사학위논문 ; 고영섭, 1999, 『문아대사』, 불교춘추사 ; 이만, 1989, 『신라 태현의 유식사상연구』, 동쪽나라 ; 김남윤, 위의 논문 ; 남무희, 2005, 『원측의 생애와 유식사상연구』, 국민대 박사학위논문.

12) 여성구, 1990, 「신라 중대 유학승의 지반과 그 활동」 『사학연구』 41 ; 정성본, 1995, 『신라 선종의 연구』, 민족사 ; 조범환, 2001, 『신라선종연구 – 낭혜무염과 성주산문을 중심으로』, 일조각.

13) 경주시 신라문화선양회편, 『불국사의 종합적 고찰』(1997), 『분황사의 제조명』(1999), 『석굴암의 신연구』(2000), 『황룡사의 종합적 고찰』(2001), 동국대 신라문화연구소, 『신라문화』 20(흥륜사의 종합적 연구), 김수태 외, 『성주사와 낭혜』, 서경문화사, 『삼화사 철불 연구』.

14) 한림과학원편, 1996, 『강원불교사연구』, 소화.

의해 고구되어졌다.[15] 그리고 신라 구법 유학승에 대한 관심이 고조되면서『입당구법순례행기』의 역주와 이를 이용한 논고가 여럿 나오기도 하였다.[16]

불교의 계율에 대한 연구로는 채인환, 최원식의 연구가 있다.[17] 이러한 연구는 생명윤리에 대한 관심으로 옮겨지면서 불교의 생명윤리, 계율, 생사관 등이 부각되어지기도 하였다. 또한 여성사의 일환으로 신라 불교사에 나타난 여성의 신앙생활과 승려들의 여성관에 관심을 고려와 조선으로까지 확대하여 여성사의 측면에서 불교를 이해하기도 하였다.[18] 그리고 신라의 전불시대 칠처가람설을 고대 왕경의 천도와 관련하여 이해한 논고[19]도 있다.

3.

신라 불교에 관한 연구는 그 시각에 따라 많은 차이를 보이고 있어 자연 여러 쟁점을 노출하고 있다. 신라의 화엄종은 여러 쟁론이 있었던 부분이다. 화엄종이 신라 중대 왕권을 뒷받침해 준 사상이었느냐는 문제에서부터 의상이 왕경의 사찰에 주석하였는가 하는 문제 등 다양한 쟁론을 가지고 있다.

---

15) 정성본, 1990,「당토의 신라승 무상선사의 생애와 사상」『한국사상사학』 3 ; 김훈, 1994,「중국불교사에 있어서의 김교각법사의 위치」『신라문화제학술논문집』15 ; 변인석, 2000,『당 장안의 신라사적』, 아세아문화사 ; 김문경, 1998,「나당문화교류의 중심지, 신라원」『불교춘추』13.

16) 신복룡,『입당구법순례행기』, 정신세계사 ; 조성을 역, 라이샤워저, 1991,『중국 중세사회로의 여행』, 한울 ; 김문경 역, 2001,『엔닌의 입당구법순례행기』, 중심.

17) 채인환, 1977,『新羅佛教戒律思想研究』, 國書刊行會 ; 최원식, 1999,『신라 보살계사상사 연구』, 민족사.

18) 김영미, 1995,「신라불교사에 나타난 여성의 신앙생활과 승려들의 여성관」『여성신학논집』1.

19) 김복순, 2005,「신라 중대의 불교」『신라문화』25.

신라 중대 화엄종에 대한 연구는 1980년대 들어 김상현이 이기백의 개설서에서 언급한 견해인 일즉다—即多, 다즉일多即—의 원융사상이 중대왕권의 전제성 강화를 정신적 뒷받침을 하였다는 내용에 의문을 제기하면서 논쟁이 촉발되었다. 즉 초세속의 종교이념을 세속의 정치이념으로 해석하는 것에 대한 반론이었다. 이 문제는 1988년 제140회 한국사월례발표회에서 김복순이 「신라 중대 화엄종과 왕권」에 대해 발표를 하고, 이기백, 김상현, 김지견, 최병헌이 토론에 참가하므로써 공식적인 논의가 표출되었다. 이 논고에서 신라의 화엄종이 중대보다는 하대의 왕권과 관계가 긴밀하였음을 주장하였다.

이 논쟁 이후 신라 중대의 왕권과 화엄종이 연관되어 있다고 본 논고와 이를 부정한 주장으로 나뉘게 되었다. 전자의 김두진은 의상의 화엄교학과 황복사 주석 등을 들어 중대 왕권과 밀접히 연관되었음을 횡진법계관과 성기사상에 입각한 것으로 밝히고 있다.[20] 이들의 관련을 부정하는 입장은 유교를 지목하여 대안으로 제시한 견해[21]와 유가 유식계통의 불교가 중대 왕권과 관련된 것으로 보는 견해[22]로 나뉘어져 있으나, 신라 화엄종에 대한 연구는 계속 증폭되어 의상과 원효의 화엄사상에 관한 연구와 의상 개인에 관한 연구도 활발해졌다.

근래 의상의 화엄사상과 전제왕권을 연결시켜 보는 이론적 근거가 되었던 겸전무웅鎌田茂雄의 중국 화엄종 연구배경을 밝힌 남동신은 의상 화엄사상의 역사적 의의는 정치이데올로기가 아닌 화엄사상의 평등성에 의거하여 교단 내에서 실천하려고 노력하고, 당시 지배질서에서 소외되어 있던 지방민과 하층민을 중시한 데서 찾을 수 있다고 보았다. 이에 石井公成의 「화엄철학은 어떻게 일본의 정치이데올로기가

---

20) 김두진, 1992, 「의상의 생애와 정치적 입장」『한국학논총』 14.
21) 김상현, 1999, 「만파식적설화의 유교적 정치사상」『신라의 사상과 문화』 4 ; 정병삼, 1991, 「의상 전기의 제문제」『한국학연구』 1.
22) 김복순, 1992, 「신라 유가계 불교―8·9세기를 중심으로」『한국고대사연구』 6.

되었는가」하는 논고가 번역 소개되기도 하였다.23)

또한 일본의 한국 화엄학 연구동향에 대해 조윤호, 佐藤厚가 1900년
부터 2000년까지 일본의 한국불교연구동향에 대한 역사와 전망의 한
장으로 살펴보았고, 김천학이 일본에서 의상을 연구한 23명의 63편에
달하는 논문을 정리해서 발표하였다.24) 이와 함께 최연식은 국내의 의
상연구의 현황과 과제를 연구사와 쟁점, 과제로 나누어 정리한 바 있
다.25)

이렇게 많은 논고들과 연구사 정리가 이루어졌지만 화엄사상과 왕
권과를 연결시켜보는 논쟁의 핵심은 의상의 행보에 있다고 생각된다.
즉 의상이 중국 유학 이후 왕경에 머물면서 제자들을 가르쳤는가 하
는 점과 의상의 많은 제자들이 과연 왕경불교계에서 영향력을 행사하
였는가의 규명에 있다고 생각된다. 그리고 구체적으로는 황복사와 관
련된 내용과 경덕왕대의 인물인 표훈의 규명에 있다고 생각된다.『화
엄경문답』,「백화도량발원문」등 의상 저술의 진위문제라든가, 의상의
화엄사상과 신앙, 사상의 계승은 이 문제들이 제대로 밝혀진다면 새
로이 읽어야 할 부분들이 나올 것이기 때문이다.

의상의 출가사찰로 나오는 황복사에는 의상이 주석하여 표훈에게
강의한 것으로 되어 있으나, 704년에 작성된「황복사 금동사리함명문」
에는 702년에 입적한 의상 내지 그 제자들, 표훈과 관련된 사항을 찾
아 볼 수 없다는 점이 주목된다. 의상과 그의 제자들은 부석산과 소백
산에서『화엄경』을 강하고 배우는 모습이 부각되어 있고, 문무왕의
토목공사를 반대하면서 기층민을 위한 관음신앙과 미타신앙을 보급
하고 있어, 왕과 공경대부를 대상으로 강의를 펼쳤던 백고좌회의 강

---

23) 남동신, 1996,「의상 화엄사상의 역사적 이해」,『역사와 현실』20 ; 최연식,
24) 한국유학생인도학불교학연구회 엮음, 2001,『일본의 한국불교연구동향』,
    장경각.
25) 최연식, 2002,「의상 연구의 현황과 과제」,『한국사상사학』19.

경승이나 국통들과는 그 활동상에 있어 대조를 이루고 있다. 근래 일
본의 고대 화엄불교에 원효와 법장의 영향이 있었던 것으로 밝힌 논
고가 있다.26) 이는 왕경불교의 일본 전래라는 견지에서 보면, 의상보
다는 원효와 법장관계 장소가 왕경의 화엄 불교적 성격을 가지고 있
었음을 보여주는 것이라 생각된다.

　표훈은 의상의 직제자로 나오기도 하지만 역사상 경덕왕 대의 대덕
으로 나오고 있어 그의 생년에 대한 연대가 문제가 된다. 표훈이 의상
과 만난 해인 상원上元 원년의 연호를 760년(당 숙종, 신라 경덕왕 19
년)의 연대가 있음에도 674년(당 고종, 신라 문무왕 14년)으로만 보고
760년은 전혀 검토의 대상이 되고 있지 않다는 사실이다. 표훈이 경덕
왕대 인물임을 감안한다면 당연히 후자를 택해야 함에도 불구하고,
의상의 직제자라는 사실에 얽매여 674년 설을 택하고 있는 실정이다.
때문에 표훈은 나이가 매우 늘어날 수밖에 없는 기현상을 초래하고,
의상의 손제자인 신림과 같이 언급되고 있는 실정이다. 이 두 문제가
좀 더 정확히 밝혀진다면, 의상과 동 시기 불교계와의 관련성 문제는
자연스럽게 드러날 것이라고 생각된다.

　신라 중대 불교의 성립 시점을 어디로 잡을 것인가 하는 점은 쉽지
않은 일이라고 생각된다. 이 문제와 관련하여 원효는 매우 중요한 의
미를 가지고 있다. 신라불교사상 연구의 반 이상이 원효 연구라 해도
과언이 아닐 만큼 많은 논고가 있다. 이기영(1967), 이영무, 조명기, 김
지견, 은정희, 고익진 등 불교학자들에 의해 『대승기신론소』와『금강
삼매경론』등 그의 저술에 관심이 집중되었다.27)

　근래 남동신과 김상현 등의 역사학자들이 역사적 관점으로 원효를

26) 최연식, 2003, 「일본 고대화엄과 신라 불교」 『한국사상사학』 21.
27) 이기영, 1967, 『원효사상』, 원음각 ; 이영무, 1987, 『한국의 불교사상』, 민
　　족문화사 ; 조명기 편, 1978, 『원효대사전집』, 보련각 ; 김지견, 1989, 『원
　　효성사의 철학세계』, 민족사 ; 은정희, 1991, 『대승기신론소.별기』, 일지사
　　; 고익진, 1989, 『고대한국불교교학연구』, 민족사.

이해하면서 사상사적 의의를 언급한 바 있다.[28] 그 하나가 중대 불교
의 시점을 원효가 『금강삼매경론』을 찬술한 시기로 보고 있다는 점이
다. 원효는 신라 불교계의 사상적 흐름을 계승하고 현장이 전한 신유
식과 의상의 화엄사상까지 받아들임으로써 완성된 교학체계를 구축
하였는데, 7세기 동아시아 불교계의 최대의 과제였던 신.구역 불교의
대립을 극복하려는 관점에서 『금강삼매경론』을 저술하였다는 것이다.
반야공관의 입장에 선 『금강삼매경』은 진경설, 중국성립설, 신라성립
설이 나와 있다. 남동신은 신라성립설에 힘입어 신라의 대안을 비롯
한 대중교화에 뜻을 둔 일군의 승려들이 범행장자를 주요 등장인물로
하여 편찬하였는데, 원효는 『대승기신론』의 일심이문의 체계를 빌어
와 『금강삼매경론』을 저술하여 신유식과 화쟁시키고 일미관행一味觀行
의 실천적 과제를 제시함으로써 중대불교의 성립을 가져왔다고 본 것
이다. 또한 김복순은 신라 중대 불교를 살피면서 원효는 『판비량론』
(671)을 통해 현장의 신유식에 오류가 있음을 지적하고 중국 불교학자
들을 비판하는 한편 신라 불교교학의 우수성을 천명하므로써 후대까
지 '분황의 진나'로 칭송받게 되었으며, 중대 불교교학의 번성을 연
계기가 되었다고 보았다. 또한 신라불국토설의 연장으로 왕경의 전불
시대 칠처가람설을 정립시켜 신라 불교의 독창성을 내세운 것으로 보
았다.

　　신라 중대 사회사상으로서의 불교의 역할은 왕권과 사회, 국가권력
과 승려의 문제가 있다. 신라 불교계는 국가권력에 종속되어 있었고,
승려들은 그 사실에 대해 이의를 제기하지 않은 채 받아들이고 있었
다고 본 김영미는 국가권력이 전국을 장악할 수 없는 상황에 처하지
않는 한 왕권에 배치되는 불교는 존재할 수 없었음을 알 수 있다고 하
였다.[29] 그렇지만 불교통제기관의 불교계 장악과는 달리, 포산의 반사

---

28) 김상현, 2000, 『원효연구』, 민족사 ; 남동신, 1999, 『원효』, 새누리.
29) 김영미, 1997, 「신라사회의 변동과 불교사상」 『한국사상사방법론』.

와 첩사 같은 은일사를 비롯하여 혜공과 혜숙, 연회 등과 같이 오히려 국가에서 그들을 포용하는 등 그 모습이 다양하게 나타나고 있다. 이러한 불교와 국가권력과의 종속관계와 관련하여 의상의 행보는 매우 중요한 의미를 가진다고 생각된다. 의상이 국왕이 하사한 토지와 노복을 받지 않았다는 것은, 그가 국가에 종속되지 않으려는 의도가 다분히 있었다고 보이기 때문이다.

신라에 종파불교가 있었는가 하는 문제에 대해서는 공식적으로 토의가 이루어진 바는 없다. 각기 논문을 통해 의견을 개진했을 뿐이기 때문이다. 그렇지만 화엄종, 법상종, 유가종, 선종 등으로 쓰고 있다는 것은 종파불교의 존재를 인정한 것이라 생각된다. 또한 고려부터 종파불교를 인정하여 신라의 경우 학파불교를 내세우고 있는 허홍식의 경우에도 신라의 화엄종과 법상종의 명칭은 그대로 쓰고 있어 역시 종파불교의 연장선상에 있다고 생각된다.[30] 원효를 대표적 인물로 내세워 통불교를 주장한 배경에는 신라불교의 통화성과 요약성을 강조한 것이라 생각된다.

(회)통불교는 최남선이 '통불교'라는 용어로 원효의 불교사상을 정의한 이래 박종홍, 조명기, 이기영에 의해 더욱 부각되면서 별다른 비판없이 쓰여져 온 용어로 초종파적, 초국가적, 범인류적인 이념을 표방하는 것으로 간주되고 있다. 이에 대해 심재룡, 길희성의 비판이 있었고, 이봉춘, 조은수로 이어지는 논쟁이 있었다.[31] 이는 원효사상에서 한국적이면서도 보편적인 특성을 찾으려는 데서 온 현상으로써, 신라 불교에 보이는 다양한 모습이 밝혀진다면 해결될 수 있을 것으로 보기도 한다. 한편 종파나 학파보다는 계파系派라는 용어를 쓰는 것이 타당하다는 주장도 있다.[32]

---

30) 허홍식, 1983, 「한국불교의 종파형성에 대한 시론」『김철준박사화갑기념 사학논총』.
31) 조은수, 2004, 겨울 「'통불교'담론을 통해 본 한국불교사 인식」『불교평론』 21(6-4).

신라 중대의 불교통제기구로 나오는 사원성전에 관한 연구에 여러 학자들이 의견을 개진하였다. 이홍직의 연구 이후, 성전사원을 중대 왕실의 원당으로 봉사奉祀를 수행한 관사적 기능이 강조되고, 중대 성전사원을 불교계를 통제하는 승정기구로 보기도 하였다. 또한 사료에 나오는 정관과 정법전을 같은 기구로 이해한 견해와는 달리 서로 다른 기구라든가 혹은 계승관계에 있었다고 보는 주장이 있다.33)

또한 원성왕대에 정법전이 설치되면서, 정관인 실무관원 대사와 사를 승려로 교체한 것에 대해서는 모두 주목을 하면서도 그 의미에 대해서는 의견이 달리 나타나고 있다. 즉 신라 하대에 불교계가 확대되었으므로 국가가 승려들의 자율적인 면을 인정하여 관원을 승려로 임명한 것으로 보는 이들과, 중대 말기 귀족들의 지방 이주에 따른 잦은 불사로 인한 세력형성에 대처하기 위해 국왕이 설치한 것으로 보기도 한다. 곽승훈은 특히 재행있는 승려를 교학에 밝은 화엄종 계통의 승려로 보고, 정법전 승관과 황룡사 승려를 연관지어 보았다. 즉, 정법전의 승관에 임명된 승려들은 주로 황룡사 출신의 승려로서 화엄교학에 조예가 깊었던 승려로 본 것이다.

근래에는 신라의 국가의례와 관련하여 사원성전의 기능을 살핀 견해가 나와 주목을 끌고 있다.34) 이 견해에 의하면, 사원성전은 불교적

32) 김재경, 2000, 「한국고대 토착신앙과 불교사에 대한 연구사적 검토－신라 시대를 중심으로」『경북사학』 23.
33) 이홍직, 1959, 「신라 승관제와 불교정책의 제문제」『백성욱박사송수기념 불교학논문집』 ; 변선웅, 1973, 「황룡사 9층탑지의 연구－성전과 정법전 문제를 중심으로－」『국회도서관보』 10-10 ; 이영호, 1983, 「신라 중대 왕실사원의 관사적 기능」『한국사연구』 43 ; 채상식, 1984, 「신라 통일기의 성전사원의 구조와 기능」『부산사학』 8 ; 이수훈, 1990, 「신라 승관제의 성립과 기능」『부대사학』 14 ; 정병삼, 1995, 「통일신라 금석문을 통해 본 승관제도」『국사관논총』 62 ; 곽승훈, 1995, 「신라 원성왕의 정법전 정비 와 그 의의」『진단학보』 80 ; 박남수, 1995, 「신라 승관제에 관한 재검토」 『가산학보』 4 ; 남동신, 2000, 「신라의 승정기구와 승정제도」『한국고대 사논총』 9.

국가의례를 재정적으로 지원한 '봉사奉祀'관련 관부로 파악하였다. 즉 신라 중대 왕권은 당의 정관례를 기초로 하여 오묘제 이하 대사. 중사. 소사의 국가의례를 완성하였는데, 국가의례를 위한 관원조직이 설치되어 있었던 성전사원은 중사中祀와 관련된 제장祭場으로서의 역할을 수행하였다고 본 것이다.

신라 불교에서 신앙과 신앙결사는 민간의 신앙을 알 수 있게 해주어 중시되고 있는 부분이다. 중대에는 아미타신앙, 정토신앙, 미륵신앙, 관음신앙, 지장신앙 등이 개인적으로 혹은 결사의 형태로 행해져 불교의 대중화가 이루어졌다고 평가되고 있다. 신라의 아미타신앙은 안계현, 김영태, 문명대에 이어 김영미, 김재경 등에 의해 깊이 있게 고구되었다. 이들에 의하면, 신라 중대와 하대의 아미타신앙은 종파에 관계없이 널리 행해졌으며, 특히 신앙사례가 경덕왕 대에 집중되어 있어 전제왕권과 관계가 있는 것으로 파악되기도 하였다.35)

또한 김재경은 아미타신앙을 무열왕의 등장과 관련시켜 보기도 하였다. 김영미는 아미타신앙이 민생안정을 통한 왕권강화를 추구하던 중대왕실과 관련되어 사상적 뒷받침을 해 준 것으로 파악하고, 불성론을 아미타신앙과 연관지어 일반민들도 성불할 수 있다는 가능성이 열리면서 이를 쉽게 성취할 수 있는 방법으로 정토왕생이 권유된 것으로 보았다. 그는 원효, 법위, 의상, 의적 등이 일반인에게 아미타신앙을 권유하면서 성불가능성과 극락왕생을 강조하여 통일기 신라의 변화에 사상적으로 영향을 준 것으로 보고 있다. 또한 승려들의 인간관, 현실인식 등에까지 관심을 확대시키고, 인과응보와 윤회사상은 현실의 신분제도를 합리화한 것으로 보았다.

---

34) 윤선태, 2000, 「신라의 성전사원과 금하신」『한국사연구』108.

35) 안계현, 위의 논문 ; 문명대, 1969, 「경덕왕대의 아미타조상문제」『이홍직박사회갑기념한국사학논총』; 김영태, 1975, 「신라의 미타신앙」『불교학보』12 ; 김영미, 위의 논문 ; 김재경, 1982, 「신라 아미타신앙의 성립과 그 배경」『한국학보』29.

신라의 관음신앙은 신분에 관계없이 두루 나타나며, 현세 이익 위주의 현실적 성격이 강한 것으로 보고 있다. 특히 의상 이후 크게 확산된 것으로 보아 그의 「백화도량발원문」이 주목되어 그 진위에 대한 논란이 있기도 하다.

신라에서의 신앙결사로 만일결사 등 수행단체가 결성된 것에 주목하여 신라인의 신앙형태가 연구되었다. 민간의 신앙형태가 왕실에까지 이어져 사경, 독경과 같은 화엄결사 등이 성행하였다. 그리고 산동의 적산법화원에서의 법회 모습이 밝혀져 해외에서의 신행 형태가 알려지기도 하였다.

신라의 법상종에 대해서는 문명대에 이어 김남윤, 김복순이 주목한 바 있다. 법상종, 유가종, 유가계 등 그 표현이 다르기는 하지만, 도증(문명대), 태현(김남윤), 진표(김복순), 순경(김상현), 의적(최연식) 등을 법상종의 종조로 내세운 의견들이 개진되어 있다.[36) 신라 중대 법상종 승려들이 미륵신앙과 깊은 관련을 가지고 있음은 오형근, 김남윤 등에 이해 천착되었다. 인도의 무착과 세친에 의해 확립된 유가유식사상은 현장이 들여와 역출해 낸『유가사지론』,『성유식론』등의 신유식과 이전에 들어와 있던『섭대승론』의 구유식이 신라에 지속적으로 유입되었으므로, 신라승들은 이들을 모두 섭렵하여 광범한 연구를 수행하였고 많은 주석서를 내었다. 이들은 서명학파 내지 자은학파로 분류되기도 하고, 원효와 같이 독자적인 견해를 가지고 현장 등 중국 불교학자를 비판하여 동아시아 불교계의 한 획을 그은 이도 있었다고 보고 있다. 의적을 현장의 문인으로 본 최연식은 의적이『성유식론』에 대한 주석서를 남김으로써 신라 법상종 형성에 중요한 역할을 하였다고 보았다. 즉 그의 저술은 원효와 태현을 연결하는 신라 법상종

---

36) 문명대, 1974 ; 김남윤, 1984 ; 김복순, 1992, 위의 논문 ; 김상현, 1993, 「신라 법상종의 성립과 순경」『가산학보』2 ; 최연식, 2003, 「의적의 사상경향과 해동법상종에서의 위상」『불교학연구』6.

의 중심적 맥에 있으며, 금산사에 주석하여 진표의 법상종에 유식학 적 측면에서 영향을 주었다는 것이다.

이렇게 법상종의 종조로 도증, 신방, 의적, 태현, 진표가 등장하는 것은 원측의 서명학파와 규기의 자은학파를 비롯한 유가유식계통의 불교가 원측의 제자인 도증의 귀국과 같이 지속적으로 신라에 유입되면서 일가를 이룬 이들이 많았음을 의미한다고 생각된다. 그것은 이들의 많은 저술이 입증하는 바로서 근래 이들의 일실된 저술에 관심을 갖고 이를 해명한 논고들이 김상현과 이만 등에 의해 보고되고 있다.37) 이에 경덕왕대에 이르러 태현은 이론적인 측면에서 유가조로, 진표는 실천적인 측면에서 법상종의 조로 추앙받음으로써, 신라의 법상종은 태현과 진표 단계에 이르러 비로소 신라에 뿌리내리게 된 것이 아닐까 한다.

신라의 계율에 관한 연구는 최원식에 의한 범망경보살계를 중심으로 한 연구가 돋보인다.38) 승장, 의적, 태현, 원효의 보살계관을 꾸준히 규명한 최원식은 이를 근거로 성격과 의의를 밝히고 있다. 원효가 현장玄奘의 불교에 민감했던 점을 감안한다면, 중국에서 새로이 주목받게 된 유가계와 수・당대에 널리 연구되고 있던 범망계와의 조화. 융회를 어떻게 도모할 것인가를 시대적 과제로 인식하여, 최초로 보살계에 대한 체계적이고도 종합적인 검토를 통해 보살계사상을 본격적으로 신라사회에 수용, 정착시키는데 이바지하였다고 보고 있다.

한편 신라 승려들의 범망보살계를 보는 시각은 『유가론』에 의지하여 유가계에 토대를 두고 『범망경』을 이해한 승장, 의적, 태현과 특정 경론에 의지하지 않으면서 주석한 원효로 나누고 있다. 이러한 보살

---

37) 김상현, 1993, 「집일승만경소」『불교학보』30 ; 1994, 「집일금광명경소」『동양학』24 ; 이만, 1990~1992, 「법상관계 논소와 신라인의 찬술서-산일본을 중심으로」『불교학보』27~29 ; 1993, 「신라인 찬술의 『성유식론소』산일본 복원」『불교학보』30.

38) 최원식, 위의 책.

계는 일반사회에 널리 유통되었고, 실제 보살계를 받은 재가신자도 많았다. 보살계사상은 국왕과 집권자들에게는 왕권의 합리화와 안정에 이용할 수 있었고 선정을 유도하는 역할도 하였다. 또한 골품제사회에서 일반 민중들에게 평등의식을 고취하고 정신적 위안을 주었을 뿐 아니라 유불의 조화와 효순 사상이 강조된 것으로 보았다.

신라의 밀교는 명랑 이래 혜통, 혜초에 이어 의림, 불가사의, 혜일 등에 의해 애장왕대까지 당으로부터 지속적으로 전래되었다.『관정경』, 『금광명경』,『대일경』이 매우 밀접히 관련되어 있었으며, 새로이 역출된 밀교경전들이 속속 신라에 유입된 상황이 문명대, 고익진, 홍윤식, 정병삼 등의 논고로 밝혀졌다.[39] 신라 불교 전반에 나타나고 있는 밀교적 성격은 여타의 종파, 신앙과 뒤섞여서 나타나고 있어 명확히 언급하기 어려운 점이 있다.

그러나 호국과 관련되어 주로 탑에 경을 봉안한 다라니신앙과 치병과 관련된 약사신앙, 그리고 화엄 신중신앙 등이 유행하였다. 특히 오대산의 신앙결사는 불공不空에 의한 밀교의 전개와 징관이 밀교의 금강만다라의 세계관을 근거로 교의를 확립한 이후에 생겨난 것이므로, 신라에 청량 징관의『화엄경소』가 전해진 799년 이후 오대산의 화엄결사가 이루어졌다고 보기도 하고,[40] 자장의 문수신앙을 근거로 성덕왕대에 이루어진 것으로 보기도 한다.[41]

신라 중대 유학승으로 많은 저술을 남기고 있으면서도 그의 생애에 불분명한 부분으로 논쟁이 일고 있는 인물은 원측이다. 원측에 대해

---

39) 문명대, 1976, 위의 논문 ; 고익진, 1986,「신라 밀교의 사상내용과 전개양상」『한국밀교사상연구』; 홍윤식, 1980,「삼국유사와 밀교」『동국사학』 14 ; 정병삼, 2005,「혜초의 활동과 8세기 신라밀교」『한국고대사연구』37.

40) 김두진, 1992,「신라 하대 오대산신앙과 화엄결사」『이지관스님화갑기념 한국불교문화사상사』; 김복순, 1996,「신라 오대산사적의 형성」『강원불교사연구』.

41) 신종원, 1987,「신라 오대산사적과 성덕왕의 즉위배경」『최영희선생화갑 기념 한국사학논총』; 정병삼, 1996,「9세기 신라불교결사」『한국학보』85.

서는 조명기, 박종홍, 오형근, 신현숙, 고익진, 정영근, 고영섭 등 주로
불교학자에 의해 그의 유식사상이 심도있게 고구되었다. 역사학 쪽에
서는 김남윤이 신라의 법상종 성립과정에서 고찰하였고, 남무희, 권덕
영에 의해 그의 씨족 연원과 신분, 저술활동과 역경 참여 그리고 입당
과 귀국 등이 다루어진 바 있다.

원측은 대개 신라 왕족일 것으로 이해되어 왔으나, 최치원의 「휘일
문」에 무게를 두어 신라 서울의 모량부인으로 6두품 내지 5두품을 가
진 손씨일 것으로 추측한 견해가 있으나,[42] 최근 원측을 북연 출자의
식을 표방하는 모량부 박씨 왕족의 후손이었을 것으로 본 견해도 도
출되어 있다.[43] 또한 불국사의 삼성강원에 나오는 원측의 존재로 3인
의 원측을 상정한 견해도 있으나,[44] 세밀한 검토를 요한다고 하겠다.

한·중 불교문화의 교류로 신라승들의 유학지와 장안의 종남산에 대
한 내용이 변인석, 진경부陳景富 등에 의해 많이 밝혀졌으며, 특히 적산
법화원의 내용이 『입당구법순례행기』와 관련하여 신라소, 신라방과 같
은 교민사회와 구법유학승에 대한 관심이 고조되었다고 할 수 있다.

입당구법승 전반에 대해 살펴보고, 특히 고국에 돌아오지 않은 혜
초, 무상, 지장, 무루 등 성덕왕 대부터 경덕왕 대까지 활동했던 승려
들에 주목한 여성구는 그 가운데 무루를 성덕왕의 아들로 추정하고,
당 장안 백초곡에서 밀교계통의 보승불을 칭념하며 수행하다가 숙종
의 꿈에 나타난 것을 계기로 그의 행궁에 머물다 입적한 것을 밝히고
있다. 정성본에 의한 신라 왕자 출신의 무상에 대한 연구도 있다.[45]

혜초에 대한 관심도 높아져 그의 저술에 대한 역주도 나오고, 고병

---

42) 권덕영, 1992, 「원측의 입당과 귀국문제」『수촌박영석교수화갑기념 한국
    사학논총』 상.
43) 남무희, 1999, 「원측의 씨족 연원과 신분」『북악사론』 6.
44) 김영태, 1994, 「불국사의 화엄법사 원측에 대하여」『한국불교학』 19.
45) 여성구, 1990, 「신라 중대 유학승의 지반과 그 활동」『사학연구』 41 ; 정성
    본, 1990, 「당토의 신라승 무상선사의 생애와 사상」『한국사상사학』 3.

익의 고전적 연구에 이어, 그의 불교사상을 알 수 있는 논고들이 새롭게 조명된 바 있다.[46]

산라 하대의 선종 연구는 최병헌, 김두진에 의해 오랫동안 이어졌으며 그 기초가 쌓여졌다고 해도 과언이 아니다. 이들은 기본적으로 불교와 권력이 연관되어 있다는 전제 하에 주로 하대의 선승들과 호족과의 관계를 논하는 내용의 논고들을 양산하였다. 즉 신라 하대 선사들을 대개 지방 호족과 연결되어 개혁성향을 지닌 육두품과 함께 신라말 고려초의 변혁세력으로 이해한 것이다.[47] 이후 한기두, 김영태, 고익진, 추만호 등에 의해 선사상에 대한 내용이 지속적으로 연구되었다. 특히 중국 선종의 성립사를 연구한 정성본은 신라선종을 형성문제와 선사상, 참구설, 정중무상, 위앙종선풍 등 다양한 각도에서 고찰함으로써 신라 선종연구에 깊이를 더해 주었다.[48]

그러나 선종과 권력과의 관계문제는 이견이 도출되어 있다. 선종의 승려들이 중국에서 귀국하여 연계된 세력이 과연 누구인가 하는 문제이다. 초기에는 호족 일변도로 설명되어 왔다. 즉 최병헌에 의해 주장된 성주사 개창의 직접적인 기반으로 거론된 김흔의 경제력에 대해 김양 세력이 연계되어 있었을 것으로 보기도 하였다. 그러나 선승들의 비문에 의하면, 선승들과 호족과의 관계뿐만 아니라 왕실과의 관계도 여러 사례가 보이므로 이를 관계시킨 논고도 나오게 되었다.

최근에는 선사들은 선종의 홍포를 목적으로, 왕실은 인심수람의 차원에서 서로 간에 탄력적으로 연결되어 있었던 것으로 이해하기도 하

---

46) 정수일, 2004, 『역주 혜초의 왕오천축국전』, 학고재 ; 고병익, 1970, 「혜초
   왕오천축국전사략」·「혜초·천축에의 발길」·「혜초 왕오천축국전」 『동
   아교섭사연구』 ; 정병삼, 2005, 「혜초의 활동과 8세기 신라밀교」 『한국고
   대사연구』 37, 혜초의 연구문헌목록은 1999, 『세계정신을 탐험한 위대한
   한국인 '혜초'』, 가산불교문화연구원, 137~140쪽.
47) 최병헌, 1972, 「신라 하대 선종구산파의 성립」 『한국사연구』 7 ; 김두진,
   1973, 「낭혜와 그의 선사상」 『역사학보』 57.
48) 정성본, 위의 책.

였다.[49] 그 동안 낭혜와 왕실과의 관계에 대해서는 미약한 정도로만 이해하거나 유교경전을 인용하여 왕에게 조언한 것에 주목하여 왔다. 그러나 그는 세 번이나 왕을 방문하였을 뿐 아니라 왕이 정치를 하는 데 도움이 될 만한 시무책도 제시를 한 것이다. 이는 낭혜와 왕실이 서로 탄력적으로 연계되어 있었음을 보여주는 것이라고 본 것이다.

선사들의 신분에 주목하여 특히 낭혜의 득난조에 주목한 논고가 있다.[50] 낭혜의 신분이 육두품인 것은 그의 부친인 김범청이 김헌창의 난과 관련되어 족강되었기 때문으로 보아왔는데, 낭혜가 출가한 것은 812년이고 김헌창의 난이 일어난 것은 822년이므로 김헌창의 난으로 말미암아 육두품으로 족강되었다는 것은 성립하기 어려워진다는 결론을 내리고 있다.

신라 하대의 선종은 자료가 풍부한 만큼 개별 산문에 대한 연구가 이루어지기도 하였다. 낭혜와 성주사, 순지, 도선, 범일과 굴산사, 혜소, 동리산문, 가지산문, 사자산문, 봉림산문, 희양산문 등이 최병헌, 박정주, 최인표, 조범환, 김영태, 김복순 등에 의해 연구되었다.[51] 이 가운데 낭혜와 성주사가 가장 많이 연구되었는데, 양조의 국사로서 활약한 낭혜의 위치와 비문내용의 풍부성 등이 작용한 때문이라 생각된다. 성주사가 성주산문으로 발전하게 된 배경을 성주사에서 많은 문도들이 배출되었고 또한 많은 잡색인들과 노비들이 있었던 것에만 관심을 두어 왔는데, 이는 산문으로 형성되어 가는 과정으로 보아야 한다는 주장도 있다.

---

49) 조범환, 1998, 「낭혜 무염과 성주사 창건」『한국고대사연구』 14.
50) 남동신, 2002, 「성주사 무염비의 '득난'조에 대한 고찰」『한국고대사연구』 28.
51) 최병헌, 위의 논문 ; 박정주, 1994, 「신라말 고려초 사자산문과 정치세력」 『진단학보』 77 ; 최인표, 1996, 「낭혜 무염의 현실인식과 지향사회」『대구사학』 51 ; 조범환, 위의 논문 ; 김영태, 1979, 「희양산선파의 성립과 그 법계에 대하여」『한국불교학』 4 ; 김복순, 2000, 「진감선사의 생애와 불교사상에 관한 연구」『한국민족문화』 15.

선종은 사자상승이라는 독특한 전법형식 때문에 법계를 중시하는 경향이 있다. 그런데 희양산파인 도헌의 비문과 그의 법손인 체징의 비문이 기록한 법맥이 북종선과 남종선으로 달리 기록되어 있다. 이는 체징에 이르러 법맥을 고친 것으로 보는데, 신라에서 북종선이 남종선에 합쳐져 가는 현상이 이렇게 표현된 것이 아닐까 한다. 근래 한국역사연구회 나말여초반에서는 금석문 강독을 끝내고 선사비문을 통해 본 나말려초 불교에 대한 논고들을 내었는데, 선사들의 계보인식에 대한 전반적인 변조사실에 주목한 바도 있다.[52)

또한 9~10세기 신라 유학승들이 중국 유학 당시 활동반경을 동선을 추적하여 고찰한 논고가 나왔다. 신라 유학승들이 초기에는 오대산과 종남산으로 나아갔다가 점차 남종선의 선사들을 찾아 강서 내지는 호남으로 나아가는 경향이 있었음을 고구하였다. 또한 종조인 석가모니의 권위를 찾아 인도를 여행하였던 경향이 조사가 대신하게 되면서 6조 혜능의 탑이 있던 소주 조계산을 찾게 된 상황을 선사들의 동선을 통해 확인하였다.[53)

이상의 특징은 선사 개인의 생애와 사상 뿐 아니라 그와 연관된 정치경제적 배경과 주변적인 상황까지 함께 살펴봄으로써 신라 하대 역사 일반에까지 그 영역을 넓힐 수 있었다고 하겠다.

신라 하대의 불교에 대해서는 선종 일변도의 연구에서 벗어나 화엄종, 법상종, 미륵신앙, 밀교 등 다방면으로 관심이 확대되었다. 화엄종은 선종이 교학불교를 비판하면서 버렸던 것으로 이해한 데에서,[54) 선과 교가 융섭하여 병립 내지 양립한 것으로 밝혀졌다. 즉 기존의 교종과 새로 유입된 선종이 모두 왕실의 존숭과 신행의 대상이 되고 있

52) 김영태, 위의 논문 ; 김영미, 2005, 「나말려초 선사들의 계보 인식」『역사와 현실』56.
53) 김복순, 2005, 「9~10세기 신라 유학승들의 중국 유학과 활동반경」『역사와 현실』56.
54) 최병헌, 위의 논문.

어 중대 이래 화엄종은 화엄결사, 화엄사찰의 건립 등을 통해 그 세가
지속되었으며, 해인사가 그 중심에 있었다고 보고 있다.55)

특히 화엄결사로 60화엄과 40화엄이 사경되고 선교일치적인 교판
관을 가진 청량 징관의 『화엄경소』가 799년에 신라에 유입됨으로써
선사들도 화엄교학의 수학을 중요시하였다고 보고 있다. 결국 신라
하대 선종과 화엄종의 관계는 선종이 화엄종에 영향을 주어 화엄교학
내에 선종의 종지를 포용하는 단계에서 선종이 화엄의 동일성 교학을
채용하는 융회의 단계로 발전하고 있다고 본 것이다.

신라 하대의 법상종은 당시 불안한 정세와 곤궁한 현실세계를 벗어
나 이상세계의 도래를 염원하는 기층민들의 미륵하생신앙의 대두로
교학위주의 중대와는 다른 모습을 보였다고 생각된다. 진표가 법상조
의 조로 추대된 것은 하대의 이러한 정세와 관련되어 실천적인 수행
이 인정된 결과라 생각된다.

이와 관련하여 신라의 미륵신앙은 진표에 관심이 쏠려 있다. 그의
미륵신앙이 어떠한 사회적 성격을 가지고 있는가 하는 것으로, 이기
백, 김혜완, 김남윤, 윤여성, 김재경, 조인성 등의 논고가 있다.56) 이들
의 주장은 진표와 경덕왕 등 지배층과의 관련을 강조해서 보는 김남
윤과 참법을 강조하여 계법戒法을 하층민에까지 널리 편 것을 중요하

---

55) 고익진, 위의 논문 ; 최원식, 1985, 「신라 하대의 화엄종과 해인사」『한국
    사연구』49 ; 김상현, 1989, 「신라 하대화엄사상과 선사상」『신라문화』6
    ; 조경시, 1989, 「신라 하대 화엄종의 구조와 경향」『부대사학』13 ; 김복
    순, 1993, 「신라 하대 선종과 화엄종 관계의 고찰」『국사관논총』48 ; 추
    만호, 1994, 「나말려초 선사들의 선교양종 인식과 세계관」『국사관논총』
    52.

56) 이기백, 1986, 「진표의 미륵신앙」『신라사상사연구』 ; 김혜완, 1988, 「신라
    중대의 미륵신앙」『민병하교수정년기념사학논총』 ; 김남윤, 위의 논문 ;
    윤여성, 1989, 「신라 진표의 불교신앙과 금산사」『전북사학』11·12 ; 김재
    경, 1987, 「신라 경덕왕대의 미륵신앙」『경북산업대 논문집』3 ; 조인성,
    1996, 「미륵신앙과 신라사회 - 진표의 미륵신앙과 신라말 농민봉기와의
    관련성을 중심으로」『진단학보』82.

게 보는 이기백의 차이가 있다. 그러나 이에 그치지 않고 조인성은 진
표의 출신을 중시하여 그를 백제 유민의 후예로 보고 백제부흥운동과
관련시켜 신라 하대 농민반란의 사상적 배경으로 보고 있다.

하지만 경덕왕 대의 진표로부터 진성여왕대의 농민반란까지의 150
여 년에 걸친 시기를 바로 직결시켜 인식한다는 것은 무리가 있어 보
인다. 이러한 문제점을 인식하여 신라 하대 후기의 미륵신앙의 성행
에 주목한 논고는 법상종(도피안사의 비로자나불조상기), 화엄종(삼화
사 철불좌상명문), 선종(장안사 비로자나불배석각)의 내용을 들어 지
방 세력가와 하층민들이 말법사상과 결합된 미륵하생신앙에 의해 비
로자나불을 조성한 것으로 이해하였다.[57] 신라 하대 후기에 나타난
미륵하생신앙에 주목한 것이나, 법상종의 진표와 궁예의 미륵신앙을
메우는 내용으로보다는 비로자나불의 유행 양상이 더 크게 와 닿고
있다.

근래 중대 말기 중앙귀족들의 불사활동에 이어 신라 하대 전기의
불사에 주목한 일련의 논고들을 낸 곽승훈은 원성왕의 새로운 정권이
들어서면서 불교계에 대한 통제정책으로 정법전을 정비하자, 이에 승
전들이 저술되면서 불교계의 독자성이 강조되어지는 상황이 벌어지
자 국가에서 고승추모비를 건립하여 서로 융화되는 상황을 고구하였
다. 또한 홍륜사 10성의 봉안은 신라가 난국을 타개하기 위한 상황에
서 조성되었다고 보았다.

북한에서의 신라 불교연구는 최봉익에 의해 고구된 「봉건시기 우
리나라에서의 불교철학의 전파와 그 해독성」을 주 교재로 하여 살핀
논고가 있다.[58] 이에 의하면 통일신라의 불교사조로 해동종, 화엄종,
유가종, 선종, 인명학을 들고 있다. 원효의 해동종 불교철학과 의상의

---

57) 곽승훈, 2000, 「신라 하대 후기 미륵하생신앙의 성행과 그 의의」 『한국사
　　상사학』 15.
58) 김복순, 1994, 「북한의 한국고대불교사의 서술」 『지촌김갑주교수화갑기
　　넘사학논총』.

화엄종 불교철학, 대현의 유가종철학을 3대 철학조류로 설명하고, 9세기에 이르러 다른 특색을 가지고 있는 선종불교철학이 연구되고 유포되었다고 보았다. 인명학에 대해서는 관념철학으로 인식하면서도 원측, 원효, 대현, 둔륜 등이 종·인·유의 3지식론에 의해 사상을 전개하였고, 인류지식의 내원을 현량과 비량으로 인식하였으며, 부정의 긍정판단과 부정판단인 차전법에 주목하였다. 발해는 수론사상, 율종사상, 선종사상이 있었고, 승원, 지범, 법정, 도정, 무명, 도유 등의 승이 언급되고 있다.

이러한 북한의 불교연구경향은 불교로 인해 역사적으로 입었던 해독성의 강조와 유물론을 보강해 줄 수 있는 부분의 긍정적 서술, 불교 유물을 만든 장인에 대한 긍정적 평가로 요약될 수 있을 것이다.

4.

신라사에서 불교는 정치, 경제, 사회, 문화 전반에 걸쳐 깊숙이 관여되어 있으므로 그 중요성에 대해서는 더 이상 언급할 필요가 없을 것이다. 때문에 불교와 지배층 내지는 권력과 밀착되었다고 보고 그 사상적 배경으로서의 천착이 이루어지고 있다고 생각된다. 이는 신라의 불교가 국교였다는 점에서 수긍할 수 있는 태도라고 생각되지만, 사실을 적정하게 언급했을 때 역사적 가치가 있는 것이라고 생각된다.

신라에도 종파불교가 있었다는 주장과 이를 회통시켜 통불교적이었다고 보는 견해가 도출되어 있으나, 역사학자와 불교학자들 간에 서로 의견을 나누는 장으로 종교학연구회 내지는 불교학연구회가 만들어지기도 하였으나 미흡한 상태로서 향후 이에 대한 논의가 있어야 할 것으로 생각된다.

신라 불교에 대한 연구가 양적으로 질적으로 팽창되면서 사적으로 시기구분이 된 부분도 나오기도 하였다. 중고기 불교수용에 있어 전래기-과도기-수용기로 구분한 것이 그것이다. 또한 중고기의 국가

불교, 중대의 교학불교와 수행, 하대의 선종으로 구분을 하고 있으나, 좀 더 세분된 신앙형태 내지는 교학적인 구분도 필요하다고 생각된다.

1990년대 이후 신라 불교사에서도 금석문을 적극적으로 활용하여 기존의 해석을 확대해 나간 특징이 보인다는 점이다. 금석문이 갖는 한계도 있지만, 당대의 현실감을 역사에 적용하여 보다 생동감 있는 서술이 되었다는 점을 지적할 수 있다. 따라서 향후 금석문은 더욱 활용가치가 크리라 생각된다.

고대의 불교연구는 중국과 한국, 일본의 교류가 활발하였으므로 이 삼국의 불교를 비교해서 고찰해 본다면, 정치적으로 해명할 수 있는 부분이 있을 것이다. 특히 왕권과 관련된 사상적인 측면은 좀 더 분명히 밝혀질 수 있으리라 생각된다.

근래 주목되는 내용으로는 생명사상과 관련하여 한국 고대의 타계관, 생사관, 신체관, 영혼관, 죽음관, 천문관 같은 연구가 많이 나와 있다. 이와 함께 불교적 관점에서 보는 내용들이 좀 더 세밀히 고찰될 필요가 있다. 그리고 여성의 성불과 관련하여 오애설, 변성남자설과 같은 이론들이 등장하는 바, 이를 여성사의 입장에서 뿐 아니라 일반 사회사로 확대해서 살펴보는 것도 의미가 있다고 생각된다.

그러나 무엇보다도 신라불교가 한국불교의 근간을 이루었다고 볼 때, 그 독자적인 교학내용과 사회사상으로서의 역할을 밝히는 것이 중요하다고 생각된다.

찾아보기

ㅅ